Guia da Arbitragem Tributária

Guia da Arbitragem Tributária

2013

Centro de Arbitragem Administrativa – CAAD

GUIA DA ARBITRAGEM TRIBUTÁRIA
Centro de Arbitragem Administrativa
EDITOR
EDIÇÕES ALMEDINA, S.A.
Rua Fernandes Tomás, nºs 76, 78, 80
3000-167 Coimbra
Tel.: 239 851 904 · Fax: 239 851 901
www.almedina.net · editora@almedina.net
DESIGN DE CAPA
FBA.
PRÉ-IMPRESSÃO
EDIÇÕES ALMEDINA, S.A.
IMPRESSÃO | ACABAMENTO
PAPELMUNDE, SMG, LDA.
V. N. de Famalicão

Março, 2013
DEPÓSITO LEGAL
356032/13

Apesar do cuidado e rigor colocados na elaboração da presente obra, devem os diplomas legais dela constantes ser sempre objecto de confirmação com as publicações oficiais.
Toda a legislação contida na presente obra encontra-se actualizada de acordo com os diplomas publicados em Diário da República, independentemente de terem já iniciado a sua vigência ou não.
Toda a reprodução desta obra, por fotocópia ou outro qualquer processo, sem prévia autorização escrita do Editor, é ilícita e passível de procedimento judicial contra o infractor.

BIBLIOTECA NACIONAL DE PORTUGAL – CATALOGAÇÃO NA PUBLICAÇÃO
Centro de Arbitragem Administrativa
Guia da arbitragem tributária. – (Guias práticos)
ISBN 978-972-40-5061-4
CDU 342
    347
    336

PREFÁCIO

Na qualidade de Diretor-Geral da Direção-Geral da Política de Justiça (DGPJ), entidade responsável por zelar pelo bom funcionamento dos meios de resolução alternativa de litígios em Portugal, dirigiu-me o Diretor do Centro de Arbitragem Administrativa (CAAD) o convite para prefaciar esta obra, desafio que muito me orgulha e que obviamente não poderia declinar, quer por existirem sãs relações de cooperação entre a Instituição que dirijo e o referido centro de arbitragem, quer por se reconhecer sem margem para dúvida a qualidade da obra que agora dá à estampa, a qual certamente será um elemento precioso de trabalho para todos quantos lidam com estas novas e desafiantes matérias.

Num breve olhar sobre esta forma de resolução alternativa de litígios, podemos afirmar que a arbitragem tributária foi inovadoramente introduzida no ordenamento jurídico português pelo Decreto-Lei nº 10/2011, de 20 de janeiro, no uso da autorização legislativa concedida pelo artigo 124º da Lei nº 3-B/2010, de 28 de abril. Se é certo que estamos perante uma nova área de resolução de litígios em que a arbitragem é convocada a resolver conflitos, não é menos verdade que durante o pouco tempo de vigência de tal regime é notável o seu reconhecimento entre os práticos do direito, especialmente os que se dedicam ao direito tributário.

Ademais, importa sublinhar que a importância da implementação desta medida no ordenamento jurídico português se traduziu na sua inscrição expressa no conteúdo do Memorando de Entendimento celebrado entre Portugal e o Banco Central Europeu, a Comissão Europeia e o Fundo Monetário Internacional, sobre as condicionalidades de política económica (cfr.

3.35 III), tendo então o Governo português assumido perante aquelas Instituições internacionais a obrigação de «implementar a nova lei de arbitragem fiscal» até ao terceiro trimestre de 2011.

Acresce sublinhar que também no Programa do XIX Governo Constitucional a arbitragem fiscal foi assumida como uma das medidas da Reforma da Justiça Tributária que se impunha aprofundar.

Decorrido cerca de um ano e meio sobre a assunção de tais compromissos, pode afirmar-se com segurança que o balanço de funcionamento da arbitragem tributária é francamente positivo.

Com efeito, constatamos que os principais objetivos subjacentes à consagração da arbitragem tributária em Portugal, a saber, o reforço da tutela dos direitos e interesses legalmente protegidos dos sujeitos passivos da relação jurídica tributária e uma maior celeridade na resolução de conflitos, têm vindo a ser cumpridos com competência e eficiência, quer pelos tribunais arbitrais no exercício da sua função jurisdicional, quer pelo CAAD, instituição sob cuja égide aqueles tribunais funcionam.

Refira-se, aliás, que quatro anos foram suficientes para que o CAAD, primeiro centro de arbitragem na área administrativa e, agora, na área tributária, se tornasse uma referência incontornável na arbitragem institucionalizada em Portugal.

É, pois, em resultado do relevante trabalho desenvolvido pelo CAAD na promoção e para a afirmação da arbitragem em matéria tributária como forma alternativa de resolução jurisdicional de conflitos no âmbito tributário, exemplo único na Europa e do qual nos devemos orgulhar pelo nosso pioneirismo, que surge a presente obra, com o objetivo de servir de guia prático de auxílio a profissionais e estudiosos desta área do direito. Para a consecução deste guia, o CAAD contou com o comentário ilustre do Conselheiro Jorge Lopes de Sousa ao Regime Jurídico da Arbitragem Tributária que, estou certo, será um inestimável contributo para uma melhor e mais rica compreensão desta nova realidade jurídica.

Resta-me somente fazer votos de que, na senda do presente trabalho e na esteira da anterior obra publicada pelo CAAD, "Mais Justiça Administrativa e Fiscal – Arbitragem", seja efetuado estudo de idêntica natureza no âmbito da arbitragem administrativa, área na qual têm vindo a surgir novos e interessantes desafios.

Uma palavra final para sublinhar que a Instituição que dirijo está e estará sempre aberta a apoiar iniciativas desta natureza e qualidade, por se considerar que, a par da monitorização dos meios de resolução alternativa de litígios, tarefa essencial que lhe compete, é dever da DGPJ, em prol da defesa dos direitos de cidadania a que todos assiste, promover o conhecimento mais profundo e esclarecido destes meios de composição de litígios.

ANTÓNIO COSTA MOURA
Diretor Geral da Direção-Geral da Política de Justiça do Ministério da Justiça

ABREVIATURAS

AT	Autoridade Tributária e Aduaneira
CAAD	Centro de Arbitragem Administrativa
CAC	Código Aduaneiro Comunitário
CAM	Código Aduaneiro Modernizado
CIRC	Código de IRC
CIRS	Código de IRS
CIUC	Código do Imposto único de Circulação
CPA	Código de Procedimento Administrativo
CPPT	Código de Procedimento e de Processo Tributário
CPTA	Código de Processo nos Tribunais Administrativos
CRP	Constituição da República Portuguesa
LAV	Lei da Arbitragem Tributária
LFL	Lei das Finanças Locais
LGT	Lei Geral Tributária
LOE 2010	Lei que aprovou o Orçamento de Estado para 2010
LOE 2012	Lei que aprovou o Orçamento de Estado para 2012
LOE 2013	Lei que aprovou o Orçamento de Estado para 2013
NIF	Número de Identificação Fiscal
IEC's	Impostos Especiais sobre o Consumo
IMI	Imposto Municipal sobre Imóveis
IMT	Imposto sobre as Transações Onerosas de Imóveis
IRC	Imposto sobre o rendimento das Pessoas Coletivas
IRS	Imposto sobre o rendimento das Pessoas Singulares
IVA	Imposto sobre o Valor Acrescentado

PAC Política Agrícola Comum
RJAT Regime Jurídico da Arbitragem Tributária
SCA Secção do Contencioso Administrativo
SCT Secção do Contencioso Tributário

NOTA PRÉVIA

Há um par de anos a expansão da arbitragem ao domínio do direito tributário não figurava sequer como hipótese académica.

Quando pela persistência de uns frente à ortodoxia de muitos o tema da arbitragem tributária passou a merecer alguma atenção no debate público, o tom dominante foi de enorme pessimismo. Receios de privatização da justiça fiscal, de desjuridificação do processo tributário, de substituição de decisões legais por juízos de equidade, e de criação de uma justiça elitista de acesso limitado, com tendência a privilegiar os "grandes interesses", tomaram a dianteira. A falta de exemplos ao nível do direito comparado, suscetíveis de funcionar como guia e referência, avolumava a sensação, já de si forte, de caminhar-se à deriva, e de haver razões para tomar a noção de "justiça arbitral tributária" como uma contradição nos próprios termos.

Mas se a crítica podia facilmente ter tido um efeito paralisante, no caso da arbitragem tributária ela funcionou antes como fator de depuramento. Praticamente todas as objeções levantadas se haveriam de revelar fundamentais à ponderação e definição dos aspetos centrais do novo regime jurídico da arbitragem tributária, que encontraria as suas traves-mestras na aplicação estrita do direito constituído e proibição do recurso à equidade; na publicidade das decisões; no regime de fiscalização, seleção e de designação de árbitros pelo Presidente do Conselho Deontológico, designado pelo Conselho Superior dos Tribunais Administrativos e Fiscais; e na possibilidade de recurso das decisões arbitrais para os tribunais, verificados os pertinentes pressupostos legais.

Com um ano e meio de funcionamento, 200 processos entrados e mais de 100 decisões proferidas com um prazo médio de 4 meses, a outrora temida arbitragem tributária encontra hoje acolhimento favorável na comunidade fiscal, conhecida pela sua qualidade e elevado grau de exigência.

Consciente dos desafios e resistências que enfrentava ab initio, a arbitragem tributária soube – e sabe – que para conquistar o reconhecimento da comunidade fiscal e a confiança dos cidadãos apenas uma coisa serviria: a comprovação prática da capacidade técnica, idoneidade moral e sentido de interesse público dos seus árbitros. Num domínio como o da fiscalidade, em que os mais importantes interesses da comunidade estão investidos, crer sem ver é confiança cega. Cada novo tribunal arbitral precisa pois de colocar acima de qualquer suspeita razoável a sua capacidade e determinação em administrar Justiça.

A este propósito, as garantias de independência e imparcialidade exigidas pelo Decreto-Lei nº 10/2011, de 20 de Janeiro, e pelo Código Deontológico do Centro de Arbitragem Administrativa têm-se revelado essenciais. A sua observação escrupulosa pelos árbitros que integraram os tribunais arbitrais tem sido condição necessária à sua credibilização, bem como à aceitação das várias decisões arbitrais entretanto emitidas, que foram, de resto, obrigatoriamente publicadas, e se ofereceram, dessa forma, ao controlo público. Publicidade é condição de exigência, e as decisões arbitrais vão passando o crivo dos fiscalistas, constituindo já uma jurisprudência de referência.

Com o passar do tempo, as dúvidas sobre a arbitragem tributária foram deixando para trás os preconceitos iniciais para se deslocar para novos planos: um relacionado com aspetos práticos do seu funcionamento e outro essencialmente interpretativo ou hermenêutico. E neste segundo plano a jurisprudência arbitral em matéria tributária tem desempenhado um papel pioneiro e decisivo, que merece agora ser sistematizado e desenvolvido por via de uma análise doutrinária mais aprofundada.

O "Guia da Arbitragem Tributária" que aqui se apresenta pretende responder a este repto, na medida em que surge a público como o primeiro instrumento "teórico-prático" de abordagem ao Regime Jurídico da Arbitragem Tributária.

Os textos publicados nas páginas que se seguem cumprem desta forma um duplo desígnio: por um lado, contribuir para o esclarecimento de algumas das questões práticas mais frequentes dos operadores jurídicos que têm vindo a recorrer à arbitragem tributária e, por outro, dar novo ímpeto ao aprofundamento do debate teórico em torno de um regime que, sendo novo e perfeitamente singular, exige uma exegese consentânea.

NOTA PRÉVIA

Para o efeito, contamos com o notável contributo do Senhor Conselheiro Jorge Lopes de Sousa, referência incontornável na fiscalidade em Portugal, que nos deu a honra de aceitar o convite para comentar o Regime Jurídico da Arbitragem Tributária.

O consagrado Autor de obras de referência como a Lei Geral Tributária Anotada e o Código do Procedimento e Processo Tributário Anotado será agora também responsável pelo primeiro comentário doutrinário ao Regime Jurídico da Arbitragem Tributária.* Nada seria mais justo, e o arranque da doutrina tributária dificilmente poderia ter sido colocado em mais competentes e seguras mãos.

De referir ainda o valioso contributo da Drª Tânia Carvalhais Pereira, jurista do CAAD, a quem coube a autoria do capítulo relativo ao esclarecimento da panóplia de questões práticas que são mais frequentemente aí colocadas pelos seus vários utentes. Ao seu empenho e motivação para levar este projeto a bom porto deve-se a sua publicação em tempo recorde. E tudo isto para que a cadência das publicações do CAAD esteja em plena sintonia com a cadência da sua gestão processual e da própria decisão arbitral.

Ciente de que é tido como um *case study*, para o qual todos os olhares e todas as curiosidades estão voltados, o CAAD tem procurado aprender todos os dias com a sua própria experiência, e dar a conhecer o conteúdo dessa aprendizagem à comunidade. É portanto à comunidade e a todos os agentes envolvidos na implementação da arbitragem tributária que se dirige primeiramente este "Guia da Arbitragem Tributária", na expectativa de contribuir para uma construção mais firme – porque também mais participada e mais reflexiva – das bases em que assentam o presente e o futuro da justiça arbitral tributária em Portugal.

NUNO VILLA-LOBOS
MÓNICA BRITO VIEIRA

---

* Como tal, a anotação ao Regime Jurídico da Arbitragem Tributária que aqui se publica traduz uma posição pessoal do respetivo autor, não podendo ser, em nenhum caso, imputada ao CAAD.

Capítulo I
Legislação

1) Autorização legislativa no sentido de instituir a arbitragem como forma alternativa de resolução jurisdicional de conflitos em matéria tributária
2) Regime Jurídico da Arbitragem em Matéria Tributária
3) Vinculação da Autoridade Tributária e Aduaneira
4) Regulamento de Custas nos Processos de Arbitragem Tributária
5) Código Deontológico
6) Regulamento de Selecção de Árbitros em Matéria Tributária

Autorização legislativa no sentido de instituir a arbitragem como forma alternativa de resolução jurisdicional de conflitos em matéria tributária
(Lei nº 3-B/2010, de 28 de Abril [Orçamento do Estado para 2010])

[...]

Artigo 124º – Arbitragem em matéria tributária
1 – Fica o Governo autorizado a legislar no sentido de instituir a arbitragem como forma alternativa de resolução jurisdicional de conflitos em matéria tributária.

2 – O processo arbitral tributário deve constituir um meio processual alternativo ao processo de impugnação judicial e à ação para o reconhecimento de um direito ou interesse legítimo em matéria tributária.

3 – A arbitragem tributária visa reforçar a tutela eficaz e efetiva dos direitos e interesses legalmente protegidos dos contribuintes, devendo ser instituída de modo a constituir um direito potestativo dos contribuintes.

4 – O âmbito da autorização prevista no presente artigo compreende, nomeadamente, as seguintes matérias:

a) A delimitação do objeto do processo arbitral tributário, nele podendo incluir-se os atos de liquidação de tributos, incluindo os de autoliquidação, de retenção na fonte e os pagamentos por conta, de fixação da matéria tributável, quando não deem lugar a liquidação, de indeferimento total ou parcial de reclamações graciosas ou de pedidos de revisão de atos tributários, os atos administrativos que comportem a apreciação da legalidade de atos de liquidação, os atos de fixação de valores patrimoniais e os direitos ou interesses legítimos em matéria tributária;

b) A definição, como fundamento do processo arbitral tributário, da ilegalidade ou da lesão ou o risco de lesão de direitos ou interesses legítimos, e como efeitos da sentença proferida a final pelo tribunal arbitral, da anulação, da declaração de nulidade ou de inexistência do ato recorrido ou do reconhecimento do direito ou do interesse legalmente protegido dos contribuintes;

c) A determinação de que o julgamento do tribunal arbitral é feito segundo o direito constituído, ficando vedado o recurso à equidade;

d) A definição dos efeitos da instauração do processo arbitral tributário, harmonizando-os com os previstos para a dedução de impugnação judicial, designadamente em termos de suspensão do processo de execução fiscal e de interrupção da prescrição das dívidas tributárias;

e) A definição do modo de constituição do tribunal arbitral, subordinando-o aos princípios da independência e da imparcialidade e prevendo, como regra, a existência de três árbitros, cabendo a cada parte a designação de um deles e aos árbitros assim escolhidos a designação do árbitro-presidente e a definição do regime de impedimento, afastamento e substituição dos árbitros;

f) A fixação dos princípios e das regras do processo arbitral tributário, em obediência ao princípio do inquisitório, do contraditório e da igualdade das partes e com dispensa de formalidades essenciais, de acordo com o princípio da autonomia dos árbitros na condução do processo;

g) A fixação, como limite temporal para a prolação da sentença arbitral e subsequente notificação às partes, do prazo de seis meses a contar do início do processo arbitral tributário, com possibilidade de prorrogação, devidamente fundamentada, por idêntico período;

h) A consagração, como regra, da irrecorribilidade da sentença proferida pelo tribunal arbitral, prevendo a possibilidade de recurso, para o Tribunal Constitucional, apenas nos casos e na parte em que a sentença arbitral recuse a aplicação de qualquer norma com fundamento na sua inconstitucionalidade ou aplique norma cuja inconstitucionalidade tenha sido suscitada;

i) A definição dos efeitos da apresentação do recurso da sentença do tribunal arbitral, em particular quanto à manutenção da garantia prestada e ao regime da suspensão do processo de execução fiscal;

j) A definição do regime de anulação da sentença arbitral com fundamento, designadamente, na não especificação dos fundamentos de facto e de direito da decisão, na oposição dos fundamentos com a decisão e na falta de pronúncia sobre questões que devessem ser apreciadas ou na pronúncia de questões que não devessem ser apreciadas pelo tribunal arbitral;

l) A atribuição à sentença arbitral, que não tenha sido objeto de recurso ou de anulação, da mesma força executiva que é atribuída às sentenças judiciais transitadas em julgado;

m) A definição dos montantes e do modo de pagamento dos honorários e das despesas dos árbitros, fixando os critérios de determinação dos honorários em função do valor atribuído ao processo e da efetiva complexidade do mesmo e estabelecendo valores mínimos que ofereçam garantias qualitativas na composição do tribunal arbitral, podendo ainda prever-se a possibilidade de redução de honorários, fixando os respetivos pressupostos e montantes, nas situações de incumprimento dos deveres dos árbitros;

n) A consagração da responsabilidade da parte vencida pela totalidade dos honorários e despesas dos árbitros, podendo ser estabelecidos critérios de limitação da responsabilidade da administração tributária, designadamente o do montante das custas judiciais e dos encargos que seriam devidos se o contribuinte tivesse optado pelo processo de impugnação judicial ou pela ação para o reconhecimento de um direito ou interesse legítimo em matéria tributária;

o) A aplicação adaptada, para efeitos da nomeação dos árbitros, mediadores ou conciliadores do regime dos centros de arbitragem previsto no Código de Processo nos Tribunais Administrativos;

p) A revisão da legislação tributária cuja necessidade de modificação decorra da presente autorização legislativa;

q) A consagração de um regime transitório que preveja a possibilidade de os contribuintes submeterem ao tribunal arbitral a apreciação dos atos objeto dos processos de impugnação judicial que se encontrem pendentes de decisão, em primeira instância, nos tribunais judiciais tributários, com dispensa de pagamento de custas judiciais.

Artigo 176º – Entrada em vigor

A presente lei entra em vigor no dia seguinte ao da sua publicação.

Aprovada em 12 de Março de 2010.

O Presidente da Assembleia da República, *Jaime Gama.*

Promulgada em 22 de Abril de 2010.

Publique-se.

O Presidente da República, ANÍBAL CAVACO SILVA.

Referendada em 23 de Abril de 2010.

O Primeiro-Ministro, *José Sócrates Carvalho Pinto de Sousa.*

LEGISLAÇÃO

Regime Jurídico da Arbitragem em Matéria Tributária

(Decreto-Lei nº 10/2011, de 20 de janeiro, no uso da autorização legislativa concedida pelo artigo 124º da Lei nº 3-B/2010, de 28 de abril [Orçamento do Estado para 2010], na versão introduzida pelos artigos 228º e 229º da Lei nº 66-B/2012, de 31 de dezembro [Orçamento do Estado para 2013])

A introdução no ordenamento jurídico português da arbitragem em matéria tributária, como forma alternativa de resolução jurisdicional de conflitos no domínio fiscal, visa três objectivos principais: por um lado, reforçar a tutela eficaz dos direitos e interesses legalmente protegidos dos sujeitos passivos, por outro lado, imprimir uma maior celeridade na resolução de litígios que opõem a administração tributária ao sujeito passivo e, finalmente, reduzir a pendência de processos nos tribunais administrativos e fiscais.

A arbitragem constitui uma forma de resolução de um litígio através de um terceiro neutro e imparcial – o árbitro –, escolhido pelas partes ou designado pelo Centro de Arbitragem Administrativa e cuja decisão tem o mesmo valor jurídico que as sentenças judiciais. Neste sentido, e em cumprimento dos seus três objectivos principais, a arbitragem tributária é adoptada pelo presente decreto-lei com contornos que procuram assegurar o seu bom funcionamento.

Assim, em primeiro lugar, tendo em vista conferir à arbitragem tributária a necessária celeridade processual, é adoptado um processo sem formalidades especiais, de acordo com o princípio da autonomia dos árbitros na condução do processo, e é estabelecido um limite temporal de seis meses para emitir a decisão arbitral, com possibilidade de prorrogação que nunca excederá os seis meses.

Em segundo lugar, são competentes para proferir a decisão arbitral os tribunais arbitrais que funcionam sob a organização do Centro de Arbitragem Administrativa. Trata-se do único centro de arbitragem a funcionar sob a égide do Conselho Superior dos Tribunais Administrativos e Fiscais que, de resto, é competente para nomear o presidente do Conselho Deontológico do Centro de Arbitragem Administrativa. Nos casos em que o contribuinte opte por designar um árbitro, o tribunal arbitral funcionará sempre com um colectivo de três árbitros, cabendo a cada parte a designação de um deles e aos árbitros assim designados a designação do terceiro, que exerce as funções de árbitro-presidente. Caso o contribuinte não pretenda designar um árbitro, o tribunal arbitral funcionará com um árbitro singular nos casos em que o valor do pedido não ultrapasse duas vezes o valor da alçada do Tribunal Central Administrativo, ou seja, € 60 000, e com um colectivo de três árbitros nos restantes casos, cabendo a sua designação, em ambas as situações, ao Conselho Deontológico do Centro de Arbitragem Administrativa.

Em terceiro lugar, fixam-se com rigor quais as matérias sobre as quais se pode pronunciar o tribunal arbitral. Assim, encontram-se abrangidas pela competência dos tribunais arbitrais apreciação da declaração de ilegalidade de liquidação de tributos, de autoliquidação, de retenção na fonte e os de pagamento por conta, a declaração de ilegalidade de actos de determinação da matéria tributável, de actos de determinação da matéria colectável e de actos de fixação de valores patrimoniais e, bem assim, a apreciação de qualquer questão, de facto ou de direito, relativa ao projecto de liquidação, sempre que a lei não assegure a faculdade de deduzir a pretensão anteriormente referida.

Em quarto lugar, acolhe-se como regra geral a irrecorribilidade da decisão proferida pelos tribunais arbitrais. Esta regra não prejudica a possibilidade de recurso para o Tribunal Constitucional, nos casos em que a sentença arbitral recuse a aplicação de qualquer norma com fundamento na sua inconstitucionalidade ou aplique uma norma cuja constitucionalidade tenha sido suscitada, bem como o recurso para o Supremo Tribunal Administrativo quando a decisão arbitral esteja em oposição, quanto à mesma questão fundamental de direito, com acórdão proferido pelo Tribunal Central Administrativo ou pelo Supremo Tribunal Administrativo.

A decisão arbitral poderá ainda ser anulada pelo Tribunal Central Administrativo com fundamento na não especificação dos fundamentos de facto e de direito que justificam a decisão, na oposição dos fundamentos com a decisão, na pronúncia indevida ou na omissão de pronúncia ou na violação dos princípios do contraditório e da igualdade das partes.

Nos casos em que o tribunal arbitral seja a última instância de decisão de litígios tributários, a decisão é susceptível de reenvio prejudicial em cumprimento do § 3 do artigo 267º do Tratado sobre o Funcionamento da União Europeia.

Em quinto lugar, fixam-se as regras sobre quem pode exercer as funções de árbitro na arbitragem tributária. Neste âmbito, prevê-se a possibilidade de nomeação de árbitros licenciados em Economia ou Gestão nas questões de maior complexidade e que exijam um conhecimento específico de área não jurídica, devendo nesses casos o árbitro-presidente ser sempre um jurista com pelo menos 10 anos de comprovada experiência profissional na área do direito tributário.

Em sexto lugar, prevê-se a possibilidade de os contribuintes submeterem aos tribunais arbitrais a apreciação dos actos tributários que se encontrem pendentes de decisão há mais de dois anos, com um incentivo, que corresponde à dispensa de pagamento de custas judiciais.

Finalmente, note-se que a instituição da arbitragem não significa uma desjuridificação do processo tributário, na medida em que é vedado o recurso à equidade, devendo os árbitros julgar de acordo com o direito constituído.

Foram ouvidos o Conselho Superior dos Tribunais Administrativos e Fiscais, o Conselho Superior de Magistratura e a Ordem dos Advogados.

Foi promovida a audição da Procuradoria-Geral da República.

Assim:

No uso da autorização legislativa concedida pelo artigo 124º da Lei nº 3-/2010, de 28 de Abril, e nos termos da alínea *b*) do nº 1 do artigo 198º da Constituição, o Governo decreta o seguinte:

TÍTULO I – Arbitragem tributária

CAPÍTULO I – Disposições gerais

SECÇÃO I – Pressupostos

Artigo 1º – Âmbito de aplicação

O presente decreto-lei disciplina a arbitragem como meio alternativo de resolução jurisdicional de conflitos em matéria tributária.

Artigo 2º – Competência dos tribunais arbitrais e direito aplicável

1 – A competência dos tribunais arbitrais compreende a apreciação das seguintes pretensões:

a) A declaração de ilegalidade de actos de liquidação de tributos, de autoliquidação, de retenção na fonte e de pagamento por conta;

b) A declaração de ilegalidade de actos de fixação da matéria tributável quando não dê origem à liquidação de qualquer tributo, de actos de determinação da matéria colectável e de actos de fixação de valores patrimoniais; *(Alterada pelo artigo 160º da Lei nº 64-B/2011, de 30 de Dezembro, em vigor desde 1 de janeiro de 2012)*

("b) A declaração de ilegalidade de actos de determinação da matéria tributável, de actos de determinação da matéria colectável e de actos de fixação de valores patrimoniais;" – Anterior redação dada pelo Decreto-Lei nº 10/2011, de 20 de Janeiro, em vigor até 31 de dezembro de 2011)

c) *(Revogada)*. *(Revogada pelo artigo 161º da Lei nº 64-B/2011, de 30 de Dezembro, em vigor desde 1 de janeiro de 2012)*

("c) A apreciação de qualquer questão, de facto ou de direito, relativa ao projecto de decisão de liquidação, sempre que a lei não assegure a faculdade de deduzir a pretensão referida na alínea anterior." – Anterior redação dada pelo Decreto-Lei nº 10/2011, de 20 de Janeiro, em vigor até 31 de dezembro de 2011)

2 – Os tribunais arbitrais decidem de acordo com o direito constituído, sendo vedado o recurso à equidade.

Artigo 3º – Cumulação de pedidos, coligação de autores e impugnação judicial

1 – A cumulação de pedidos ainda que relativos a diferentes actos e a coligação de autores são admissíveis quando a procedência dos pedidos dependa essencialmente da apreciação das mesmas circunstâncias de facto e da interpretação e aplicação dos mesmos princípios ou regras de direito.

2 – É possível deduzir pedido de impugnação judicial e pedido de pronúncia arbitral relativamente a um mesmo acto tributário, desde que os respectivos factos e fundamentos sejam diversos.

Artigo 3º-A – Prazos

1 – No procedimento arbitral, os prazos contam-se nos termos do Código do Procedimento Administrativo, com as necessárias adaptações.

2 – Os prazos para a prática de atos no processo arbitral contam-se nos termos do Código de Processo Civil.

(Aditado pelo artigo 229º da Lei nº 66-B/2012, de 31 de dezembro, em vigor desde 1 de janeiro de 2013)

LEGISLAÇÃO

SECÇÃO II – Tribunais arbitrais

Artigo 4º – Vinculação e funcionamento

1 – A vinculação da administração tributária à jurisdição dos tribunais constituídos nos termos da presente lei depende de portaria dos membros do Governo responsáveis pelas áreas das finanças e da justiça, que estabelece, designadamente, o tipo e o valor máximo dos litígios abrangidos. (*Alterado pelo artigo 160º da Lei nº 64-B/2011, de 30 de Dezembro, em vigor desde 1 de janeiro de 2012*)

(*"1 – A vinculação da administração tributária à jurisdição dos tribunais constituídos nos termos da presente lei depende de portaria dos membros do Governo responsáveis pelas áreas das finanças e da justiça. – Anterior redacção dada pelo Decreto-Lei nº 10/2011, de 20 de Janeiro, em vigor até 31 de dezembro de 2011*)

2 – Os tribunais arbitrais funcionam no Centro de Arbitragem Administrativa.

Artigo 5º – Composição dos tribunais arbitrais

1 – Os tribunais arbitrais funcionam com árbitro singular ou com intervenção do colectivo de três árbitros.

2 – Os tribunais arbitrais funcionam com árbitro singular quando:

a) O valor do pedido de pronúncia não ultrapasse duas vezes o valor da alçada do Tribunal Central Administrativo; e

b) O sujeito passivo opte por não designar árbitro.

3 – Os tribunais arbitrais funcionam com intervenção do colectivo de três árbitros quando:

a) O valor do pedido de pronúncia ultrapasse duas vezes o valor da alçada do Tribunal Central Administrativo; ou

b) O sujeito passivo opte por designar árbitro, independentemente do valor do pedido de pronúncia.

Artigo 6º – Designação dos árbitros

1 – Quando o tribunal arbitral funcione com árbitro singular, o árbitro é designado pelo Conselho Deontológico do Centro de Arbitragem Administrativa, de entre a lista dos árbitros que compõem o Centro de Arbitragem Administrativa.

2 – Quando o tribunal arbitral funcione com intervenção do colectivo, os árbitros são designados:

a) Pelo Conselho Deontológico do Centro de Arbitragem Administrativa, de entre a lista dos árbitros que compõem o Centro de Arbitragem Administrativa; ou

b) Pelas partes, cabendo a designação do terceiro árbitro, que exerce as funções de árbitro-presidente, aos árbitros designados ou, na falta de acordo, ao Conselho Deontológico do Centro de Arbitragem Administrativa, mediante requerimento de um ou de ambos os árbitros.

3 – No caso previsto na alínea *b*) do número anterior, os árbitros podem não constar da lista dos árbitros que compõem o Centro de Arbitragem Administrativa.

Artigo 7º – Requisitos de designação dos árbitros

1 – Os árbitros são escolhidos de entre pessoas de comprovada capacidade técnica, idoneidade moral e sentido de interesse público.

2 – Os árbitros devem ser juristas com pelo menos 10 anos de comprovada experiência profissional na área do direito tributário, designadamente através do exercício de funções públicas, da magistratura, da advocacia, da consultoria e jurisconsultoria, da docência no ensino superior ou da investigação, de serviço na administração tributária, ou de trabalhos científicos relevantes nesse domínio.

3 – Sem prejuízo do disposto no número anterior, nas questões que exijam um conhecimento especializado de outras áreas, pode ser designado como árbitro não presidente um licenciado em Economia ou Gestão, observando-se, com as necessárias adaptações, o disposto nos nºs 1 e 2.

4 – A lista dos árbitros que compõem o Centro de Arbitragem Administrativa é elaborada nos termos do presente decreto-lei e dos Estatutos e Regulamento do Centro de Arbitragem Administrativa.

5 – Os magistrados jubilados podem exercer funções de árbitro em matéria tributária, devendo, para o efeito, fazer uma declaração de renúncia à condição de jubilados ou solicitar a suspensão temporária dessa condição, por um período mínimo de um ano, renovável, aplicando-se em tais casos o regime geral da aposentação pública. (*Aditado pelo artigo 14º da Lei nº 20/2012, de 14 de maio, em vigor desde 15 de maio de 2012*)

Artigo 8º – Impedimentos dos árbitros

1 – Constituem casos de impedimento do exercício da função de árbitro os enunciados no nº 1 do artigo 44º do Código do Procedimento Administrativo, observadas as necessárias adaptações, bem como os casos em que, nos dois anos anteriores ao da sua indicação como árbitro:

a) A pessoa designada tenha sido dirigente, funcionário ou agente da administração tributária, membro de órgãos sociais, trabalhador, mandatário, auditor ou consultor do sujeito passivo que seja parte no processo, de entidade que se encontre com aquele em relação de domínio, tal como esta é definida no Código das Sociedades Comerciais, ou de pessoa ou entidade que tenha interesse próprio na procedência da pretensão;

b) A pessoa designada tenha sido trabalhador, colaborador, membro, associado ou sócio de entidade que tenha prestado serviços de auditoria, consultoria e jurisconsultoria ou advocacia ao sujeito passivo.

2 – A pessoa designada para exercer funções de árbitro deve rejeitar a designação quando ocorra circunstância pela qual possa razoavelmente suspeitar-se da sua imparcialidade e independência.

3 – Cabe ao Conselho Deontológico do Centro de Arbitragem Administrativa exonerar o árbitro ou árbitros em caso de incumprimento dos requisitos previstos nos números anteriores.

Artigo 9º – Deveres dos árbitros

1 – Os árbitros estão sujeitos aos princípios da imparcialidade e da independência, bem como ao dever de sigilo fiscal nos mesmos termos em que este é imposto aos dirigentes, funcionários e agentes da administração tributária.

2 – A impossibilidade superveniente do cumprimento da obrigação por causa imputável ao árbitro importa a substituição deste de acordo com as regras aplicáveis à indicação do árbitro substituído ou, ouvidos os restantes árbitros e não havendo oposição das partes, a alteração da composição do tribunal.

3 – No caso de se verificar a substituição de árbitro, o tribunal arbitral decide se algum acto processual deve ser repetido em face da nova composição do tribunal, tendo em conta o estado do processo.

CAPÍTULO II - Procedimento arbitral

SECÇÃO I - Constituição de tribunal arbitral

Artigo 10º – Pedido de constituição de tribunal arbitral

1 – O pedido de constituição de tribunal arbitral é apresentado:

a) No prazo de 90 dias, contado a partir dos factos previstos nos nºs 1 e 2 do artigo 102º do Código de Procedimento e de Processo Tributário, quanto aos actos susceptíveis de impugnação autónoma e, bem assim, da notificação da decisão ou do termo do prazo legal de decisão do recurso hierárquico;

b) No prazo de 30 dias, contado a partir da notificação dos actos previstos nas alíneas *b*) e *c*) do artigo 2º, nos restantes casos.

2 – O pedido de constituição de tribunal arbitral é feito mediante requerimento enviado por via electrónica ao presidente do Centro de Arbitragem Administrativa do qual deve constar:

a) A identificação do sujeito passivo, incluindo o número de identificação fiscal, e do serviço periférico local do seu domicílio ou sede ou, no caso de coligação de sujeitos passivos, do serviço periférico local do domicílio ou sede do sujeito identificado em primeiro lugar no pedido;

b) A identificação do acto ou actos tributários objecto do pedido de pronúncia arbitral;

c) A identificação do pedido de pronúncia arbitral, constituindo fundamentos deste pedido os previstos no artigo 99º do Código de Procedimento e de Processo Tributário e, bem assim, a exposição das questões de facto e de direito objecto do referido pedido de pronúncia arbitral;

d) Os elementos de prova dos factos indicados e a indicação dos meios de prova a produzir;

e) A indicação do valor da utilidade económica do pedido;

f) O comprovativo do pagamento da taxa de arbitragem inicial, nos casos em que o sujeito passivo não tenha optado por designar árbitro ou comprovativo do pagamento da taxa de arbitragem, caso o sujeito passivo manifeste a intenção de designar o árbitro;

g) A intenção de designar árbitro nos termos da alínea *b*) do nº 2 do artigo 6º.

3 – O presidente do Centro de Arbitragem Administrativa deve, no prazo de dois dias a contar da recepção do pedido de constituição de tri-

bunal arbitral, dar conhecimento do pedido, por via electrónica, à administração tributária.

Artigo 11º – Procedimento de designação dos árbitros

1 – Nos casos previstos no nº 1 e na alínea *a*) do nº 2 do artigo 6º, o Conselho Deontológico do Centro de Arbitragem Administrativa:

a) Designa o árbitro ou árbitros;

b) Notifica as partes dessa designação, observado o disposto no nº 1 do artigo 13º;

(Alterado pelo artigo 228º da Lei nº 66-B/2012, de 31 de dezembro, em vigor desde 1 de janeiro de 2013)

("b) Notifica as partes dessa designação, no prazo de cinco dias após a recepção do requerimento referido no artigo anterior; e – Anterior redação dada pelo Decreto--Lei nº 10/2011, de 20 de Janeiro, em vigor até 31 de dezembro de 2012)

c) Comunica às partes a constituição do tribunal arbitral, decorridos dez dias a contar da notificação da designação dos árbitros, se a tal designação as partes não se opuserem, designadamente nos termos do artigo 8º e do Código Deontológico do Centro de Arbitragem Administrativa.

(Alterado pelo artigo 228º da Lei nº 66-B/2012, de 31 de dezembro, em vigor desde 1 de janeiro de 2013)

("c) Comunica a data para a realização de reunião com o árbitro ou árbitros, o dirigente máximo do serviço da administração tributária e o sujeito passivo para efeitos de constituição do tribunal arbitral, que deve ocorrer no prazo máximo de 15 dias. – Anterior redação dada pelo Decreto-Lei nº 10/2011, de 20 de Janeiro, em vigor até 31 de dezembro de 2012)

2 – Nos casos previstos na alínea *b*) do nº 2 do artigo 6º, o sujeito passivo indica o árbitro por si designado no requerimento do pedido de constituição de tribunal arbitral.

(Alterado pelo artigo 228º da Lei nº 66-B/2012, de 31 de dezembro, em vigor desde 1 de janeiro de 2013)

("2 – Nos casos previstos na alínea b) do nº 2 do artigo 6º, a administração tributária notifica o presidente do Centro de Arbitragem Administrativa da indicação, efectuada pelo dirigente máximo do serviço, de um dos árbitros do tribunal arbitral, no prazo de 10 dias a contar da recepção do pedido de constituição de tribunal arbitral. – Anterior redação dada pelo Decreto-Lei nº 10/2011, de 20 de Janeiro, em vigor até 31 de dezembro de 2012)

3 – O dirigente máximo do serviço da administração tributária indica o árbitro por si designado no prazo previsto no nº 1 do artigo 13º.

(Alterado pelo artigo 228º da Lei nº 66-B/2012, de 31 de dezembro, em vigor desde 1 de janeiro de 2013)

("3 – Em caso de incumprimento do prazo referido no número anterior, o Conselho Deontológico do Centro de Arbitragem Administrativa substitui-se à administração tributária na designação de árbitro, dispondo do prazo de cinco dias para a notificar, por via electrónica, do árbitro nomeado. – Anterior redação dada pelo Decreto-Lei nº 10/2011, de 20 de Janeiro, em vigor até 31 de dezembro de 2012)

4 – Em caso de incumprimento do prazo referido no número anterior, o Conselho Deontológico do Centro de Arbitragem Administrativa substitui-se à administração tributária na designação de árbitro, dispondo do prazo de cinco dias para a notificar, por via eletrónica, do árbitro nomeado.

(Alterado pelo artigo 228º da Lei nº 66-B/2012, de 31 de dezembro, em vigor desde 1 de janeiro de 2013)

("4 – O presidente do Centro de Arbitragem Administrativa notifica o sujeito passivo do árbitro já designado no prazo de cinco dias a contar da recepção da notificação referida no nº 2, ou da designação a que se refere o número anterior. – Anterior redação dada pelo Decreto-Lei nº 10/2011, de 20 de Janeiro, em vigor até 31 de dezembro de 2012)

5 – O presidente do Centro de Arbitragem Administrativa notifica o sujeito passivo do árbitro designado, no prazo de cinco dias a contar da receção da notificação referida no nº 3, ou da designação a que se refere o número anterior.

(Alterado pelo artigo 228º da Lei nº 66-B/2012, de 31 de dezembro, em vigor desde 1 de janeiro de 2013)

("5 – O sujeito passivo indica, mediante requerimento dirigido ao Centro de Arbitragem Administrativa, o árbitro por si designado, no prazo de 10 dias após a recepção da notificação referida no número anterior. – Anterior redação dada pelo Decreto-Lei nº 10/2011, de 20 de Janeiro, em vigor até 31 de dezembro de 2012)

6 – Após a designação dos árbitros o presidente do Centro de Arbitragem Administrativa notifica-os, por via eletrónica, para, no prazo de 10 dias, designarem o terceiro árbitro.

(Alterado pelo artigo 228º da Lei nº 66-B/2012, de 31 de dezembro, em vigor desde 1 de janeiro de 2013)

(*"6 – Após a recepção do requerimento referido no número anterior, o presidente do Centro de Arbitragem Administrativa notifica, por via electrónica, os árbitros designados para, no prazo de 10 dias, designarem o terceiro árbitro. – Anterior redação dada pelo Decreto-Lei nº 10/2011, de 20 de Janeiro, em vigor até 31 de dezembro de 2012*)

7 – Designado o terceiro árbitro, o presidente do Centro de Arbitragem Administrativa informa as partes dessa designação e notifica-as da constituição do tribunal arbitral, dez dias após a comunicação da designação, se a tal constituição as partes não se opuserem, desde que decorrido o prazo previsto no nº 1 do artigo 13º

(*Alterado pelo artigo 228º da Lei nº 66-B/2012, de 31 de dezembro, em vigor desde 1 de janeiro de 2013*)

(*"7 – Designado o terceiro árbitro, o presidente do Centro de Arbitragem Administrativa informa as partes dessa designação e comunica a data para a realização de reunião com os árbitros, o dirigente máximo do serviço da administração tributária e o sujeito passivo para efeitos de constituição do tribunal arbitral, que deve ocorrer no prazo máximo de 15 dias. – Anterior redação dada pelo Decreto-Lei nº 10/2011, de 20 de Janeiro, em vigor até 31 de dezembro de 2012*)

8 – O tribunal arbitral considera-se constituído no termo do prazo referido na notificação prevista na alínea c) do nº 1 ou no número anterior, consoante o caso.

(*Alterado pelo artigo 228º da Lei nº 66-B/2012, de 31 de dezembro, em vigor desde 1 de janeiro de 2013*)

(*"8 – O tribunal arbitral considera-se constituído com a realização da reunião referida na alínea c) do nº 1 ou no número anterior, consoante o caso. – Anterior redação dada pelo Decreto-Lei nº 10/2011, de 20 de Janeiro, em vigor até 31 de dezembro de 2012*)

Artigo 12º – Taxa de arbitragem

1 – Pela constituição de tribunal arbitral é devida taxa de arbitragem, cujo valor, fórmula de cálculo, base de incidência objectiva e montantes mínimo e máximo são definidos nos termos de Regulamento de Custas a aprovar, para o efeito, pelo Centro de Arbitragem Administrativa.

2 – Nos casos em que o sujeito passivo não designa árbitro, previstos no nº 1 e na alínea a) do nº 2 do artigo 6º, o sujeito passivo paga, na data do envio do pedido de constituição do tribunal arbitral, a taxa de arbitragem inicial, devendo a fixação do montante e a eventual repartição pelas

GUIA DA ARBITRAGEM TRIBUTÁRIA

partes das custas directamente resultantes do processo arbitral ser efectuada na decisão arbitral que vier a ser proferida pelo tribunal arbitral.

3 – Nos casos em que o sujeito passivo manifesta a intenção de designar árbitro, nos termos da alínea b) do nº 2 do artigo 6º, o sujeito passivo paga, na data do envio do pedido de constituição do tribunal arbitral, a taxa de arbitragem pela totalidade.

4 – A falta de pagamento atempada da taxa de arbitragem inicial ou da taxa de arbitragem é causa impeditiva da constituição do tribunal arbitral.

SECÇÃO II – Efeitos da constituição de tribunal arbitral

Artigo 13º – Efeitos do pedido de constituição de tribunal arbitral

1 – Nos pedidos de pronúncia arbitral que tenham por objeto a apreciação da legalidade dos atos tributários previstos no artigo 2º, o dirigente máximo do serviço da administração tributária pode, no prazo de 30 dias a contar do conhecimento do pedido de constituição do tribunal arbitral, proceder à revogação, ratificação, reforma ou conversão do ato tributário cuja ilegalidade foi suscitada, praticando, quando necessário, ato tributário substitutivo, devendo notificar o presidente do Centro de Arbitragem Administrativa (CAAD) da sua decisão, iniciando-se então a contagem do prazo referido na alínea c) do nº 1 do artigo 11º.

(Alterado pelo artigo 228º da Lei nº 66-B/2012, de 31 de dezembro, em vigor desde 1 de janeiro de 2013)

("1 – Nos pedidos de constituição de tribunais arbitrais que tenham por objecto a apreciação da legalidade dos actos tributários previstos no artigo 2º, o dirigente máximo do serviço da administração tributária pode, no prazo de 20 dias a contar do conhecimento do pedido de constituição do tribunal arbitral, proceder à revogação, ratificação, reforma ou conversão do acto tributário cuja ilegalidade foi suscitada, praticando, quando necessário, acto tributário substitutivo, devendo notificar o presidente do Centro de Arbitragem Administrativa (CAAD) da sua decisão, iniciando-se então a contagem do prazo referido na alínea c) do nº 1 do artigo 11º. – Anterior redação dada pelo artigo 160º da Lei nº 64-B/2011, de 30 de Dezembro, em vigor até 31 de dezembro de 2012)

("1 – Nos pedidos de constituição de tribunais arbitrais que tenham por objecto a apreciação da legalidade dos actos tributários previstos no artigo 2º, o dirigente máximo do serviço da administração tributária pode, no prazo de oito dias a contar

do conhecimento da constituição do tribunal arbitral, proceder à revogação, ratificação, reforma ou conversão do acto tributário cuja ilegalidade foi suscitada, praticando, quando necessário, acto tributário substitutivo." – *Anterior redação dada pelo Decreto-Lei nº 10/2011, de 20 de janeiro, em vigor até 31 de dezembro de 2011)*

2 – Quando o acto tributário objecto do pedido de pronúncia arbitral seja, nos termos do número anterior, total ou parcialmente, alterado ou substituído por outro, o dirigente máximo do serviço da administração tributária procede à notificação do sujeito passivo para, no prazo de 10 dias, se pronunciar, prosseguindo o procedimento relativamente a esse último acto se o sujeito passivo nada disser ou declarar que mantém o seu interesse.

3 – Findo o prazo previsto no nº 1, a administração tributária fica impossibilitada de praticar novo acto tributário relativamente ao mesmo sujeito passivo ou obrigado tributário, imposto e período de tributação, a não ser com fundamento em factos novos.

4 – A apresentação dos pedidos de constituição de tribunal arbitral preclude o direito de, com os mesmos fundamentos, reclamar, impugnar, requerer a revisão, incluindo a da matéria colectável, ou a promoção da revisão oficiosa, ou suscitar pronúncia arbitral sobre os actos objecto desses pedidos ou sobre os consequentes actos de liquidação, excepto quando o procedimento arbitral termine antes da data da constituição do tribunal arbitral ou o processo arbitral termine sem uma pronúncia sobre o mérito da causa.

5 – Salvo quando a lei dispuser de outro modo, são atribuídos à apresentação do pedido de constituição de tribunal arbitral os efeitos da apresentação de impugnação judicial, nomeadamente no que se refere à suspensão do processo de execução fiscal e à suspensão e interrupção dos prazos de caducidade e de prescrição da prestação tributária.

Artigo 14º – Efeito suspensivo do pedido de constituição do tribunal arbitral

(Revogado) (Revogado pelo artigo 161º da Lei nº 64-B/2011, de 30 de Dezembro, em vigor desde 1 de janeiro de 2012)

("Os pedidos de constituição de tribunal arbitral apresentados com a vista à obtenção das pronúncias previstas nas alíneas b) e c) do artigo 2º têm efeito suspensivo:

GUIA DA ARBITRAGEM TRIBUTÁRIA

a) Da liquidação das prestações tributárias correspondentes às questões suscitadas quanto à parte controvertida;

b) Dos prazos de caducidade do direito à liquidação e de prescrição da prestação tributária até à data da comunicação da decisão arbitral, excepto no caso de recurso interposto pelo sujeito passivo." – *Anterior redação dada pelo Decreto-Lei nº 10/ /2011, 20 de Janeiro, em vigor até 31 de dezembro de 2011)*

CAPÍTULO III – Processo arbitral

SECÇÃO I – Disposições gerais

Artigo 15º – Início do processo arbitral

O processo arbitral tem início na data da constituição do tribunal arbitral, nos termos do nº 8 do artigo 11º.

Artigo 16º – Princípios processuais

Constituem princípios do processo arbitral:

a) O contraditório, assegurado, designadamente, através da faculdade conferida às partes de se pronunciarem sobre quaisquer questões de facto ou de direito suscitadas no processo;

b) A igualdade das partes, concretizado pelo reconhecimento do mesmo estatuto substancial às partes, designadamente para efeitos do exercício de faculdades e do uso de meios de defesa;

c) A autonomia do tribunal arbitral na condução do processo e na determinação das regras a observar com vista à obtenção, em prazo razoável, de uma pronúncia de mérito sobre as pretensões formuladas;

d) A oralidade e a imediação, como princípios operativos da discussão das matérias de facto e de direito;

e) A livre apreciação dos factos e a livre determinação das diligências de produção de prova necessárias, de acordo com as regras da experiência e a livre convicção dos árbitros;

f) A cooperação e boa fé processual, aplicável aos árbitros, às partes e aos mandatários;

g) A publicidade, assegurando-se a divulgação das decisões arbitrais devidamente expurgadas de quaisquer elementos susceptíveis de identificar a pessoa ou pessoas a que dizem respeito.

Artigo 17º – Tramitação

1 – Recebida a notificação da constituição do tribunal arbitral a enviar pelo Presidente do Conselho Deontológico no termo do prazo previsto no artigo 11º nº 8, o tribunal arbitral constituído notifica, por despacho, o dirigente máximo do serviço da administração tributária para, no prazo de 30 dias, apresentar resposta e, caso queira, solicitar a produção de prova adicional.

(Alterado pelo artigo 228º da Lei nº 66-B/2012, de 31 de dezembro, em vigor desde 1 de janeiro de 2013)

("1 – Recebido o requerimento a que refere o artigo 10º, o tribunal arbitral notifica o dirigente máximo do serviço da administração tributária para, no prazo de 15 dias, apresentar resposta e, caso queira, solicitar a produção de prova adicional. – Anterior redação dada pelo Decreto-Lei nº 10/2011, de 20 de Janeiro, em vigor até 31 de dezembro de 2012)

2 – A administração tributária remete ao tribunal arbitral cópia do processo administrativo dentro do prazo de apresentação da resposta, aplicando-se, na falta de remessa, o disposto no nº 5 do artigo 110º do Código de Procedimento e de Processo Tributário.

Artigo 17º-A – Férias judiciais

O prazo processual, estabelecido por lei ou fixado por despacho arbitral, suspende-se durante as férias judiciais, nos termos do artigo 144º do Código de Processo Civil, com as necessárias adaptações.

(Aditado pelo artigo 229º da Lei nº 66-B/2012, de 31 de dezembro, em vigor desde 1 de janeiro de 2013)

Artigo 18º – Primeira reunião do tribunal arbitral

1 – Apresentada a resposta, o tribunal arbitral promove uma primeira reunião com as partes para:

a) Definir a tramitação processual a adoptar em função das circunstâncias do caso e da complexidade do processo;

b) Ouvir as partes quanto a eventuais excepções que seja necessário apreciar e decidir antes de conhecer do pedido; e

c) Convidar as partes a corrigir as suas peças processuais, quando necessário.

2 – Na reunião referida no número anterior, deve ainda ser comunicada às partes uma data para as alegações orais, caso sejam necessárias,

bem como a data para a decisão arbitral, tendo em conta o disposto no artigo 21º.

Artigo 19º – Princípio da livre condução do processo

1 – A falta de comparência de qualquer das partes a acto processual, a inexistência de defesa ou a falta de produção de qualquer prova solicitada não obstam ao prosseguimento do processo e à consequente emissão de decisão arbitral com base na prova produzida, de acordo com o princípio da livre apreciação de prova e da autonomia do tribunal arbitral na condução do processo.

2 – Sem prejuízo do disposto no número anterior, o tribunal arbitral pode permitir a prática de acto omitido ou a repetição de acto ao qual a parte não tenha comparecido, bem como o respectivo adiamento.

Artigo 20º – Modificação objectiva da instância

1 – A substituição na pendência do processo dos actos objecto de pedido de decisão arbitral com fundamento em factos novos implica a modificação objectiva da instância.

2 – No caso a que se refere o número anterior, o dirigente máximo do serviço da administração tributária notifica o tribunal arbitral da emissão do novo acto para que o processo possa prosseguir nesses termos, observando-se, quando aplicável, o disposto no artigo 64º do Código de Processo nos Tribunais Administrativos.

SECÇÃO II – Decisão arbitral

Artigo 21º – Prazo

1 – A decisão arbitral deve ser emitida e notificada às partes no prazo de seis meses a contar da data do início do processo arbitral.

2 – O tribunal arbitral pode determinar a prorrogação do prazo referido no número anterior por sucessivos períodos de dois meses, com o limite de seis meses, comunicando às partes essa prorrogação e os motivos que a fundamentam.

Artigo 22º – Deliberação, conteúdo e forma

1 – A decisão arbitral é tomada por deliberação da maioria dos seus membros, podendo esta ser decomposta para esse efeito em pronúncias

parciais incidentes sobre as diversas questões suscitadas no processo, salvo nos casos de árbitro singular.

2 – É aplicável à decisão arbitral o disposto no artigo 123º, primeira parte, do Código de Procedimento e de Processo Tributário, relativamente à sentença judicial.

3 – A decisão arbitral é assinada por todos os árbitros, identificando os factos objecto de litígio, as razões de facto e de direito que motivaram a decisão, bem como a data em que foi proferida, sendo remetido um exemplar assinado da decisão a cada uma das partes.

4 – Da decisão arbitral proferida pelo tribunal arbitral consta a fixação do montante e a repartição pelas partes das custas directamente resultantes do processo arbitral, quando o tribunal tenha sido constituído nos termos previstos no nº 1 e na alínea *a*) do nº 2 do artigo 6º.

5 – Os árbitros podem fazer lavrar voto de vencido quanto à decisão arbitral e quanto às pronúncias parciais.

Artigo 23º – Dissolução do tribunal arbitral

Após a notificação da decisão arbitral, o Centro de Arbitragem Administrativa notifica as partes do arquivamento do processo, considerando-se o tribunal arbitral dissolvido nessa data.

Artigo 24º – Efeitos da decisão arbitral de que não caiba recurso ou impugnação

1 – A decisão arbitral sobre o mérito da pretensão de que não caiba recurso ou impugnação vincula a administração tributária a partir do termo do prazo previsto para o recurso ou impugnação, devendo esta, nos exactos termos da procedência da decisão arbitral a favor do sujeito passivo e até ao termo do prazo previsto para a execução espontânea das sentenças dos tribunais judiciais tributários, alternativa ou cumulativamente, consoante o caso:

a) Praticar o acto tributário legalmente devido em substituição do acto objecto da decisão arbitral;

b) Restabelecer a situação que existiria se o acto tributário objecto da decisão arbitral não tivesse sido praticado, adoptando os actos e operações necessários para o efeito;

c) Rever os actos tributários que se encontrem numa relação de prejudicialidade ou de dependência com os actos tributários objecto da decisão arbitral, designadamente por se inscreverem no âmbito da mesma relação jurídica de imposto, ainda que correspondentes a obrigações periódicas distintas, alterando-os ou substituindo-os, total ou parcialmente;

d) Liquidar as prestações tributárias em conformidade com a decisão arbitral ou abster-se de as liquidar.

2 – Sem prejuízo dos demais efeitos previstos no Código de Procedimento e de Processo Tributário, a decisão arbitral sobre o mérito da pretensão de que não caiba recurso ou impugnação preclude o direito de, com os mesmos fundamentos, reclamar, impugnar, requerer a revisão ou a promoção da revisão oficiosa, ou suscitar pronúncia arbitral sobre os actos objecto desses pedidos ou sobre os consequentes actos de liquidação.

3 – Quando a decisão arbitral ponha termo ao processo sem conhecer do mérito da pretensão por facto não imputável ao sujeito passivo, os prazos para a reclamação, impugnação, revisão, promoção da revisão oficiosa, revisão da matéria tributável ou para suscitar nova pronúncia arbitral dos actos objecto da pretensão arbitral deduzida contam-se a partir da notificação da decisão arbitral.

4 – A decisão arbitral preclude o direito de a administração tributária praticar novo acto tributário relativamente ao mesmo sujeito passivo ou obrigado tributário e período de tributação, salvo nos casos em que este se fundamente em factos novos diferentes dos que motivaram a decisão arbitral.

5 – É devido o pagamento de juros, independentemente da sua natureza, nos termos previsto na lei geral tributária e no Código de Procedimento e de Processo Tributário.

SECÇÃO III – Recurso da decisão arbitral

Artigo 25º – Fundamento do recurso da decisão arbitral
1 – A decisão arbitral sobre o mérito da pretensão deduzida que ponha termo ao processo arbitral é susceptível de recurso para o Tribunal Constitucional na parte em que recuse a aplicação de qualquer norma com fundamento na sua inconstitucionalidade ou que aplique norma cuja inconstitucionalidade tenha sido suscitada.

LEGISLAÇÃO

2 – A decisão arbitral sobre o mérito da pretensão deduzida que ponha termo ao processo arbitral é ainda susceptível de recurso para o Supremo Tribunal Administrativo quando esteja em oposição, quanto à mesma questão fundamental de direito, com acórdão proferido pelo Tribunal Central Administrativo ou pelo Supremo Tribunal Administrativo.

3 – Ao recurso previsto no número anterior é aplicável, com as necessárias adaptações, o regime do recurso para uniformização de jurisprudência regulado no artigo 152º do Código de Processo nos Tribunais Administrativos, contando-se o prazo para o recurso a partir da notificação da decisão arbitral.

4 – Os recursos previstos nos números anteriores são apresentados, por meio de requerimento acompanhado de cópia do processo arbitral, no tribunal competente para conhecer do recurso.

5 – A interposição de recurso é obrigatoriamente comunicada ao Centro de Arbitragem Administrativa e à outra parte.

(*Aditado pelo artigo 228º da Lei nº 66-B/2012, de 31 de dezembro, em vigor desde 1 de janeiro de 2013*)

Artigo 26º – Efeitos do recurso da decisão arbitral
1 – O recurso tem efeito suspensivo, no todo ou em parte, da decisão arbitral recorrida, dependendo do objecto do recurso.

2 – Sem prejuízo do disposto no número anterior, o recurso interposto pela administração tributária faz caducar a garantia que tenha sido prestada para suspensão do processo de execução fiscal e o recurso interposto pelo sujeito passivo faz cessar o efeito suspensivo da liquidação, a que se refere o artigo 14º.

SECÇÃO IV – Impugnação da decisão arbitral

Artigo 27º – Impugnação da decisão arbitral
1 – A decisão arbitral pode ser anulada pelo Tribunal Central Administrativo, devendo o respectivo pedido de impugnação, acompanhado de cópia do processo arbitral, ser deduzido no prazo de 15 dias, contado da notificação da decisão arbitral ou da notificação prevista no artigo 23º, no caso de decisão arbitral emitida por tribunal colectivo cuja

intervenção tenha sido requerida nos termos da alínea *b*) do nº 2 do artigo 6º

2 – Ao pedido de impugnação da decisão arbitral é aplicável, com as necessárias adaptações, o regime do recurso de apelação definido no Código do Processo dos Tribunais Administrativos.

Artigo 28º – Fundamentos e efeitos da impugnação da decisão arbitral

1 – A decisão arbitral é impugnável com fundamento na:

a) Não especificação dos fundamentos de facto e de direito que justificam a decisão;

b) Oposição dos fundamentos com a decisão;

c) Pronúncia indevida ou na omissão de pronúncia;

d) Violação dos princípios do contraditório e da igualdade das partes, nos termos em que estes são estabelecidos no artigo 16º.

2 – A impugnação da decisão arbitral tem os efeitos previstos no artigo 26º.

TÍTULO II – Disposições finais

Artigo 29º – Direito subsidiário

1 – São de aplicação subsidiária ao processo arbitral tributário, de acordo com a natureza dos casos omissos:

a) As normas de natureza procedimental ou processual dos códigos e demais normas tributárias;

b) As normas sobre a organização e funcionamento da administração tributária;

c) As normas sobre organização e processo nos tribunais administrativos e tributários;

d) O Código do Procedimento Administrativo;

e) O Código de Processo Civil.

2 – O disposto no número anterior não dispensa, nem prejudica, o dever de o tribunal arbitral definir a tramitação mais adequada a cada processo especificamente considerado, nos termos do disposto nos artigos 18º e 19º e atendendo aos princípios da celeridade, simplificação e informalidade processuais.

Artigo 30º – Normas transitórias

1 – Os sujeitos passivos podem, a partir da entrada em vigor do presente decreto-lei e até ao termo do prazo de um ano, submeter à apreciação de tribunais arbitrais constituídos nos termos do nº 1 e da alínea *a*) do nº 2 do artigo 6º, pretensões que tenham por objecto actos tributários que se encontrem pendentes de decisão em primeira instância nos tribunais judiciais tributários há mais de dois anos, com dispensa de pagamento de custas judiciais.

2 – A utilização da faculdade prevista no número anterior determina, a partir do momento em que o processo arbitral se considera iniciado, a alteração da causa de pedir ou a extinção da instância, de acordo com os fundamentos apresentados no pedido de pronúncia arbitral, impondo-se ao impugnante promovê-la no prazo de 60 dias, juntando cópia do pedido de pronúncia arbitral.

Visto e aprovado em Conselho de Ministros de 11 de Novembro de 2010. – *José Sócrates Carvalho Pinto de Sousa* – *Fernando Teixeira dos Santos* – *Alberto de Sousa Martins*.

Promulgado em 15 de Dezembro de 2010.

Publique-se.

O Presidente da República, ANÍBAL CAVACO SILVA.

Referendado em 17 de Dezembro de 2010.

O Primeiro-Ministro, *José Sócrates Carvalho Pinto de Sousa*.

Vinculação da Autoridade Tributária e Aduaneira
(Portaria nº 112-A/2011, de 22 de Março)

O Programa do XVIII Governo Constitucional manteve a aposta em vias alternativas de resolução alternativa de litígios, assumindo o compromisso de proporcionar meios mais expeditos, acessíveis e económicos para os cidadãos e as empresas resolverem conflitos.

O Decreto-Lei nº 10/2011, de 20 de Janeiro, introduziu no ordenamento jurídico português a arbitragem em matéria tributária, como forma alternativa de resolução jurisdicional de conflitos no domínio fiscal.

Nos termos do artigo 4º do Decreto-Lei nº 10/2011, de 20 de Janeiro, os tribunais arbitrais funcionam no CAAD – Centro de Arbitragem Administrativa, dependendo a vinculação da administração tributária à jurisdição destes tribunais de portaria dos membros do Governo responsáveis pelas áreas das finanças e da justiça.

Desde 2009 que o CAAD – Centro de Arbitragem Administrativa tem vindo a resolver por mediação e arbitragem litígios relativos a matérias muito relevantes, incluindo questões de contratos e de relações jurídicas de emprego público, encontrando-se já, entre outros, o Ministério da Justiça e o Ministério da Cultura vinculados à sua jurisdição.

Com a presente portaria, a administração tributária vincula-se também à jurisdição do CAAD nos termos do nº 1 do artigo 4º do Decreto-Lei nº 10/2011, de 20 de Janeiro, associando-se a este mecanismo de resolução alternativa de litígios e nos termos e condições aqui estabelecidos, atendendo à especificidade e valor das matérias em causa.

Assim:

Manda o Governo, pelo Ministros de Estado e das Finanças e da Justiça, ao abrigo do nº 1 do artigo 4º do Decreto-Lei nº 10/2011, de 20 de Janeiro, o seguinte:

Artigo 1º – Vinculação ao CAAD
Pela presente portaria vinculam-se à jurisdição dos tribunais arbitrais que funcionam, nos termos do Decreto-Lei nº 10/2011, de 20 de Janeiro,

no CAAD – Centro de Arbitragem Administrativa os seguintes serviços do Ministério das Finanças e da Administração Pública:

a) A Direção-Geral dos Impostos (DGCI); e

b) A Direção-Geral das Alfândegas e dos Impostos Especiais sobre o Consumo (DGAIEC).

Artigo 2º – Objeto da vinculação

Os serviços e organismos referidos no artigo anterior vinculam-se à jurisdição dos tribunais arbitrais que funcionam no CAAD que tenham por objeto a apreciação das pretensões relativas a impostos cuja administração lhes esteja cometida referidas no nº 1 do artigo 2º do Decreto-Lei nº 10/2011, de 20 de Janeiro, com exceção das seguintes:

a) Pretensões relativas à declaração de ilegalidade de atos de autoliquidação, de retenção na fonte e de pagamento por conta que não tenham sido precedidos de recurso à via administrativa nos termos dos artigos 131º a 133º do Código de Procedimento e de Processo Tributário;

b) Pretensões relativas a atos de determinação da matéria coletável e atos de determinação da matéria tributável, ambos por métodos indiretos, incluindo a decisão do procedimento de revisão;

c) Pretensões relativas a direitos aduaneiros sobre a importação e demais impostos indiretos que incidam sobre mercadorias sujeitas a direitos de importação; e

d) Pretensões relativas à classificação pautal, origem e valor aduaneiro das mercadorias e a contingentes pautais, ou cuja resolução dependa de análise laboratorial ou de diligências a efetuar por outro Estado membro no âmbito da cooperação administrativa em matéria aduaneira.

Artigo 3º – Termos da vinculação

1 – A vinculação dos serviços e organismos referidos no artigo 1º está limitada a litígios de valor não superior a € 10 000 000.

2 – Sem prejuízo dos requisitos previstos no Decreto-Lei nº 10/2011, de 20 de Janeiro, a vinculação dos serviços referidos no artigo 1º está sujeita às seguintes condições:

a) Nos litígios de valor igual ou superior a € 500 000, o árbitro presidente deve ter exercido funções públicas de magistratura nos tribunais tributários ou possuir o grau de mestre em Direito Fiscal;

GUIA DA ARBITRAGEM TRIBUTÁRIA

b) Nos litígios de valor igual ou superior a € 1 000 000, o árbitro presidente deve ter exercido funções públicas de magistratura nos tribunais tributários ou possuir o grau de doutor em Direito Fiscal.

3 – Em caso de impossibilidade de designar árbitros com as características referidas no número anterior cabe ao presidente do Conselho Deontológico do CAAD a designação do árbitro presidente.

Artigo 4º – Entrada em vigor
A presente portaria entra em vigor no dia 1 de Julho de 2011.

Em 18 de Março de 2011.

O Ministro de Estado e das Finanças, *Fernando Teixeira dos Santos.* – O Ministro da Justiça, *Alberto de Sousa Martins.*

LEGISLAÇÃO

REGULAMENTO DE CUSTAS
NOS PROCESSOS DE ARBITRAGEM TRIBUTÁRIA

Artigo 1º – Âmbito e objeto

O presente Regulamento e as Tabelas anexas que o integram, estabelece as taxas de arbitragem aplicáveis nos processos arbitrais em matéria tributária organizados no âmbito do CAAD – Centro de Arbitragem Administrativa, em conformidade com o nº 1 do artigo 12º do Decreto-Lei nº 10/2011, de 20 de Janeiro, que regula o regime jurídico da arbitragem em matéria tributária, abreviadamente denominado de "Regime Jurídico da Arbitragem".

Artigo 2º* – Definições

1 – As custas do processo arbitral, genericamente designadas como taxa de arbitragem, compreendem todas as despesas resultantes da condução do processo arbitral e os honorários dos árbitros.

2 – Os eventuais encargos decorrentes da designação de peritos, tradutores, intérpretes e outros encargos com a produção de prova são suportados diretamente pelas partes.

(Disposição regulamentar alterada em 01-09-2012)

Artigo 3º – Taxa de arbitragem

1 – A taxa de arbitragem é calculada em função dos seguintes critérios:

a) Valor da causa;

b) Modo de designação do árbitro.

2 – O valor da causa é determinado nos termos do artigo 97º-A do Código de Procedimento e de Processo Tributário.

3 – O valor da causa nos casos previstos nas alíneas *b)* e *c)* do nº 1 do artigo 2º do Regime Jurídico da Arbitragem o é o da liquidação a que o sujeito passivo, no todo ou em parte, pretenda obstar.

Artigo 3º-A – Devolução da taxa de arbitragem

Cessando o procedimento por qualquer motivo antes de ser constituído o tribunal arbitral, o requerente é reembolsado da taxa de arbitragem paga, deduzindo-se um valor para efeito da cobrança de encargos administrativos e de processamento, a fixar pelo Presidente do CAAD, dentro dos seguintes limites:

a) Nos casos do Artigo 4º:
   i. Até 60.000 € – até 1 UC
   ii. > 60.000 € – 1 a 2 UC

b) Nos casos do Artigo 5º:
   i. Até 60.000 € – 2 UC
   ii. > 60.000 € – 2 a 4 UC

Artigo 4º* – Taxa de arbitragem em caso de designação de árbitro pelo CAAD

1 – Sempre que a designação dos árbitros no processo seja feita pelo CAAD, em conformidade com o nº 1 e a alínea a) do nº 2 do artigo 6º do Regime Jurídico da Arbitragem, a taxa de arbitragem é determinada em função do valor da causa e está limitada ao mínimo de 306,00 € (trezentos e seis euros), nos termos da Tabela I anexa ao presente Regulamento.

2 – A taxa de arbitragem inicial corresponde a 50% da taxa de arbitragem resultante da Tabela I anexa ao presente Regulamento e é paga por transferência bancária para a conta do CAAD antes de formulado o pedido de constituição do tribunal arbitral previsto na alínea f) do nº 2 do artigo 10º do Regime Jurídico da Arbitragem.

3 – O valor correspondente aos 50% remanescentes da taxa de arbitragem é pago pelo sujeito passivo por transferência bancária para a conta do CAAD antes da data fixada pelo tribunal arbitral, na reunião referida no artigo 18º do Regime Jurídico da Arbitragem, para a emissão da decisão arbitral.

4 – A fixação do montante das custas finais do processo arbitral e a eventual repartição pelas partes é efetuada na decisão arbitral que vier a ser proferida pelo tribunal arbitral tal como disposto no nº 2 do artigo 12º do Regime Jurídico da Arbitragem, sem prejuízo do disposto no nº 2 do artigo 2º.

5 – A conta final é enviada às partes após o trânsito em julgado da decisão e, na hipótese de não ter sido realizado pagamento prévio pela parte vencida, esta terá o prazo de 30 dias para efetuar o pagamento das custas em que foi condenada, após o que, e se for esse o caso, o CAAD reembolsará o sujeito passivo no montante que lhe for devido.

6 – Para além dos casos expressamente previstos neste regulamento, não há lugar a reembolso, devolução ou compensação, a qualquer título, pelas partes ou pelo CAAD.

* (*Disposição regulamentar alterada em 01-09-2012*)

Artigo 5º* – Taxa de arbitragem em caso de designação de árbitro pelo sujeito passivo

1 – Sempre que a designação de árbitro no processo seja feita pelo sujeito passivo, nos termos da alínea *b*) do nº 2 do artigo 6º do Regime Jurídico da Arbitragem, a taxa de arbitragem depende do valor da causa e está limitada ao mínimo de 6 000,00 € (seis mil euros) e ao máximo de 120 000,00 € (cento e vinte mil euros), nos termos da Tabela II anexa ao presente Regulamento.

2 – A taxa de arbitragem é integralmente suportada pelo sujeito passivo e paga, na sua totalidade, por transferência bancária para a conta do CAAD antes de formulado o pedido de constituição do tribunal arbitral nos termos da alínea *f*) do nº 2 do artigo 10º do Regime Jurídico da Arbitragem.

* (*Disposição regulamentar alterada em 01-09-2012*)

Artigo 6º* – Direito Subsidiário

São de aplicação subsidiária:

As normas relativas ao valor da causa constantes do Código de Procedimento e de Processo Tributário.

As normas relativas aos encargos decorrentes da designação de peritos, tradutores, intérpretes, consultores técnicos e outros encargos com a produção de prova, constantes do artigo 17º e da "Tabela IV" do Regulamento das Custas Processuais.

* (*Disposição regulamentar alterada em 01-09-2012*)

Tabela I – Artigo 4º do Regulamento de Custas nos Processos de Arbitragem Tributária

De	Até	Taxa de Arbitragem Inicial[1] (50% da Taxa de Arbitragem artigos 2.º, n.º 2 e 4.º, n.º 2 do Regulamento de Custas)	Taxa de Arbitragem[2] (artigo 2.º, n.º 1 do Regulamento de Custas)
-	2 000.00 €	153.00 €	**306.00 €**
2 000.01 €	8 000.00 €	306.00 €	**612.00 €**
8 000.01 €	16 000.00 €	459.00 €	**918.00 €**
16 000.01 €	24 000.00 €	612.00 €	**1 224.00 €**
24 000.01 €	30 000.00 €	765.00 €	**1 530.00 €**
30 000.01 €	40 000.00 €	918.00 €	**1 836.00 €**
40 000.01 €	60 000.00 €	1 071.00 €	**2 142.00 €**
60 000.01 €	80 000.00 €	1 224.00 €	**2 448.00 €**
80 000.01 €	100 000.00 €	1 377.00 €	**2 754.00 €**
100 000.01 €	150 000.00 €	1 530.00 €	**3 060.00 €**
150 000.01 €	200 000.00 €	1 836.00 €	**3 672.00 €**
200 000.01 €	250 000.00 €	2 142.00 €	**4 284.00 €**
250 000.01 €	275 000.00 €	2 448.00 €	**4 896.00 €**

[1] A Taxa de Arbitragem Inicial corresponde a 50% da Taxa de Arbitragem, conforme o disposto no nº 2 do artigo 4º do Regulamento.

[2] A Taxa de Arbitragem corresponde ao montante devido como Custas do Processo Arbitral, conforme o disposto no nº 1 do artigo 2º do Regulamento *"As custas do processo arbitral, genericamente designadas como taxa de arbitragem, compreendem a taxa de arbitragem inicial e os encargos do processo arbitral."*

Para além dos 275 000.00 €, ao valor da Taxa de Arbitragem, acresce, por cada 25 000.00 € ou fração, 306.00 €. Consequentemente, ao valor da Taxa de Arbitragem Inicial, acresce, por cada 25 000.00 € ou fração, 153.00 €, ou seja, 50%.

Tabela II – Artigo 5º do Regulamento de Custas nos Processos de Arbitragem Tributária

De	Até	Taxa de Arbitragem[1] (artigo 5.º, n.º 2 do Regulamento de Custas)
-	60 000.00 €	6 000.00 €
60 000.01 €	250 000.00 €	12 000.00 €
250 000.01 €	500 000.00 €	24 000.00 €
500 000.01 €	750 000.00 €	36 000.00 €
750 000.01 €	1 000 000.00 €	48 000.00 €
1 000 000.01 €	2 500 000.00 €	60 000.00 €
2 500 000.01 €	5 000 000.00 €	80 000.00 €
5 000 000.01 €	7 500 000.00 €	100 000.00 €
7 500 000.01 €	10 000 000.00 €	120 000.00 €

Obs. IVA incluído à taxa legal em vigor

[1] *"A taxa de arbitragem é integralmente suportada pelo sujeito passivo e paga, na sua totalidade, por transferência bancária para a conta do CAAD antes de formulado o pedido de constituição do tribunal arbitral nos termos da alínea f) do nº 2 do artigo 10º do Regime Jurídico da Arbitragem".*

CÓDIGO DEONTOLÓGICO DO CAAD

Artigo 1º – Princípio geral

Os árbitros designados para constituir um tribunal arbitral que funcione sob a égide do Centro de Arbitragem Administrativa (CAAD) devem julgar com estrita independência, imparcialidade, isenção e objectividade, bem como respeitar, e fazer respeitar, o prestígio da arbitragem como meio justo e célere de resolução de litígios.

Artigo 2º – Requisitos dos árbitros

1 – Os árbitros devem ser pessoas singulares, plenamente capazes, com comprovada competência técnica, idoneidade moral e sentido de interesse público.

2 – Os árbitros devem ser independentes, imparciais, isentos e objectivos.

3 – Por regra, os árbitros devem ser escolhidos de entre juristas que, pelas suas qualificações formais e pela sua experiência profissional no domínio do direito público, ofereçam garantias de competência para o exercício das respectivas funções.

4 – O árbitro, ainda que designado pela parte, tem uma obrigação de independência, imparcialidade e isenção, não sendo nem representante, nem mandatário, da parte que o designa.

5 – Os árbitros têm um dever de lealdade para com o processo arbitral, as partes e, no caso de um tribunal colectivo, para com os co-árbitros.

6 – O árbitro não deve permitir que qualquer tipo de preconceito, interesse pessoal, pressão externa, directa ou indirecta, ou receio de crítica afecte o sentido da sua decisão.

7 – Quer durante, quer depois de concluída a arbitragem, o árbitro e os seus familiares imediatos não podem aceitar oferta, favor ou herança, provenientes, directa ou indirectamente, de qualquer uma das partes.

8 – No decurso da arbitragem, o árbitro não pode negociar ou aceitar quaisquer ofertas de emprego ou novas relações profissionais com qualquer das partes ou seu representante legal.

9 – O árbitro deve respeitar os princípios deontológicos estabelecidos neste Código, enquanto princípios inerentes ao exercício das suas funções, e deve recusar a sua designação quando ocorra circunstância pela

qual se possa razoavelmente suspeitar da sua independência, imparcialidade e/ou isenção.

10 – Incumbe ao Conselho Deontológico do Centro de Arbitragem Administrativa exonerar o árbitro ou árbitros em caso de incumprimento dos requisitos previstos nos números anteriores.

Artigo 3º – Lista de árbitros

1 – Encontra-se disponível no Centro uma lista actualizada de pessoas que podem ser investidas nas funções de árbitro.

2 – Nos casos em que, nos termos da lei, lhe caiba a escolha de qualquer árbitro, o Centro pode, mediante despacho fundamentado, fazer recair a sua escolha sobre alguém não constante da lista.

3 – O Centro responsabiliza-se pela actualização da lista de árbitros, bem como dos seus dados curriculares, designadamente formação, experiência profissional e especialidade, devendo estes elementos ser facultados pelo Centro, mediante solicitação de qualquer parte interessada, e constar ainda do respectivo *site*.

Artigo 4º – Aceitação do encargo

1 – Ninguém pode ser obrigado a actuar como árbitro. Mas se o encargo tiver sido aceite, o árbitro assume possuir conhecimentos adequados à apreciação da matéria do litígio, bem como dispor do tempo previsivelmente necessário para a condução do processo arbitral, sendo apenas legítima escusa fundada em causa superveniente que impossibilite o designado de exercer tal encargo.

2 – O árbitro designado deve comunicar a aceitação do encargo ao Centro no prazo de 5 dias úteis.

3 – O árbitro que, tendo aceitado o encargo, se escusar injustificadamente ao exercício da sua função, pode ser excluído da lista de árbitros do Centro.

Artigo 5º – Motivos gerais para o afastamento de um árbitro

Qualquer uma das partes, mediante comunicação prévia à outra parte, ao árbitro visado e, no caso de um tribunal colectivo, aos outros árbitros, pode solicitar ao Presidente do Conselho Deontológico o afastamento de um árbitro, com fundamento:

a) Em circunstâncias que suscitem dúvidas fundadas quanto à sua independência, imparcialidade e/ou isenção;

GUIA DA ARBITRAGEM TRIBUTÁRIA

b) No facto de o árbitro ter demonstrado não possuir as competências mínimas necessárias ao desempenho das suas funções;

c) No facto de o árbitro se mostrar física ou mentalmente incapaz de conduzir os procedimentos arbitrais ou de existirem dúvidas fundadas quanto à sua capacidade para o fazer;

d) No facto de o árbitro, por outros motivos, se ter recusado ou ter falhado na condução adequada dos procedimentos ou na sua condução diligente, dentro de prazos regulamentarmente razoáveis;

e) Em caso de litigância de má-fé, por não ter provado o fundamento de afastamento alegado, a parte pode ser condenada pelo Presidente do Conselho Deontológico ao pagamento de multa, a fixar nos termos da lei.

Artigo 6º – Fundamentos de recusa. Falta de independência e/ou competência

1 – Um árbitro pode ser recusado caso existam circunstâncias que suscitem sérias dúvidas quanto à sua independência, imparcialidade, isenção e/ou competência.

2 – Compete em exclusivo ao Conselho Deontológico do Centro declarar a admissibilidade da recusa.

3 – Os árbitros designados para constituir um tribunal arbitral a funcionar sob a égide do Centro devem apresentar todas as condições necessárias para julgar com imparcialidade, independência, isenção, objectividade e competência as questões submetidas à sua apreciação.

4 – Após a sua designação e antes da confirmação da aceitação do encargo, os árbitros devem informar, por escrito, o Centro, as partes e, tratando-se de um tribunal colectivo, os outros árbitros, de qualquer facto, circunstância ou relação susceptível de originar dúvidas fundadas a respeito da sua independência, imparcialidade ou isenção.

5 – Entre os factos, circunstâncias e/ou relações abrangidos por este dever de revelação, incluem-se, entre outros:

a) Qualquer relação profissional ou pessoal, com as partes ou com os seus representantes legais, que possa ser potencial causa de impedimento ou de escusa;

b) Qualquer prestação anterior de serviço como árbitro, advogado, consultor, auditor, sócio, gestor de negócios, colaborador ou funcionário de uma das partes;

c) Qualquer interesse, directo ou indirecto, em questão semelhante à que deva ser decidida;

d) Qualquer interesse económico ou financeiro, directo ou indirecto, numa das partes ou no objecto da disputa;

e) Qualquer participação em associações que possa originar suspeita fundada da sua capacidade para actuar com imparcialidade e isenção, designadamente associações envolvidas na instigação e/ou na prática de discriminação com base da raça, sexo, religião, nacionalidade ou orientação sexual.

6 – Havendo dúvida quanto à relevância de qualquer facto, circunstância e/ou relação, prevalece sempre o dever de revelação.

7 – A simples revelação dos factos, circunstâncias e/ou relações previstos no nº 5 deste artigo, ou de quaisquer outros factos, circunstâncias e/ou relações que sejam susceptíveis de suscitar dúvidas fundadas quanto à independência, imparcialidade ou isenção do árbitro, não deve ser entendida como uma declaração de que o árbitro não se considera independente, imparcial ou isento, e que, em consequência disso, não está apto a desempenhar funções.

8 – O dever de revelação mantém-se até à extinção do poder jurisdicional do árbitro, razão pela qual, no decurso de todo o processo arbitral, o árbitro designado se encontra obrigado a revelar, de imediato, ao Conselho Deontológico, às partes e, no caso de um tribunal colectivo, aos demais árbitros, quaisquer factos, circunstâncias ou relações supervenientes, ou de que só tenha tomado conhecimento depois de ter aceitado o encargo, que sejam susceptíveis de originar dúvidas fundadas quanto à sua independência, imparcialidade e/ou isenção.

9 – Uma parte só pode recusar um árbitro que haja designado ou em cuja designação haja participado com fundamento numa causa de impedimento ou escusa de que só tenha tomado conhecimento após essa mesma designação.

10 – Um árbitro só pode ser recusado se existirem circunstâncias que possam suscitar dúvidas fundadas sobre a sua imparcialidade, independência e/ou isenção ou se demonstrar não possuir as qualificações necessárias à consecução da arbitragem.

11 – Após produção sumária de prova pela parte, ou partes, que solicitem a recusa do árbitro, o Conselho Deontológico decide do mérito do pedido de impedimento ou recusa.

GUIA DA ARBITRAGEM TRIBUTÁRIA

12 – Em caso de litigância de má-fé, aplica-se o disposto na alínea *e*) do artigo 5º

Artigo 7º* – Processo de recusa

1 – A parte que manifeste vontade de recusar a designação de um árbitro deve comunicar a sua intenção ao Conselho Deontológico, através de uma exposição escrita que especifique os factos, circunstâncias e/ou relações que fundamentam tal pedido.

2 – Sob pena de preclusão, o pedido de recusa deve ser apresentado no prazo máximo de 5 dias úteis contados a partir da data de recepção da notificação da confirmação de aceitação do encargo por parte do árbitro ou, sendo o conhecimento posterior, da data em que o requerente teve conhecimento dos factos, circunstâncias e/ou relações que fundamentam o seu pedido.

3 – O Centro deve notificar da recusa a outra parte, o árbitro recusado e, no caso de um tribunal colectivo, os outros árbitros, para que todos possam apresentar as suas alegações por escrito ao Conselho Deontológico, no decurso de um prazo não superior a 5 dias úteis, contados a partir da respectiva notificação.

4 – O Conselho Deontológico deve comunicar essas alegações às partes e aos árbitros.

5 – As decisões do Presidente do Conselho Deontológico relativamente à recusa de árbitros devem ser proferidas no prazo de 15 dias úteis, por forma fundamentada, só podendo ser impugnadas com o recurso da decisão final.

6 – O árbitro recusado pode renunciar voluntariamente ao exercício das suas funções, sem que tal implique a aceitação da validade das razões em que se funda a recusa.

* (*Disposição regulamentar alterada em 09-01-2013*)

Artigo 8º – Inacção ou incapacidade do árbitro

1 – Quando um árbitro ficar incapacitado, *de jure* ou *de facto*, para o desempenho das suas funções, o seu mandato termina com a verificação do facto determinante dessa incapacidade, desde que reconhecido pelo Conselho Deontológico.

2 – Se um árbitro não desempenhar as suas funções em conformidade com a lei e com o Regulamento de Arbitragem do Centro, e se não res-

peitar os prazos neles fixados, o seu mandato cessa em resultado de uma de duas situações:

a) Quando o árbitro se demita das suas funções;

b) Quando, a pedido de uma ou de ambas as partes, o Presidente do Conselho Deontológico decida pôr fim às funções do árbitro, sem prejuízo da responsabilidade a que possa haver lugar.

Artigo 9º – Designação de um árbitro substituto

1 – Em caso de morte ou de renúncia justificada de um árbitro, ou ainda quando da aceitação pelo Presidente do Conselho Deontológico do pedido de recusa apresentado pela parte, ou partes, haverá lugar à sua substituição de acordo com as regras aplicáveis à indicação do árbitro substituído.

2 – O tribunal arbitral decide, tendo em conta o estado do processo, se algum acto processual tem de ser repetido face à nova composição do tribunal.

Artigo 10º – Proibição de comunicar com as partes

1 – Antes da constituição do tribunal arbitral, o árbitro da lista do Centro que seja indicado não pode comunicar em privado com as partes ou seus mandatários.

2 – No caso de árbitros não integrados na lista do Centro, se contactados preliminarmente por qualquer uma das partes para o eventual exercício de funções, podem solicitar-lhes apenas uma descrição sumária do litígio, a identificação das partes, co-árbitros e mandatários, se os houver, o teor da convenção de arbitragem e a indicação do prazo previsto para a conclusão da mesma.

3 – Na pendência do processo, o árbitro deve abster-se de qualquer comunicação com as partes ou seus mandatários relativamente ao objecto do litígio, bem como de procurar aceder a fontes informais ou a informação privada sobre a questão submetida a juízo.

4 – O árbitro pode comunicar com uma parte na ausência da(s) outra(s) sobre questões administrativas, tais como a fixação da data ou local dos procedimentos, desde que tenha razões para acreditar que tal comunicação não resulta numa vantagem processual ou táctica para qualquer das partes. Sempre que tais comunicações tiverem lugar, porém, o árbitro deve informar, de imediato, as outras partes da sua ocorrência, de forma

a terem oportunidade para se pronunciarem, antes da tomada de uma decisão final quanto à matéria discutida.

Artigo 11º – Dever de diligência

1 – O árbitro deve conduzir a arbitragem da forma mais rápida, eficaz e económica que for compatível com o respeito pelas garantias processuais das partes.

2 – O árbitro deve consagrar à sua função todo o tempo e atenção que sejam necessários à cabal compreensão e julgamento dos factos objecto da lide.

Artigo 12º – Confidencialidade

Sem prejuízo do disposto na lei, o árbitro deve respeitar a confidencialidade do processo, não podendo utilizar informação obtida no decurso do mesmo com o objectivo de alcançar qualquer provento, benefício ou privilégio, para si ou para um terceiro, ou de lesar a pessoa ou os interesses de outrem.

Artigo 13º – Proibição de angariação de nomeações

Ninguém deve procurar activamente ser nomeado para uma arbitragem, mas qualquer pessoa pode divulgar publicamente a sua experiência em matéria arbitral, com ressalva dos seus deveres de confidencialidade referidos no artigo anterior.

Artigo 14º – Honorários e despesas dos árbitros

1 – Os honorários dos árbitros são determinados de forma a garantir o direito de acesso dos cidadãos à justiça.

2 – Naqueles casos em que os árbitros que integram a lista do Centro não recebam um valor fixo por processo, respeita-se o princípio da proporcionalidade das custas relativamente ao valor do processo.

3 – O valor dos honorários é comunicado antecipadamente pelo Centro aos árbitros.

4 – As partes que indiquem árbitros exteriores à lista são responsáveis pelo pagamento dos respectivos honorários, ainda que tal pagamento seja, em termos administrativos, centralizado no próprio Centro.

REGULAMENTO DE SELECÇÃO DE ÁRBITROS EM MATÉRIA TRIBUTÁRIA

Artigo 1º – Âmbito

O presente Regulamento aplica-se aos processos arbitrais em matéria tributária organizados no âmbito do CAAD – Centro de Arbitragem Administrativa, nos termos do Decreto-Lei nº 10/2011, de 20 de Janeiro, abreviadamente designado de "Regime Jurídico da Arbitragem Tributária".

Artigo 2º – Objecto

O presente Regulamento estabelece as regras de elaboração da lista de árbitros prevista no nº 4 do artigo 7º do Regime Jurídico da Arbitragem Tributária, bem como de designação dos árbitros nos termos do artigo 6º do Regime Jurídico da Arbitragem Tributária e da alínea *b*) do nº 5 do artigo 10º-A dos Estatutos do CAAD.

SECÇÃO I – Elaboração da lista de árbitros

Artigo 3º – Consulta pública

A lista de árbitros em matéria tributária é elaborada com base em consulta pública de preferência anual, promovida pelo CAAD e dirigida à manifestação de interesse por parte de todas as pessoas que reúnam os requisitos estabelecidos no artigo 7º do Regime Jurídico da Arbitragem Tributária e no artigo 2º do Código Deontológico do CAAD.

Artigo 4º – Lista de árbitros

1 – A lista de árbitros em matéria tributária é elaborada pela Direcção do CAAD e aprovada por esta mediante pronúncia favorável do Conselho Deontológico, nos termos da alínea *g*) do artigo 8º e da alínea *c*) do nº 4 do artigo 10º-A dos Estatutos do CAAD.

2 – A lista de árbitros é ordenada em função da especialidade manifestada pelos árbitros aquando da consulta pública a que se refere o artigo 3º, sendo o número de ordem atribuído aleatoriamente por meios informáticos.

SECÇÃO II – Designação dos árbitros

Artigo 5º – Critérios de designação dos árbitros

1 – Os árbitros são designados pelo Conselho Deontológico, preferencialmente, de modo sequencial, tendo em conta a ordenação aleatória referida no artigo anterior.

2 – Em casos especiais, designadamente quando o árbitro que figure na ordem sequencial da lista seja mandatário em qualquer outro processo arbitral tributário pendente no CAAD, ou quando se verifique a situação prevista no nº 3 do artigo 11º do Regime Jurídico da Arbitragem Tributária, ou ainda, quando a especificidade da matéria ou facto relevante susceptível de prejudicar a qualidade da decisão arbitral assim o exijam, o Conselho Deontológico pode designar árbitro fora da ordem sequencial.

3 – Sempre que seja utilizada a faculdade prevista no número anterior, o Conselho Deontológico na designação seguinte retoma a ordem sequencial.

4 – A designação do árbitro presidente é feita em conformidade com o disposto na Portaria nº 112-A/2011, de 22 de Março.

Artigo 6º – Impedimento e recusa do árbitro

1 – Em caso de rejeição da designação por impedimento do árbitro, em conformidade com o artigo 8º do Regime Jurídico da Arbitragem Tributária, o Conselho Deontológico distribui novo processo ao árbitro impedido, retomando-se a ordem sequencial da distribuição a partir do árbitro seguinte.

2 – Em caso de recusa da designação por parte do árbitro com fundamento diferente do referido no número anterior, o Conselho Deontológico não distribui novo processo ao árbitro em causa, retomando-se a ordem sequencial da distribuição a partir do árbitro seguinte.

Artigo 7º – Publicidade

A lista anual de árbitros é publicada no sítio da Internet *www.caad.org.pt*.

Capítulo II
Deontologia Arbitral Tributária

ARBITRAGEM TRIBUTÁRIA: OS PRIMEIROS PASSOS

Mal dava os seus primeiros passos, o Centro de Arbitragem Administrativa (CAAD) assumia como tarefa prioritária elaborar um código deontológico estabelecendo regras de orientação para os árbitros que futuramente viessem a integrar os seus tribunais arbitrais. Esta particular atenção votada à codificação de regras deontológicas era reflexo do entendimento de que tais regras eram necessárias à credibilização da arbitragem, perante os cidadãos e perante o Estado, enquanto meio alternativo de resolução de litígios, especialmente numa altura em que o domínio da arbitrabilidade estendia as suas fronteiras, para incluir as relações jurídicas de natureza administrativa e tributária. A codificação era tanto mais necessária quanto as indicações contidas a título deontológico na lei geral eram abertamente insuficientes, limitando-se a remeter para os impedimentos e suspeições dos juízes e para princípios estruturantes, mas muito gerais, como o igual tratamento das partes em contenda, sem que fossem tidas em linha de conta quaisquer especificidades da função de árbitro, dos agentes que a exercem, ou do próprio processo arbitral.

Sendo que o CAAD integra na sua estrutura um órgão independente, que é responsável pela designação e supervisão da atuação dos árbitros que compõem os seus tribunais – o Conselho Deontológico, recaiu naturalmente sobre este órgão articular o conjunto de regras adequadas à regulação da conduta dos árbitros e na base das quais fosse possível assegurar a qualidade e idoneidade das arbitragens realizadas no Centro.

A necessidade de codificação de diretrizes deontológicas para os árbitros adquiria especial premência por se prever que viesse a ser diversa a origem profissional dos árbitros a atuar sob a égide do CAAD. Isto porque o diploma que estabelece o regime jurídico da arbitragem em matéria tributária determina que, por regra, os árbitros sejam juristas com pelo menos dez anos de comprovada experiência profissional na área do direito tributário, mas logo especifica que esta experiência pode ter sido adquirida pelo exercício de um conjunto muito alargado de funções públicas, nelas incluídas a magistratura, a advocacia, a consultoria e jurisconsultoria, a docência no ensino superior ou a investigação, o serviço na administração tributária ou mesmo a realização de trabalhos científicos relevantes neste domínio. A isto acresce uma outra possibilidade de designação de árbitros não presidentes de formação não jurídica, entre licenciados em Economia ou Gestão, sempre que a questão sob análise exija conhecimentos especializados nestas áreas. Trata-se, aliás, de uma possibilidade de que o CAAD vem fazendo uso, quando a crê determinante para a qualidade da decisão arbitral final, sendo que a designação de árbitros com formação nestas áreas corresponde, nesta altura, a cerca de 10% do total de processos analisados no Centro (o que, note-se, não é o mesmo que dizer 10% das designações, visto que, os licenciados em Economia ou Gestão só podem integrar, e como árbitros-adjuntos, os Tribunais Coletivos).

O que mais importa aqui salientar, porém, é que cada um destes profissionais chegaria à arbitragem dotado de um conjunto de competências muito diversas, adquiridas no desempenho de funções também elas muito diversificadas e no cumprimento das regras deontológicas que lhe são próprias. Regras que, servindo uma determinada profissão, e estruturando a ética profissional que lhe é mais adequada, nem sempre seriam transponíveis para o exercício da arbitragem. A todos estes profissionais era pois necessário fornecer diretrizes deontológicas claras quanto ao teor das boas práticas arbitrais e quanto aos comportamentos que lhe são eticamente exigíveis enquanto árbitro.

Ao serviço desse desiderato está o Código Deontológico do CAAD, cujas disposições complementam e densificam as normas deontológicas elencadas no diploma de autorização da arbitragem tributária, estabelecendo, conjuntamente com estas, o enquadramento deontológico para a boa atuação dos árbitros e as bases da confiança no instituto arbitral. Essas bases são múltiplas, mas permito-me aqui destacar uma. Nenhum processo é equitativo se os julgadores forem parciais. Por isso mesmo a obrigação de independência e imparcialidade dos árbitros figura proeminentemente no Código Deontológico do CAAD. O árbitro que atue sob a égide do CAAD deve apreciar e decidir as questões submetidas à sua apreciação e decisão com a mais estrita imparcialidade e independência. Por imparcialidade deve entender-se não apenas o não favorecimento da pretensão de qualquer uma das partes e o afastamento de qualquer preconceito ou pré-juízo sobre o objeto do litígio, como também, e criticamente, a imunidade a qualquer pressão externa, direta ou indireta. Já a independência, que implica uma perfeita equidistância relativamente às partes, tem como pressuposto a inexistência de um interesse material no objeto de litígio e relações de ordem financeira, profissional ou outra, que submeta o árbitro a uma das partes ou a alguém proximamente ligado a elas. Assim, e para afastar receios de que a rede de relações resultante das atividades anteriores dos profissionais designados pelo Conselho Deontológico do CAAD pudesse vir a afetar a sua conduta enquanto árbitros, o regime da arbitragem tributária e o próprio Código Deontológico configuraram um regime de impedimentos exigente e restritivo, que presta uma ancoragem robusta aos requisitos de independência e imparcialidade a observar na designação dos árbitros, sejam estes árbitros presidentes ou árbitros adjuntos. Rigorosamente aplicado neste primeiro ano e meio de vida da arbitragem tributária, por forma a assegurar uma estrita independência dos árbitros face às partes e a sua imparcialidade face ao objeto concreto do litígio, este regime de impedimentos tem contribuído decisivamente para a rápida credibilização da arbitragem tributária junto do público em geral e para a atração para a lista de árbitros do CAAD de alguns dos mais respeitados fiscalistas do país. Com a sua presença na lista fica duplamente assegurada a qualidade e a fiabilidade das sentenças arbitrais, que, sendo públicas, vêm, de resto, conquistando o apreço da comunidade jurídica e fiscal, pelo seu rigor, acessibilidade, justeza – o que é o mesmo que dizer, claro está, pela justiça que fazem ao caso concreto sob apreciação.

Mas porque a lei, seja ela *hard* ou *soft*, só se consegue depurar no confronto com os problemas que a prática nos coloca, foi entretanto adotada uma medida adicional de evitamento de um desdobramento funcional imprevisto, mas que poderia afetar o bom funcionamento da justiça arbitral: refiro-me ao facto de, no CAAD, os advogados que apresentem pedidos de pronúncia arbitral deixarem automaticamente de poder ser designados árbitros durante todo o processo. Previne-se assim uma confusão entre papéis que poderia afetar o equilíbrio das partes em diferentes processos, bem como a capacidade de o árbitro para, isoladamente ou na companhia de dois pares seus, julgar com independência, isenção e integridade o caso que perante si está pendente.

Além de proceder à enunciação exemplificativa de alguns casos em que a nomeação do árbitro não deve ser aceite por violar a confiança das partes na sua independência e imparcialidade, o Código Deontológico do CAAD põe a tónica no dever de revelação de qualquer facto, circunstância, interesse ou relação em que o árbitro esteja ou venha a estar envolvido, durante o exercício do seu poder jurisdicional, que seja suscetível de originar dúvidas fundadas a respeito da sua independência, imparcialidade e/ou isenção. Este dever, a que os árbitros estão obrigados perante o Centro, e, em caso de tribunal coletivo, também perante os demais árbitros, tem sido cumprido escrupulosamente pelos vários árbitros designados, sendo disso porventura espelho o facto de, em quinze meses de funcionamento da arbitragem tributária, ter havido lugar a apenas uma recusa de árbitro. Recusa que foi, de resto, nesta ocasião, indeferida pelo Conselho Deontológico, por, após devida apreciação, a achar infundada.

Antes de aceitar a sua nomeação, o árbitro que atue no âmbito do CAAD tem não apenas de preencher as referidas garantias de independência e imparcialidade, como também de assumir outros dois compromissos: o de dispor do tempo necessário à arbitragem, tendo em conta o prazo razoável fixado para a mesma; e o de estar na posse dos conhecimentos necessários à resolução justa e eficaz do litígio. Estes requisitos, que são requisitos necessários ao efetivo cumprimento do artigo 1º do Código Deontológico do Centro, onde se prevê estarem os árbitros designados obrigados a "fazer respeitar o prestígio da arbitragem como meio justo e célere de resolução de litígios", encontram-se assim configurados como regras deontológicas enformando a atuação do árbitro. Quer isto dizer também que o árbitro que aceita a designação do CAAD mas procura prorrogar o prazo da decisão sem justificação, ou justifica essa prorrogação com base na necessidade de obter assessoria técnica sobre matéria jurídica central da arbitragem, ou simplesmente exibe comportamentos que se consubstanciam numa falta de colaboração ou obstrução ao normal desenrolar do processo arbitral, desrespeita alguns dos deveres mais fundamentais que conformam o exercício da função de árbitro. Felizmente não temos registo deste tipo de situações nestes primeiros quinze meses de funcionamento da arbitragem tributária e disso mesmo nos dão conta os prazos de decisão observados e referidos em introdução à presente publicação. Para tal, muito contribui o facto de, na arbitragem, ser permitido o reforço da especialização nas diferentes matérias, jurídicas e não jurídicas, envolvidas no caso sob apreciação (e elas são muitas e muito complexas, no caso da arbitragem fiscal e aduaneira), sendo que, para cada uma dessas matérias, podem ser escolhidos os profissionais mais habilitados a tratá-las e a fazê-lo com diligência. Tudo isto com vista à boa administração da justiça tributária, que, hoje como sempre, se consubstancia numa decisão de fundo tempestiva, que aprecie o mérito da pretensão deduzida e opere a justa e definitiva composição do litígio em causa.

Neste primeiro ano e meio de funcionamento da arbitragem tributária, a existência de um Código articulando as regras ético-deontológicas que devem presidir à conduta dos árbitros que exercem funções nos tribunais arbitrais do CAAD tem-se revelado da maior importância. Da maior importância para estabelecer os parâmetros da intervenção do Conselho Deontológico do Centro na sua função de designação, supervisão e eventual substituição dos árbitros, mas da maior importância também para promover a confiança das partes e de terceiros na arbitragem como meio idóneo, justo e expedito para a resolução de litígios em matéria sensível, como é a matéria tributária. O Código Deontológico do CAAD não pretende ser uma recolha exaustiva das regras de conduta do árbitro, nem tão pouco substituir-se ao carácter dos árbitros designados, enquanto sustentáculo principal e último do seu comportamento ético. No entanto, as instituições necessitam de dar aos seus agentes linhas de orientação claras, sinalizando-lhes, através de um quadro valorativo de referência, qual a direção que a sua atuação deve tomar, para que os objetivos da própria instituição – neste caso, fazer justiça arbitral

– sejam servidos. É isso mesmo o que o Código Deontológico do CAAD pretende fazer, ao conferir visibilidade e a sistematicidade possível aos mais fundamentais princípios e práticas que devem estruturar a conduta dos árbitros do Centro. Uma estrutura por cuja conservação o Conselho Deontológico ciosamente vela, para que a mesma se mantenha intocada na arbitragem tributária.

MANUEL FERNANDO DOS SANTOS SERRA
(Presidente do Conselho Deontológico do CAAD)

Capítulo III
Aspetos Práticos

A entrada em vigor de um regime jurídico inovador como o da arbitragem em matéria tributária, aprovado pelo Decreto-Lei nº 10/2011, de 20 de janeiro de 2011, que corresponde a um meio alternativo de resolução jurisdicional de litígios, sem paralelo nos ordenamentos jurídicos da mesma família jurídica, e a um processo integralmente desmaterializado, suscita numerosas questões práticas e metodológicas, nomeadamente ao nível do procedimento de apresentação do pedido de constituição de Tribunal Arbitral e de pronúncia arbitral.

No sentido de facilitar a aplicação prática de um regime caracterizado pela celeridade e informalidade, sem conceder ao nível da aplicação estrita do direito constituído, apresentamos um conjunto de questões, iminentemente práticas, que procuram ir ao encontro das dúvidas mais latentes dos diversos operadores jurídicos.

A lista de questões *infra* reúne um conjunto de dúvidas que foram sendo colocadas pelos mais diversos operadores jurídicos desde a entrada em vigor do Regime Jurídico da Arbitragem Tributária (RJAT) até à data da publicação da obra em apreço, e que esperamos concorram para a afirmação da arbitragem em matéria tributária como um meio alternativo de resolução jurisdicional de litígios simples, célere e eficaz.

1. Como apresentar um pedido de constituição de Tribunal Arbitral?

O pedido de constituição de Tribunal Arbitral é feito mediante requerimento enviado por via eletrónica ao Presidente do Centro de Arbitragem Administrativa – CAAD (artigo 10º, nº 2 do RJAT), a quem compete, no prazo de dois dias a contar da receção do mesmo, dar conhecimento do pedido à Administração Tributária, igualmente por via eletrónica (artigo 10º, nº 3 do RJAT). A aceitação do pedido pelo Presidente do CAAD não importa uma apreciação de mérito da pretensão do Requerente, nomeadamente no que refere à tempestividade do pedido ou à arbitrabilidade do litígio, estando apenas dependente da verificação do cumprimento dos requisitos previstos no artigo 10º, nº 2 do RJAT. De acordo com este normativo legal, do pedido de constituição de Tribunal Arbitral devem constar os seguintes elementos:

> *"a) A identificação do sujeito passivo, incluindo o número de identificação fiscal, e do serviço periférico local do seu domicílio ou sede ou, no caso de coligação de sujeitos passivos, do serviço periférico local do domicílio ou sede do sujeito identificado em primeiro lugar no pedido;*
>
> *b) A identificação do ato ou atos tributários objeto do pedido de pronúncia arbitral;*
>
> *c) A identificação do pedido de pronúncia arbitral, constituindo fundamentos deste pedido os previstos no artigo 99º do Código de Procedimento e de Processo Tributário e, bem assim, a exposição das questões de facto e de direito objeto do referido pedido de pronúncia arbitral;*
>
> *d) Os elementos de prova dos factos indicados e a indicação dos meios de prova a produzir;*
>
> *e) A indicação do valor da utilidade económica do pedido;*
>
> *f) O comprovativo do pagamento da taxa de arbitragem inicial, nos casos em que o sujeito passivo não tenha optado por designar árbitro ou comprovativo do pagamento da taxa de arbitragem, caso o sujeito passivo manifeste a intenção de designar o árbitro;*
>
> *g) A intenção de designar árbitro nos termos da alínea b) do nº 2 do artigo 6º".*

O acesso a este requerimento pressupõe um registo prévio no site oficial do CAAD *in www.caad.org.pt.*

2. Como proceder ao registo prévio?

O registo prévio deve ser realizado na página oficial do CAAD (*www.caad.org.pt*), separadores "Arbitragem Tributária", "Requerimento *on-line*", "entrada do pedido" (cfr. imagem *infra*). A opção entre "DGCI" ou "DGAIEC" corresponde à terminologia anterior à fusão das duas direções gerais, devendo apenas ser ponderada aquando da respetiva apresentação do pedido de constituição de Tribunal Arbitral, em função do critério da competência para a administração do imposto cuja apreciação arbitral é requerida. De notar todavia que independentemente desta opção quanto ao formulário o procedimento seguinte não encontra grandes particularidades.

Os *links* "DGCI" ou "DGAIEC" permitem a visualização do formulário integral, a título informativo, do requerimento *on-line*.

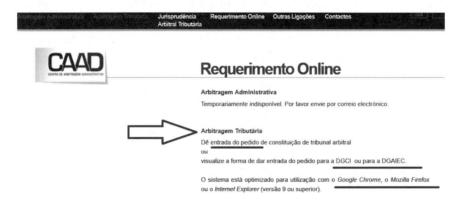

NOTAS PRÉVIAS AO PREENCHIMENTO: *BROWSERS* COMPATÍVEIS COM A APLICAÇÃO INFORMÁTICA DO CAAD, AJUDAS ESPECÍFICAS E REGISTO NA VIA CTT

3. Quais os *browsers* compatíveis com a aplicação informática do CAAD?

O sistema informático está otimizado para utilização com o *Google Chrome*, o *Mozilla Firefox* ou o *Internet Explorer* (versão 9 ou versão superior).

A indicação do *browser* compatível com a aplicação informática em apreço encontra-se claramente identificada na página cujo *print screen* se encontra reproduzido a propósito da questão 1, *supra*.

Cumpre notar que a não utilização de um *browser* adequado pode inviabilizar o envio do requerimento do pedido de constituição de Tribunal Arbitral, e que esta é, aliás, a dificuldade mais frequente no preenchimento do pedido de constituição, uma vez que a utilização de um *browser* incompatível não permite o envio do pedido e a consequente visualização do respetivo resumo.

O pedido de constituição de Tribunal Arbitral apenas se considera apresentado no CAAD quando o sistema gera um resumo do pedido após a conclusão do preenchimento do requerimento *on-line*.

4. A apresentação do pedido de constituição de Tribunal Arbitral pressupõe a prévia adesão ao sistema de notificações eletrónicas Via CTT?

Sim, a apresentação do pedido de constituição de Tribunal Arbitral pressupõe a prévia adesão ao sistema de notificações eletrónicas Via CTT (cfr. questão *infra*).

5. O sistema possui ajudas específicas? E em caso afirmativo quais e onde se encontram localizadas?

O sistema possui ajudas específicas no canto superior direito, onde se encontra o símbolo (?), e indicações úteis na parte inferior de cada folha do formulário, tal como assinalado na imagem *infra*.

As ajudas contêm informação relevante, nomeadamente, quanto à dimensão dos ficheiros a anexar ou à obrigatoriedade de preenchimento de determinados campos.

ASPETOS PRÁTICOS

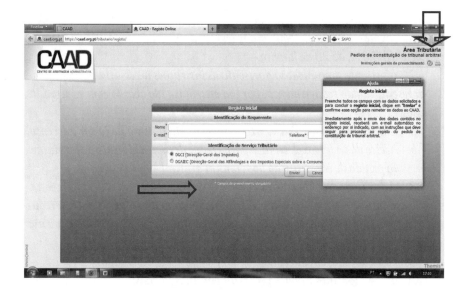

6. Realizado o registo inicial qual o passo seguinte?

Depois de confirmar os dados introduzidos no formulário do registo inicial, selecione a opção enviar. De seguida, será remetido um e-mail para o endereço indicado no registo inicial onde serão dadas todas as indicações referentes ao preenchimento do pedido de constituição de Tribunal Arbitral. O Requerente deve confirmar que o e-mail é corretamente indicado no registo inicial e, estando em causa um e-mail institucional, se não tem restrições à receção de e-mails de notificação automática (ou seja, se os e-mails de notificação automática não são reencaminhados para a caixa de "*spam*").

Do e-mail acima referido constará um *link* e os códigos de acesso ao requerimento do pedido de constituição de Tribunal Arbitral. Estes códigos apenas permitem o acesso ao requerimento do pedido de constituição de Tribunal Arbitral, não permitindo o acesso ao Sistema de Gestão Processual do CAAD, para o que serão atribuídos novos códigos de acesso após a constituição do Tribunal Arbitral.

O passo seguinte é a ativação do *link*. Siga as indicações constantes do e-mail recebido, com o seguinte conteúdo:

"«...»

«...»

1. O pedido de constituição de tribunal arbitral é feito mediante requerimento enviado por via eletrónica nos termos do nº 2 do artigo 10º do Decreto-Lei nº 10/2011, de 20 de janeiro.

2. A presente comunicação apresenta as instruções necessárias para proceder à apresentação do requerimento, por via eletrónica, de acordo com os seguintes passos:

 a. Adesão ao serviço Via CTT (desnecessário no caso de já ser aderente);

 b. Acesso ao endereço eletrónico para efeitos de preenchimento de formulário do pedido de constituição do tribunal arbitral.

*3. **Adesão ao Serviço Via CTT***

Caso não seja aderente, antes do preenchimento do requerimento, o requerente – mandatário, sujeito passivo ou representante legal – deve proceder à adesão ao serviço Via CTT.

Sem esta adesão, o requerimento não poderá ser apresentado.

A adesão é gratuita e poderá ser feita por duas formas:

 *a. Adesão ao serviço Via CTT através do Portal das Finanças – imediatamente ativa sem necessidade de apresentação de documentos pelo aderente (**recomendado**);*

 *b. Adesão ao serviço Via CTT – apenas ativa após o envio dos documentos que comprovem a identidade do requerente (**a adesão não é imediata**).*

Efetuada a adesão, a autorização do envio das notificações provenientes do CAAD é feita pelo requerente, num campo devidamente assinalado para o efeito, no formulário do pedido de constituição do tribunal arbitral.

*4. **Acesso ao endereço eletrónico para apresentação do pedido de constituição do tribunal arbitral***

Para iniciar o pedido de constituição de tribunal arbitral deve proceder do seguinte modo:

 1. Aceder ao endereço infra indicado;

 *2. Autenticar-se com os dados fornecidos neste e-mail (**Utilizador** e **Senha**);*

 3. Proceder ao preenchimento dos formulários, utilizando preferencialmente o Internet Explorer (versão 9 ou superior), o Google Chrome ou o Mozilla Firefox.

 ***Endereço**: «ENDERECO»*
 ***Utilizador**: «USER»*
 ***Senha**: «PASSWORD»*

O preenchimento dos formulários pode ser interrompido e retomado em qualquer altura.

Para qualquer esclarecimento sobre o preenchimento dos formulários do pedido de constituição do tribunal arbitral, pode contactar o CAAD – 213 189 027 ou geral@caad.org.pt

O Centro

(E-mail automático, por favor não responda)"

Através da ativação do *link* disponibilizado, o Requerente é direcionado para o requerimento do pedido de constituição de Tribunal Arbitral. Este requerimento específico é constituído por um total de cinco páginas.

Os campos de preenchimento obrigatório estão devidamente identificados com um asterisco (*), os demais são de preenchimento facultativo pelo Requerente.

7. Qual a relevância do campo "observações" constante da página 1 de 5 do requerimento do pedido de constituição de Tribunal Arbitral?

O campo "observações", de preenchimento facultativo, permite ao Requerente identificar e suprir eventuais dificuldades práticas ou técnicas de preenchimento, assim como qualquer outro elemento que entenda por útil ou conveniente explicitar.

O requerimento eletrónico do pedido de constituição de Tribunal Arbitral foi concebido para poder conformar todas as pretensões passíveis de apreciação em sede arbitral, assumindo, todavia, por referência o caso típico da "impugnação de uma ato de liquidação de imposto". Em face do exposto, não pode deixar de se admitir que, em alguns casos específicos e pontuais, possam surgir dificuldades práticas de preenchimento ou adequação do requerimento. Antevendo essas dificuldades, foi introduzido um campo específico de observações na página 1 de 5, no qual devem ser identificadas as questões ou dificuldades práticas reconhecidas pelo sujeito passivo, que serão devidamente ponderadas pelo CAAD. De referir, a título de exemplo, que o sistema apenas admite que a data do ato tributário cuja apreciação se requer seja posterior a 2002, o que no caso dos processos entrados ao abrigo do regime transitório poderia não acontecer.

Neste caso, o sujeito passivo deveria preencher o campo referente à data do ato com uma data posterior a 2002 e indicar no campo de observações que onde se lia 2002 deveria ler-se uma qualquer outra data, anterior. A título de exemplo refira-se, ainda, a situação de coligação de autores. O formulário apenas permite a identificação de um dos autores, os demais devem ser identificados no campo observações.

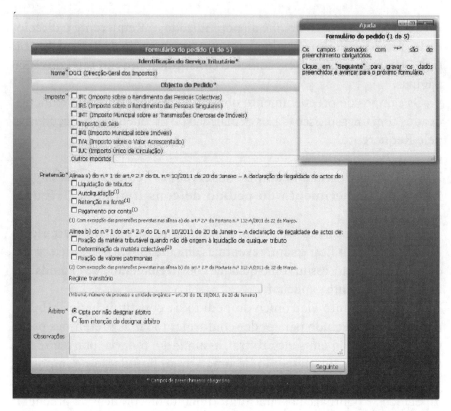

8. A opção por designação de árbitro importa a imediata indicação do mesmo em algum campo do requerimento do pedido de constituição de Tribunal Arbitral, nomeadamente no campo "observações" constante da página 1 de 5?

Na redação do RJAT em vigor até 31-12-2012, aquando do preenchimento do pedido de constituição de Tribunal Arbitral, o Requerente deveria mencionar o exercício da opção de designação de árbitro num campo específico constante da página 1 de 5. Exercida a opção pela designação de árbitro, a indicação do nome do árbitro designado pelo Requerente seria feita em momento posterior à apresentação do pedido de constituição de Tribunal Arbitral, uma vez notificado da designação de árbitro por parte da Autoridade Tributária e Aduaneira (Requerida), em conformidade com o procedimento de designação de árbitro regulado no artigo 11º, nº 5 do RJAT.

O regime de designação de árbitros pelas partes previsto no artigo 11º do RJAT foi objeto de alteração prevista no artigo 228º da Lei nº 66-B//2012, de 31 de dezembro, que aprovou o Orçamento de Estado para 2013 e que entrou em vigor a 01-01-2013. Assim, em face do regime ora em vigor, o exercício da opção de designação de árbitro e a indicação do nome do árbitro designado pelo Requerente passam a dever ser feitas, simultaneamente, no requerimento do pedido de constituição de Tribunal Arbitral, na página 1 de 5. Na ausência de um campo específico para o efeito de indicação do nome do árbitro designado pelo Requerente, a mesma deve ser feita no campo "observações" e reiterada na última página do pedido de pronúncia arbitral (cf. artigo 11º, nºs 2 e 3 do RJAT).

A indicação do nome do árbitro designado pela Requerida passa a dever ser feita no prazo de trinta dias a contar da data da notificação do pedido de constituição de Tribunal Arbitral (cf. o novo nº 3 do artigo 11º e nº 1 do artigo 13º, ambos do RJAT). Recebida a notificação da designação, o Presidente do CAAD deve notificar o Requerente, no prazo de cinco dias a contar da respetiva receção.

Em caso de incumprimento do prazo de designação de árbitro por parte da Requerida, o Conselho Deontológico do CAAD substitui-se à Administração Tributária/Requerida na designação de árbitro, dispondo do prazo de cinco dias para a notificar as partes, por via eletrónica, do árbitro designado (cf. nº 4 do artigo 11º do RJAT, anterior nº 3 do mesmo normativo legal).

Designados os árbitros pelas partes, o Presidente do CAAD deve notificar os dois árbitros para, no prazo de 10 dias após a respetiva notificação, designarem o terceiro árbitro, que assumirá a qualidade de árbitro presidente (cf. nº 6 do artigo 11º do RJAT).

Os árbitros designados pelas partes não têm de constar da lista de árbitros do CAAD, mas estão legalmente vinculados ao estrito cumprimento das regras deontológicas previstas no RJAT e no Código Deontológico.

9. O que entender por "cópia da notificação" para efeitos de preenchimento de um dos campos constante da página 2 de 5?

Por "cópia da notificação" deve entender-se a cópia (*pdf*) do ato cuja apreciação arbitral se pretende (exemplo: notificação do ato de liquidação de imposto; folha de rosto do indeferimento da reclamação graciosa).

No caso do indeferimento tácito da reclamação graciosa deverá ser junto o comprovativo da respetiva apresentação por fax, e-mail ou correio. A "cópia da notificação" não deve ser superior a uma página.

10. O que entender por "ato" para efeitos de preenchimento de um dos campos constante da página 2 de 5?

Por ato, neste âmbito, deve entender-se o ato cuja apreciação arbitral se pretende (exemplo: ato de liquidação do imposto).

11. Como inserir os elementos referentes a mais de um ato cuja apreciação arbitral se pretende?

O Requerente deve indicar os elementos referentes a um dos atos que pretende submeter à arbitragem, de seguida o sistema gera automaticamente uma nova linha, idêntica à primeira, que permite adicionar outros atos.

12. A apresentação do pedido de constituição de Tribunal Arbitral pressupõe a prévia adesão ao sistema de notificações eletrónicas Via CTT do sujeito passivo, do representante legal e do mandatário (página 3 de 5)?

A adesão ao sistema de notificações eletrónicas Via CTT é um passo prévio necessário para o efeito de preenchimento do pedido de constituição de Tribunal Arbitral, e um dos elementos automaticamente verificados pelo sistema, o que significa que não será possível prosseguir o preenchimento do pedido sem que se mostre concluída a adesão à Via CTT.

Para o efeito, e sempre que haja lugar à constituição de mandatário, apenas será necessário que este se registe na Via CTT. Não havendo lugar à constituição de mandatário, por tal não ser legalmente exigível, o registo na Via CTT poderá ser realizado pelo sujeito passivo ou pelo seu representante legal.

Em qualquer caso, apenas a pessoa devidamente registada na Via CTT receberá as notificações realizadas no âmbito do processo arbitral em causa.

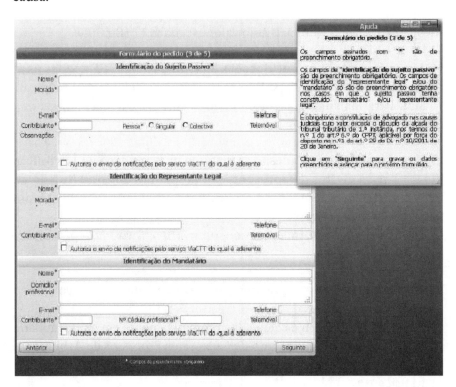

13. Constituição obrigatória de advogado

Nos termos do nº 1 do artigo 6º do CPPT "*É obrigatória a constituição de advogado nas causas judiciais cujo valor exceda o décuplo da alçada do tribunal tributário de 1ª instância, bem como nos processos da competência do Tribunal Central Administrativo e do Supremo Tribunal Administrativo*", em conformidade com a definição de atos próprios dos Advogados e Solicitadores prevista na Lei nº 49/2004 de 24 de agosto de 2004.[1]

De acordo com o disposto no nº 2 do artigo 6º do Estatuto dos Tribunais Administrativos e Fiscais, aprovado pela Lei nº 13/2002, de 19 de fevereiro de 2002, a "*alçada dos tribunais tributários corresponde a um quarto da que se encontra estabelecida para os tribunais judiciais de 1ª instância*". E nos termos do disposto no nº 1 do artigo 24º da Lei de Organização e Funcionamento dos Tribunais Judiciais, aprovada pela Lei nº 3/99, de 13 de janeiro de 1999, a alçada dos tribunais judiciais de primeira instância está atualmente fixada em € 5.000,00.

Em face do exposto, a alçada dos tribunais administrativos e fiscais (TAF's) será de € 1.250,00, pelo que será obrigatória a constituição de advogado nas causas judiciais cujo valor exceda € 12.500,00.

14. É possível aderir às notificações eletrónicas Via CTT apenas para efeitos de apresentação do pedido de constituição de Tribunal Arbitral?

Sim. Para mais informações consultar *http://www.viactt.pt/website/index.html*.

15. É possível realizar a adesão ao sistema de notificações eletrónicas Via CTT para efeitos de apresentação do pedido de constituição de Tribunal Arbitral sem, ainda assim, ficar vinculado ao mesmo sistema para efeitos fiscais?

Sim. Para mais informações consultar *http://www.viactt.pt/website/index.html*.

16. Na página 4 de 5 do requerimento a taxa de arbitragem é calculada automaticamente?

A taxa de arbitragem é calculada automaticamente em conformidade com o disposto no Regulamento de Custas nos Processos de Arbitragem Tributária, que poderá ser consultado na página oficial do CAAD – *www.caad.org.pt*.

---

[1] De acordo com o disposto na Lei n.º 49/2004, de 24 de agosto, o exercício do mandato no âmbito de reclamação ou impugnação de atos administrativos ou tributários é um ato próprio dos advogados, reservado aos licenciados em Direito com inscrição em vigor na Ordem dos Advogados.

De notar que, para este efeito, as custas do processo arbitral são genericamente designadas como taxa de arbitragem, e que as mesmas compreendem todas as despesas resultantes da condução do processo arbitral e os honorários dos árbitros (artigo 2º, nº 1 do Regulamento de Custas nos Processos de Arbitragem Tributária nos Processos de Arbitragem Tributária).

Os eventuais encargos decorrentes da designação de peritos, tradutores, intérpretes e outros encargos com a produção de prova constituem encargos adicionais do processo e serão suportados diretamente pelas partes (artigo 2º, nº 2 do Regulamento de Custas nos Processos de Arbitragem Tributária).

Para o efeito de uma melhor identificação do pagamento das taxas devidas, o Requerente deve confirmar que no comprovativo de pagamento se encontra devidamente identificada a data de realização do mesmo.

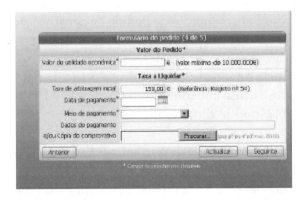

17. Como proceder ao pagamento da taxa de arbitragem aplicável?
Os pagamentos das taxas de arbitragem podem ser efetuados por:

(a) Transferência bancária para o NIB 0035 0278 00021971130 80;
(b) Depósito na conta nº 0278 021 971 130 da CGD.

Cumpre notar, neste âmbito, que não será emitido qualquer DUC, sendo apenas necessário juntar o comprovativo da transferência ou depósito, perfeitamente legível.

O comprovativo do pagamento da taxa de arbitragem inicial, que corresponde a 50% do valor total da taxa de arbitragem, deve ser junto como anexo na página 4 de 5 do pedido de constituição de Tribunal Arbitral.

A taxa de arbitragem subsequente, que corresponde aos restantes 50%, deve ser paga entre a data da reunião prevista do artigo 18º do RJAT e a data fixada, na mesma reunião, para a prolação da decisão arbitral, devendo o correspondente comprovativo ser enviado ao CAAD, via e-mail, com indicação do respetivo número de processo.

No caso de o Requerente optar por designar árbitro deve proceder ao pagamento de 100% da taxa de arbitragem devida aquando da apresentação do pedido de constituição de Tribunal Arbitral, juntando o comprovativo do pagamento na página 4 de 5 do pedido de constituição de Tribunal Arbitral (cf. alínea f) do n.º 2 do artigo 10º e nº 3 do artigo 12º, ambos do RJAT).

18. É possível apresentar o pedido de constituição de Tribunal Arbitral sem proceder ao prévio pagamento da taxa de arbitragem devida?

Não. O pagamento da taxa de arbitragem correspondente é um ato prévio necessário à apresentação do pedido de constituição de Tribunal de Arbitral.

A falta de pagamento atempada da taxa de arbitragem inicial ou da taxa de arbitragem pela totalidade, no caso de exercício da opção pela designação de árbitro, é causa impeditiva da constituição do Tribunal Arbitral (nº 4 do artigo 12º do RJAT).

19. Quais os documentos que devem ser anexados ao pedido de constituição de Tribunal Arbitral?

O Requerente deve anexar, entre outros documentos que entenda relevantes e legalmente admissíveis, os seguintes:

(a) Pedido de pronúncia arbitral, devidamente assinada e carimbada;
(b) Procuração e/ou substabelecimento nos casos em que seja constituído mandatário;
(c) Todos os documentos que instruem o pedido de pronúncia arbitral; e
(d) Comprovativo de pagamento da taxa de arbitragem devida.

Todos os documentos anexados ao pedido de constituição de Tribunal Arbitral devem encontrar-se em formato *pdf*. Neste âmbito o Requerente deve ter em atenção a dimensão dos documentos indicada na parte inferior dos formulários ou nos ícones de ajuda.

20. O que entender por "petição" para efeitos de preenchimento do campo obrigatório da página 5 de 5?

Por "petição" deve entender-se o pedido de pronúncia arbitral que corresponde, materialmente, a uma petição inicial.

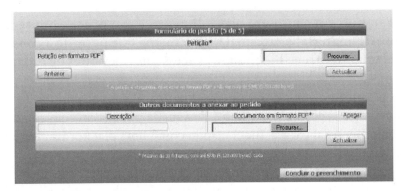

21. Qual a diferença entre o pedido de constituição de Tribunal Arbitral e de pronúncia arbitral?

O pedido de pronúncia arbitral é um dos elementos que deve acompanhar o pedido de constituição de Tribunal Arbitral, não se confundindo com o mesmo. Assim, enquanto o pedido de constituição de Tribunal Arbitral se materializa no preenchimento de um requerimento eletrónico, dirigido ao presidente do CAAD, e do qual devem constar os elementos de identificação do Requerente e da respetiva pretensão, o pedido de pronúncia arbitral corresponde materialmente a uma petição inicial, dirigida ao Tribunal Arbitral, a constituir, e do qual devem constar os fundamentos de facto e de direito que sustentam a respetiva pretensão (cf. artigo 10º do RJAT).

O pedido de pronúncia arbitral deve ser anexado, em documento autónomo, e em formato *pdf*, ao pedido de constituição de Tribunal Arbitral.

22. Uma vez iniciado o preenchimento do pedido de constituição de Tribunal Arbitral é possível interromper o registo? Em caso afirmativo, o sistema permite guardar a informação já introduzida?

Sim, é sempre possível interromper o registo sem que haja perda de informação já preenchida e devidamente guardada. Para ir guardando a informação já introduzida deve ser usada a opção "atualizar".

23. Como concluir o pedido de constituição de Tribunal Arbitral?

Preenchida a última página do requerimento, o Requerente deve concluir o pedido. De seguida será gerado um resumo automático do pedido que será remetido ao CAAD.

24. Estando em causa um procedimento e um processo integralmente desmaterializado, qual a plataforma que permite a consulta dos elementos procedimentais e processuais relevantes de cada processo?

A plataforma que permite a consulta de todos os elementos do procedimento e processo tributário é designada por sistema eletrónico de gestão processual (SGP), funcionando como uma plataforma eletrónica materialmente equivalente ao CITIUS ou ao SITAF.

O acesso ao SGP é feito através de códigos de acesso específicos atribuídos aos Requerentes após a constituição do Tribunal Arbitral.

A cada processo corresponde um código de acesso irrepetível, que garante a segurança e confidencialidade no acesso ao processo arbitral.

25. Estando em causa um procedimento e um processo integralmente desmaterializado como são realizadas as notificações dos sujeitos passivos/mandatários?

O procedimento e o processo arbitral tributário encontram-se totalmente desmaterializados, beneficiando do recurso às novas tecnologias de informação, sem prejuízo da confidencialidade e segurança das comunicações.

Neste quadro, também as notificações são realizadas através do novo sistema de notificações Via CTT, igualmente utilizado pela AT. A adesão ao sistema de notificações Via CTT é uma das condições prévias necessárias à apresentação do pedido de constituição de Tribunal Arbitral que não importa uma necessária adesão para qualquer outro efeito, designadamente para efeitos fiscais.

Desde dia 1 de janeiro de 2012, a AT assumiu como objetivo a notificação de todos os contribuintes por via eletrónica, através do envio das correspondentes notificações efetuadas para uma caixa postal eletrónica, conhecida por Via CTT. A notificação eletrónica passou a ser obrigatória para todos os contribuintes sujeitos passivos do IRC e do IVA, prevendo-se um alargamento progressivo aos demais contribuintes que, até ao momento, ainda não foi concretizado.

Via CTT é um serviço que permite receber correio em formato digital numa caixa postal eletrónica, com as características definidas no nº 1 do artigo 3º da Lei do Comércio Eletrónico, aprovada pelo Decreto-Lei nº 7/2004, de 7 de janeiro de 2004. O sistema Via CTT integra-se no âmbito do serviço público postal e garante a integridade e a confidencialidade dos documentos, utilizando certificados digitais de autenticação, em obediência ao disposto no Decreto-Lei nº 290-D/99, de 2 de agosto de 1999. Esta garantia consta expressamente da legislação que regula a caixa postal eletrónica e que assegura que apenas os CTT estão legalmente aptos e autorizados a depositar as notificações, citações e outras comunicações enviadas através deste sistema de comunicação e notificação.

De acordo com o regime aplicável, o correio virtual é entregue na caixa postal do destinatário até 24h após a "entrega" pela respetiva entidade expedidora à Via CTT. A data e hora de entrega do correio na caixa virtual, bem como a data e hora de abertura do mesmo, ficam devidamente registadas e associadas ao documento em causa, sendo passíveis de consulta na correspondente caixa postal.

De notar, igualmente, que em caso de ausência de acesso à caixa postal eletrónica, a notificação em causa se considera efetuada no vigésimo quinto dia posterior ao respetivo envio, salvo nos casos em que o contribuinte comprove que comunicou a alteração dos dados referentes à respetiva caixa de correio, nos termos legalmente previstos, ou demonstre ter sido impossível essa comunicação.

26. A quem cabe a gestão do SGP?

A gestão do SGP compete ao CAAD.

Todos os requerimentos, e/ou documentos (para além do pedido de constituição e pronúncia arbitral, da resposta e do processo administrativo, expressamente previsto no RJAT), cuja junção aos autos se pretenda, devem ser remetidos ao CAAD via e-mail (*geral@caad.org.pt*).

27. Como se processa e em que momento é que o sujeito passivo tem acesso ao SGP?

O sujeito passivo tem acesso ao SGP a partir da constituição de Tribunal Arbitral, através de uma senha de acesso própria e específica para cada processo.

As senhas de acesso são oportunamente remetidas ao Requerente, mandatário ou representante devidamente registado na Via CTT após a constituição do Tribunal Arbitral

28. Como se processa e em que momento é que o árbitro tem acesso ao SGP?

Cada árbitro tem acesso ao SGP a partir da constituição do Tribunal Arbitral, através de uma senha de acesso própria e única, a que são associados todos os processos em que intervier na qualidade de árbitro.

29. Quais os elementos disponíveis no SGP?

Estão disponíveis no SGP todos os atos praticados pelo CAAD, pelo Tribunal Arbitral e pelas partes num dado processo, a saber:

(a) Pedido de constituição de Tribunal Arbitral;
(b) Pedido de pronúncia arbitral e documentos anexos e instrutores;
(c) Aceitação do pedido;
(d) Comunicação relativa à revogação, ratificação, reforma ou conversão do ato tributário cuja ilegalidade foi suscitada, e da prática, quando necessário, do ato tributário substitutivo;
(e) Todas as notificações e demais comunicações;
(f) Atas das reuniões do Tribunal Arbitral;
(g) Despachos arbitrais;
(h) Resposta da entidade Requerida e o procedimento administrativo;
(i) Qualquer requerimento das partes;
(j) Decisão arbitral;
(k) Comunicações relativas ao arquivamento; e
(l) Quaisquer outros atos praticados no âmbito do procedimento e do processo arbitral.

30. Uma vez apresentado o pedido de constituição de Tribunal Arbitral quais os passos seguintes?

O procedimento e o processo arbitral podem ser esquematicamente representados pelo quadro seguinte:

ASPETOS PRÁTICOS

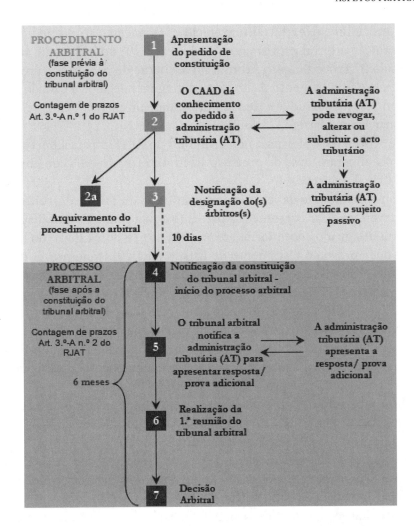

Na parte superior do gráfico, pontos 1 a 3, estão identificados os atos praticados na fase do procedimento arbitral, prévia à constituição do Tribunal Arbitral, enquanto na parte inferior do gráfico, pontos 4 a 7, são identificados os principais atos praticados na fase de processo arbitral. Nos termos do disposto na alínea c) do artigo 16º do RJAT, os árbitros dispõem de autonomia na condução do processo e na determinação das regras a observar com vista à obtenção, em prazo razoável, de uma pronúncia de mérito sobre as pretensões formuladas, motivo pelo qual podem ser praticados atos processuais não expressamente previstos no RJAT.

O procedimento arbitral tem início com a aceitação do pedido de constituição arbitral prevista no nº 2 do artigo 10º do RJAT, que abre o Capítulo II "Procedimento Arbitral". A aceitação do pedido fica prejudicada pelo não pagamento da taxa de arbitragem inicial ou a taxa de arbitragem pela totalidade se o Requerente optar pelo exercício do direito de designar árbitro (artigo 12º do RJAT).

De acordo com o disposto no artigo 15º do RJAT, a passagem da fase do procedimento à fase de processo arbitral é marcada pela constituição do Tribunal Arbitral.

Com a eliminação da reunião de constituição do Tribunal Arbitral em que deveriam estar presentes as partes (Requerente e Requerida) e os árbitros designados, anteriormente prevista no nº 8 do artigo 11º do RJAT, a Lei que aprovou o Orçamento de Estado para 2013 veio prever que o Tribunal Arbitral se constitui no prazo de dez dias após a notificação da designação dos árbitros, em conformidade com a nova redação do artigo 11º, nº 7 do RJAT. No termo do prazo acima referido, o Presidente do Conselho Deontológico do CAAD comunica a constituição do Tribunal Arbitral às partes e ao(s) árbitro(s), após o que o Tribunal Arbitral notifica a Requerida para, no prazo de trinta dias, apresentar resposta e, caso queira, solicitar a produção de prova adicional (artigo 17º do RJAT).

Este prazo de dez dias deve ser contado em conformidade com o regime previsto no nº 1 do novo artigo 3º-A, que foi aditado ao RJAT pela Lei que aprovou o Orçamento de Estado para 2013.

As senhas de acesso ao Sistema de Gestão Processual do CAAD (SGP) serão oportunamente remetidas ao Requerente e aos árbitros, ficando ativas a partir da data da constituição do Tribunal Arbitral.

A data da constituição do tribunal Arbitral releva, ainda, como termo inicial da contagem do prazo de seis meses, previsto no nº 1 do artigo 21º do RJAT, para a conclusão do processo arbitral. De acordo com o disposto no nº 2 do mesmo normativo legal, o Tribunal Arbitral pode determinar a prorrogação do prazo de seis meses, por sucessivos períodos de dois meses, com o limite de seis meses, comunicando às partes essa prorrogação e os motivos que a fundamentam.

31. Despachos arbitrais

Para o efeito de uniformização de procedimentos, nos processos apresentados no CAAD a partir de 01-01-2013 todos os despachos arbitrais serão diretamente introduzidos no SGP pelos árbitros, podendo ser consultados pelas partes através das correspondentes senhas de acesso.

32. Primeira reunião do Tribunal Arbitral (artigo 18º do RJAT)

Na primeira reunião do Tribunal Arbitral constituído, o Tribunal Arbitral, nos termos e para os efeitos do artigo 18º do RJAT, começa por dar a palavra às partes para se pronunciarem sobre:

(i) a tramitação processual;

(ii) eventuais exceções que devessem ser apreciadas e decididas antes do Tribunal conhecer do pedido;

(iii) a necessidade de serem feitas correções nas peças processuais apresentadas; e

(iv) a necessidade de marcação de uma nova reunião para a realização de diligência de prova e realização de alegações orais.

Não havendo necessidade da marcação de uma nova reunião do Tribunal Arbitral é, desde logo, fixada a data para a prolação da decisão arbitral e advertida a Requerente para proceder ao pagamento da taxa arbitral subsequente, nos termos do nº 3 do artigo 4º do Regulamento de Custas nos Processos de Arbitragem Tributária, até à data da prolação da decisão arbitral, e comunicar o respetivo pagamento ao CAAD.

O comprovativo do pagamento da taxa de arbitragem subsequente deve ser enviado ao CAAD, via e-mail (*geral@caad.org.pt*), com indicação do correspondente número de processo.

33. Notificação da decisão arbitral

A decisão arbitral é notificada às partes após o pagamento da taxa arbitral subsequente, para o que os Requerentes são oportuna e devidamente advertidos na reunião do Tribunal Arbitral prevista no artigo 18º do RJAT.

Cumpre igualmente notar que, salvo decisão arbitral em sentido contrário, não será realizada qualquer reunião do Tribunal Arbitral para a leitura da decisão arbitral, referindo-se a data da prolação definida na primeira reunião do Tribunal Arbitral à data de assinatura da mesma pelo(s) árbitro(s).

34. Em caso de vencimento, como se processa o reembolso das custas ao Requerente?

O reembolso é feito oficiosamente pelo CAAD (cfr. artigos 12º, nº 2 e 22º, nº 4 do RJAT e 4º do Regulamento de Custas nos Processos de Arbitragem Tributária).

35. As decisões dos Tribunais Arbitrais são publicadas?

Sim. Todas as decisões arbitrais são publicadas no site oficial do CAAD, in *www.caad.org.pt*.

Cf. quadro da jurisprudência publicada no site do CAAD no último Capítulo desta obra, *infra*.

36. Quem pode ser árbitro em matéria tributária?

Podem ser árbitros em matéria tributária todos os interessados que reúnam os requisitos estabelecidos no artigo 7º do Decreto-Lei nº 10/2011, de 20 de janeiro de 2011, e no Regulamento de Seleção de Árbitros.

Os interessados devem remeter ao CAAD, dentro do período de candidatura publicado no site do CAAD, o respetivo *curriculum vitae* e o formulário disponível in *www.caad.org.pt*, devidamente preenchido.

O Regulamento de Seleção de Árbitros em matéria tributária pode ser consultado in *www.caad.org.pt*.

A lista de árbitros do CAAD encontra-se publicada in *www.caad.org.pt*.

37. Como é elaborada a lista de árbitros em matéria tributária?

A lista de árbitros em matéria tributária é elaborada tendo por base uma consulta pública promovida pelo CAAD, publicada no respetivo site oficial (*www.caad.org.pt*) e dirigida à manifestação de interesse por parte de todas as pessoas que reúnam os requisitos estabelecidos no artigo 7º do RJAT e no artigo 2º do Código Deontológico do CAAD.

38. Qual o meio preferencial de contato com o CAAD?

O meio preferencial de contato do CAAD é via e-mail, para *geral@caad.org.pt*, ou por telefone para o 213189027.

39. Qual o horário de atendimento ao público do CAAD?

O horário de atendimento ao público do CAAD é das 10:00h às 17:00h, fechando à hora de almoço, entre as 13h e as 14h.

40. Onde se encontra disponível a Newsletter do CAAD?

A Newsletter do CAAD pode ser consultada *in www.caad.org.pt.*

Todos os interessados poderão receber a Newsletter do CAAD, bastando, para o efeito, manifestar o seu interesse via e-mail para *geral@caad. org.pt.*

REGIME TRANSITÓRIO

O RJAT previu no correspondente artigo 30º um regime transitório que permitia que, no prazo de um ano a contar da respetiva entrada em vigor, os contribuintes pudessem submeter à apreciação de Tribunais Arbitrais que funcionam sob a égide do CAAD, pretensões que tivessem por objeto atos tributários que se encontrassem pendentes de decisão, em primeira instância, nos Tribunais Judiciais, há mais de dois anos, com dispensa do pagamento de custas judiciais.

De notar, todavia, que esta dispensa do pagamento de custas judiciais não importava a dispensa do pagamento das taxas de arbitragem que se mostrassem devidas, nos termos do Regulamento de Custas nos Processos de Arbitragem Tributária.

A utilização da faculdade de "migração" de processos da via judicial para a arbitral determinava, a partir do início da fase do processo arbitral[1], a alteração da causa de pedir ou a extinção da instância judicial[2], de acordo com os fundamentos apresentados no pedido de pronúncia arbitral. Nos termos no disposto no nº 2 do artigo 30º do RJAT, cabia ao Impugnante/ /Requerente promover a alteração da causa de pedir ou a extinção da instância judicial, no prazo de sessenta dias após a constituição do Tribunal Arbitral, juntando cópia dos correspondentes pedidos de constituição de Tribunal Arbitral e de pronúncia arbitral.

Este regime estava em plena consonância com a faculdade prevista no nº 2 do artigo 3º do RJAT, nos termos do qual se previa a possibilidade de deduzir pedido de impugnação judicial e pedido de pronúncia arbitral

---

[1] Que nos termos do artigo 15º do RJAT, na versão em vigor até 01-01-2013, correspondia à data da realização da reunião de constituição do Tribunal Arbitral.
[2] Junto do correspondente Tribunal Tributário.

relativamente a um mesmo ato tributário, desde que os respetivos factos e fundamentos fossem diversos.

Previsto para vigorar durante um ano após a entrada em vigor do RJAT, o regime transitório acabou por, na prática, vigorar apenas cerca de seis meses, uma vez que a efetiva entrada em vigor do RJAT foi condicionada à vinculação da Administração Tributária à jurisdição dos Tribunais Arbitrais, a aprovar por Portaria dos membros do Governo responsáveis pelas áreas das finanças e da justiça que, de acordo com o disposto no nº 1 do artigo 4º do RJAT, deveria estabelecer, designadamente, o tipo e o valor máximo dos litígios abrangidos. A Portaria viria a ser publicada no dia 22 de março de 2011, sob o nº 112-A/2011, mas a respetiva entrada em vigor foi diferida para o dia 1 de junho de 2011, poucos dias antes do início das férias judiciais de verão[3].

Assim, se tivermos em conta que o RJAT entrou em vigor no dia 25-01-2011, o regime transitório caducou dia 25-01-2012, um ano após a respetiva entrada em vigor, ainda que, na prática, apenas pudesse ser aplicado após a entrada em vigor da Portaria de Vinculação da Administração Tributária que, como acima referido, apenas entrou em vigor no dia 01-07-2011. Entre 01-07-2011 e 25-01-2012 ocorreram ainda dois períodos de férias judiciais, uma vez que para além das férias de verão, de que já demos conta, devemos ter igualmente em consideração as férias de inverno que decorrem entre os dias 22 de dezembro e 3 de janeiro[4], períodos "tradicionalmente menos ativos, do ponto de vista da atividade contenciosa".

Entre 01-07-2011 e 25-01-2012 foram apresentados no CAAD, ao abrigo do regime transitório, 30 processos. O número relativamente reduzido de processos migrados encontra justificação lógica na curta vigência do regime transitório, mas igualmente no facto de estarmos perante um regime claramente inovador, sem paralelo nos sistemas jurídicos da mesma família, que tem suscitado interesse junto das Administrações Tri-

---

[3] De acordo com o disposto no artigo 12º da Lei nº 3/99 de 13 de janeiro, na redação que lhe foi dada pela Lei nº 43/2010, de 3 de setembro, as férias judiciais de verão decorrem entre os dias 16 de julho e 31 de agosto.

[4] Cf. artigo 12º da Lei nº 3/99 de 13 de janeiro, na redação que lhe foi dada pela Lei nº 43/2010, de 3 de setembro.

butárias de vários países europeus, assim como da comunidade académica nacional e estrangeira.

Em face do exposto, não se estranha que, inicialmente, a aplicação do regime transitório se tenha deparado com alguma resistência por parte dos operadores jurídicos. Por outro lado, e uma vez mais em face da novidade que o regime em apreço representa, muitos dos agentes económicos sentiram necessidade de esperar para ver a "máquina carburar", o mesmo será dizer, a operacionalidade e eficácia do sistema e regime gizado, assim como a qualidade da lista de árbitros. Dadas provas cabais da operacionalidade do regime da arbitragem tributária, assim como da qualidade técnica dos árbitros que integram a lista de árbitros do CAAD, o número de pedidos de constituição de Tribunal Arbitral apresentados ao abrigo do regime transitório cresceu exponencialmente, pena que, pouco depois, viria a caducar.

TÂNIA CARVALHAIS PEREIRA

Capítulo IV
Dados Estatísticos

Arbitragem Tributária Estatísticas GLOBAIS		
Processos ENTRADOS	**200**	
Processos Singulares	**97**	**48.5%**
Processos Colectivos	**103**	**51.5%**
com designação de árbitro pelo Conselho Deontológico	100	97.1%
com designação de árbitro pelas partes	3	2.9%
Tipo de Imposto		
IRC	98	49.0%
IRS	46	23.0%
Imposto do Selo	8	4.0%
IMT	13	6.5%
IMI	12	6.0%
IVA	18	9.0%
ISP	2	1.0%
IUC	1	0.5%
Outros	2	1.0%
ao abrigo do Regime Transitório	**30**	**15.0%**
Valor Total dos Pedidos	**53 528 665.17 €**	
até 60 000.00 €	97	48.5%
de 60 000.01 € até 275 000.00 €	62	31.0%
de 275 000.01 € até 500 000.00 €	21	10.5%
de 500 000.01 € até 1 000 000.00 €	12	6.0%
mais de 1 000 000.00 €	8	4.0%

GUIA DA ARBITRAGEM TRIBUTÁRIA

Processos FINDOS		127
com REVOGAÇÃO pela Administração Tributária	11	8.7%
com DECISÃO ARBITRAL	116	91.3%
Processos Singulares	61	52.6%
Processos Colectivos	55	47.4%
Valor Total das Decisões		29 437 246.34 €
Sentido da Decisão		
Resultados Favoráveis		
Contribuinte		58.8%
Autoridade Tributária		41.2%
Valores Envolvidos		
Contribuinte		56.4%
Autoridade Tributária		43.6%
Transitados em Julgado	41	35.3%
Prazo médio da Decisão		4 meses e 4 dias

DADOS ESTATÍSTICOS

Arbitragem Tributária
Sentido da Decisão - Resultados Favoráveis
das Decisões Arbitrais em proporção

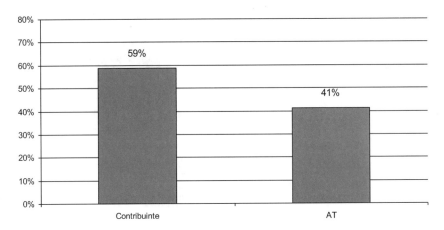

Arbitragem Tributária
Distribuição Monetária das Decisões

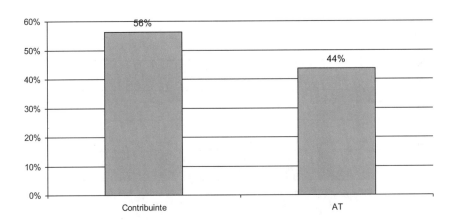

Arbitragem Tributária
Total de Processos por Designação de Árbitro

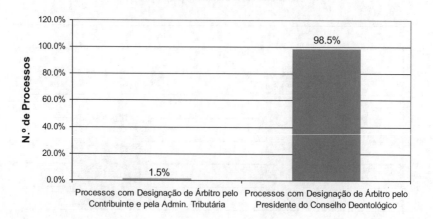

Arbitragem Tributária
Distribuição dos Pedidos
por Tipo de Imposto

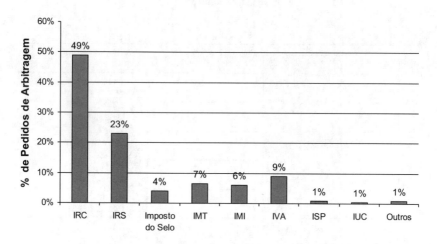

DADOS ESTATÍSTICOS

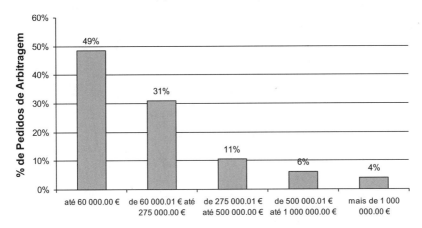

Arbitragem Tributária
Distribuição dos Pedidos por Intervalo de Valor

Capítulo V
Comentário ao Regime Jurídico da Arbitragem Tributária

A arbitragem em matéria tributária foi inovadoramente introduzida no ordenamento jurídico nacional pelo Decreto-Lei nº 10/2011, de 20 de janeiro de 2011, que aprovou o Regime Jurídico da Arbitragem Tributária (RJAT). Este novo regime veio prever um meio alternativo de resolução jurisdicional de conflitos em matéria tributária, estabelecendo-se, desde logo, no nº 2 do artigo 2º do RJAT, que os Tribunais Arbitrais, devem decidir de acordo com o direito constituído, estando-lhes expressamente vedado o recurso à equidade. Assim, e como refere Joaquim Freitas da Rocha, o *"controlo efetuado é um controlo exclusivamente de legalidade, não sendo admissível a fiscalização ou sindicância do mérito, conveniência ou oportunidade de concretas decisões tributárias"*[1].

A admissibilidade da arbitragem em direito público foi questionada, durante longo tempo, tendo por base uma interpretação restritiva do nº 3 do artigo 212º da Constituição da República Portuguesa (CRP), e do nº 2 do artigo 30º da Lei Geral Tributária (LGT), aprovada pelo Decreto-Lei

---

[1] Joaquim Freitas da Rocha, "A desestadualização do direito tributário. Em particular, a privatização do procedimento e a arbitragem", *in A arbitragem Administrativa e Tributária*, Almedina, 2012, p. 112.

nº 398/98, de 17 de dezembro de 1998, que prevê a indisponibilidade do crédito tributário.

1. Enquadramento constitucional e legal da criação de tribunais arbitrais para decisões em matéria tributária

O artigo 209º, nº 2, da CRP prevê a possibilidade de criação de tribunais arbitrais, sem qualquer limitação relativamente às matérias que podem ser objeto de julgamento, pelo que a criação dos tribunais arbitrais previstos no RJAT tem suporte constitucional explícito.

O regime geral da arbitragem voluntária, ao tempo em que foi publicado o RJAT, constava da Lei nº 31/86, de 29 de agosto (com as alterações, a partir de 15-09-2003, nos artigos 11º e 12º, introduzidas pelo DL nº 38/ /2003, de 8 de março).

O DL nº 425/86, de 27 de dezembro, veio estabelecer que as entidades que, no âmbito da Lei nº 31/86, pretendam promover, com carácter institucionalizado, a realização de arbitragens voluntárias, devem requerer ao Ministro da Justiça autorização para a criação dos respetivos centros; e o artigo 187º do CPTA estabelece que o Estado pode autorizar a instalação de centros de arbitragem permanente destinados à composição de alguns dos litígios gerados no âmbito de relações jurídicas administrativas.

Pelo Despacho nº 5097/2009 do Secretário de Estado da Justiça, publicado no *Diário da República*, II Série, de 12-02-2009, foi autorizada a criação de um centro de arbitragem de âmbito nacional a funcionar sob a égide da Associação denominada CAAD – Centro de Arbitragem Administrativa, tendo como «*objetivo promover a resolução de litígios emergentes de contratos e de relações jurídicas de emprego público, desenvolvendo para o eleito as ações adequadas a tal fim, tais como manter o regular funcionamento do Tribunal Arbitral, prestar informações de carácter técnico e administrativo, promover o contacto entre as partes e eventuais contrainteressados e realizar as diligências necessárias à instrução dos processos*». Em 2010 os estatutos do CAAD foram alterados no sentido de assumir como objetivo a promoção da resolução de litígios em matéria fiscal.

Com o RJAT estabelece-se a arbitragem como meio alternativo de resolução jurisdicional de conflitos em matéria tributária, funcionando os tribunais arbitrais no referido Centro de Arbitragem Administrativa (artigo 4º, nº 2, deste diploma).

1.1. Legislação sobre garantias dos contribuintes

O artigo 165º, nº 1, alínea *i*), da CRP estabelece que é da exclusiva competência da Assembleia da República legislar sobre o «*sistema fiscal*», tendo vindo a entender-se generalizadamente que nesta reserva se incluem todas as matérias referidas no artigo 103º, nº 2, da CRP, em que se estabelece que «*os impostos são criados por lei, que determina a incidência, a taxa, os benefícios fiscais e as garantias dos contribuintes*».[2]

A criação e implementação de meios de resolução contenciosa de conflitos emergentes das relações jurídicas tributárias engloba-se entre as «*garantias dos contribuintes*», pelo que, quando estiverem em causa atos relativos a impostos, o Governo só pode legislar ao abrigo de autorização legislativa e com subordinação a ela, como resulta do disposto nos artigos 112º, nº 2, 165º, nº 2, e 198º, nº 1, alínea *b*), da CRP.

Esta matéria da criação e implementação de meios de resolução contenciosa de conflitos emergentes das relações jurídicas tributárias engloba-se entre as «*garantias dos contribuintes*», que se insere na reserva relativa de competência legislativa da Assembleia da República [artigos 103º, nº 2, e 165º, nº 1, alínea *i*), da CRP.

No caso do RJAT, a aprovação pelo Governo baseou-se na autorização legislativa concedida pelo artigo 124º da Lei nº 3-B/2010, de 28 de Abril, em que se estabelece como objetivo que o processo arbitral tributário constitua um meio processual alternativo ao processo de impugnação judi-

---

[2] Embora no artigo 165º, nº 1, alínea *i*), da CRP, em que se define esta reserva, se faça referência à criação de impostos e sistema fiscal, esta norma deve ser integrada com o conteúdo do nº 2 do artigo 103º da mesma, em que se refere que a lei determina a incidência, a taxa, os benefícios fiscais e as garantias dos contribuintes, que constitui uma explicitação do âmbito das matérias incluídas naquela reserva, como vem sendo uniformemente entendido pelo Tribunal Constitucional.

Neste sentido, podem ver-se os seguintes acórdãos do TC: nº 29/83, de 21-12-1983, BMJ nº 338, página 201; nº 48/84, de 31-05-1984, BMJ, nº 348, página 202; nº 290/86, de 29-10-1986, ATC 8º volume, página 421; nº 205/87, de 17-06-1987, ATC 9º volume, página 209; nº 461/87, de 16-12-1987, BMJ nº 372, página 180; nº 76/88, de 07-04-1988, BMJ nº 376, página 179; nº 321/89, de 29-03-1989, BMJ nº 385, página 265.

O Tribunal Constitucional tem entendido que a reserva de competência legislativa da Assembleia da República compreende tudo o que seja matéria legislativa e não apenas as restrições de direitos (neste sentido, pode ver-se o acórdão nº 161/99, de 10-03-99, processo nº 813/98, BMJ nº 485, página 81).

cial e à ação para o reconhecimento de um direito ou interesse legítimo em matéria tributária.

2. Princípio da indisponibilidade dos créditos tributários

As maiores dúvidas de constitucionalidade tradicionalmente levantadas sobre a possibilidade de questões de direito tributário serem submetidas à jurisdição de tribunais arbitrais recaem sobre a sua compatibilidade com o princípio da indisponibilidade dos créditos tributários.

O princípio da indisponibilidade dos créditos tributários não está explicitamente enunciado na Constituição, embora seja um corolário dos princípios da igualdade e da legalidade, que vinculam o legislador e toda a atividade da Administração Tributária (artigos 3º, nº 2, 13º e 266º, nº 2, da CRP).

Esse princípio está enunciado no artigo 30º, nº 2, da Lei Geral Tributária, em que se estabelece que «*o crédito tributário é indisponível, só podendo fixar-se condições para a sua redução ou extinção com respeito pelo princípio da igualdade e da legalidade tributária*»[3].

A própria redação desta norma, ao falar de «*redução*» e «*extinção*» do crédito tributário, sugere logo a interpretação de que se pretende aludir a créditos cuja existência esteja assente, pois, antes de se saber se os créditos existem, não há possibilidade prática de concretizar a sua redução ou extinção.

Mas, mesmo que se considere que o crédito tributário se forma com o facto tributário e existe independentemente da sua definição através de um ato de liquidação, que terá natureza meramente declarativa, é seguro, à face da globalidade do nosso ordenamento jurídico, que isso não é obstáculo a que sejam emitidos juízos sobre a existência e legalidade dos créditos tributários por parte de órgãos diferentes dos tribunais tributários estaduais.

Na verdade, a lei admite, desde sempre, a possibilidade de os atos de liquidação, que definem as dívidas tributárias, sejam praticados pela Administração Tributária, que pode determinar o seu conteúdo quanti-

---

[3] Este princípio foi reforçado pela Lei nº 55-A/2010, de 31 de dezembro (Orçamento do Estado para 2011), que aditou ao artigo 30º da LGT um nº 3, estabelecendo que «*o disposto no número anterior prevalece sobre qualquer legislação especial*».

tativo ou mesmo abster-se de os praticar, o que não pode deixar de considerar-se compatível com o princípio da indisponibilidade dos créditos tributários, já que consubstancia a essência do nosso modelo de administração executiva. Não há mesmo viabilidade prática de os milhões de atos de liquidação que são praticados anualmente deixarem de ser praticados pela Administração Tributária, sendo impensável que sejam órgãos jurisdicionais estaduais a pronunciarem-se sobre a legalidade de todos eles. Por isso, se o princípio da indisponibilidade dos créditos tributários contendesse com essa prática de atos, então a única solução, ditada pelas inexoráveis leis da praticabilidade e do possível, seria abdicar do princípio da indisponibilidade.

Para além disso, sempre se tem admitido a possibilidade de a legalidade de atos de liquidação já praticados (isto é, créditos tributários já definidos) serem objeto de meios impugnatórios a apreciar pela própria Administração Tributária (reclamações graciosas, reclamação da fixação da matéria tributável, recursos hierárquicos e revisões e revogação na fase inicial do processo de impugnação judicial, nos termos do artigo 112º do Código de Procedimento e de Processo Tributário, doravante CPPT), podendo deles resultar a anulação total ou parcial dos créditos cuja existência tinha sido previamente declarada, o que tem ínsito que esses poderes não contendem com o princípio da indisponibilidade.

Assim, numa interpretação holística, que tenha em mente a globalidade do nosso sistema de administração executiva no âmbito das relações jurídicas tributárias, o princípio da indisponibilidade dos créditos tributários só poderá reportar-se a *créditos consolidados*, cuja existência esteja assente, depois de esgotados os meios normais de impugnação: até aí não haverá a certeza de existirem direitos de crédito e, por isso, os atos que declaram a eliminação jurídica dos atos que definiram créditos tributários não implicam redução ou extinção desses créditos cuja existência na ordem jurídica ainda não está assente.

É esta, aliás, a interpretação mais razoável e que, por força do artigo 9º, nº 3 do Código Civil, deve entender-se ter sido legislativamente adotada.

Na verdade, a interpretação jurídica é indissociável de uma margem de *incerteza*, designadamente em zonas limites (âmbito de normas de incidência, benefícios fiscais). Para além de ser subjetiva a avaliação da prova de que depende a declaração de créditos tributários.

O próprio conceito de legalidade é enformado por várias normas integrantes de um bloco em que interferem múltiplos fatores, entre os quais a justiça (cuja observância é imposta à Administração, no exercício das suas funções, pelo artigo 266º, nº 2, da CRP), ocorrendo situações em que esses vários fatores se entrechocam e se impõe optar por um deles em detrimento dos outros[4], o que, muitas vezes, torna maleável a existência de créditos tributários, com a correlativa nebulosidade da respetiva disponibilidade.

É por ainda não haver a certeza jurídica da existência de um crédito tributário e a apreciação da sua existência não contender com o princípio da indisponibilidade que se pode entender a possibilidade de *revogação dos atos tributários* (anulação administrativa) não só em impugnação administrativa, mas também na fase inicial do processo judicial (artigo 112º CPPT). A Administração Tributária deve atuar com observância do princípio da legalidade (artigos 266º, nº 2, da CRP e 55º da LGT), devendo anular (revogação anulatória) os atos cuja ilegalidade detetar e, por isso, o cumprimento deste dever legal não pode simultaneamente constituir uma atuação proibida pelo princípio da indisponibilidade dos créditos tributários.

É também a restrição do alcance do princípio da indisponibilidade a créditos tributários consolidados que explica a possibilidade de *suspensão da execução fiscal*, nos casos de impugnação administrativa ou judicial (artigos 52º da LGT e 169º CPPT), mesmo que não seja prestada garantia (que pode ser dispensada nos termos dos artigos 52º, nº 4, da LGT e 170º do CPPT), pois, a não ser assim, a dilação da execução, o diferimento da cobrança que a suspensão consubstancia, também seria uma forma mitigada de disponibilidade.

---

[4] Sobre este ponto, pode ver-se Diogo Leite de Campos, Benjamim Silva Rodrigues e Jorge Lopes de Sousa, *Lei Geral Tributária Comentada e Anotada*, 4ª edição, Encontro da Escrita Editora, páginas 449-456.
A jurisprudência do Supremo Tribunal Administrativo tem vindo a aceitar a limitação da estrita legalidade decorrente de normas tributárias específicas pelo princípio da justiça, como pode ver-se pelos acórdãos de 05-02-2003, processo nº 1648/02, AP-DR de 25-03-2004, página 217; de 02-04-2008, processo nº 807/07; de 25-06-2008, processo nº 291/08, de 28-10-2009, processo nº 477/09; de 19-05-2010, processo nº 214/07.

É também por não existir ainda um crédito consolidado da Administração Tributária sobre o contribuinte que não se permite a *compensação* enquanto houver discussão da legalidade da liquidação da dívida, como o Supremo Tribunal Administrativo vinha entendendo e hoje está consagrado no artigo 89º do CPPT: não há compensação enquanto estiver a decorrer prazo para interposição de reclamação graciosa, recurso hierárquico, impugnação judicial, recurso judicial ou oposição à execução.

Para além disso, é atribuído também à Administração Tributária, através da sua intervenção nos processos judiciais tributários, o poder de decidir se deve ou não interpor recurso de uma decisão judicial desfavorável, isto é, o poder de optar entre abdicar definitivamente da sua cobrança ou adotar o comportamento potencialmente adequado a procurar efetivá-la.

Assim, numa interpretação que tenha em mente a globalidade do regime procedimental e processual e a coerência valorativa exigida pelo princípio a unidade da ordem jurídica (artigo 9º, nº 1, do Código Civil), será de concluir que aquela regra da indisponibilidade só valerá em relação a créditos já (presumivelmente) consolidados, por não ser possível a discussão da sua legalidade nos prazos normais em que pode ser discutida. Até ao momento em que se puder afirmar essa consolidação, a Administração Tributária não será titular de um crédito, mas de uma expectativa de o ter, que permite utilizar vários poderes procedimentais e processuais tendentes à materialização do conteúdo do ato de liquidação, mas não obsta à possibilidade de apreciação da sua legalidade, com correlativo abandono dessa expectativa no caso de esta apreciação se vir a traduzir numa resposta negativa.

E mesmo quanto a créditos consolidados, será viável, por ser imperativo do princípio da legalidade, a revisão do ato tributário, fora dos prazos normais de impugnação, como se admite no artigo 78º da LGT, que concretiza os termos do dever de a Administração Tributária revogar actos ilegais, que é corolário dos princípios da justiça, da igualdade e da legalidade, que impõem que sejam oficiosamente corrigidos todos os erros das liquidações que tenham conduzido à arrecadação de tributo em montante superior ao que seria devido à face da lei[5].

---

[5] Neste sentido, pode ver-se o acórdão do STA de 11-05-2005, proferido no recurso nº 319/05.

Ao reconhecer razão ao contribuinte num procedimento de revisão do ato tributário, a Administração Tributária, ao eliminar juridicamente o crédito já consolidado, por falta de impugnação tempestiva, não está a violar o princípio da indisponibilidade dos créditos tributários porque a revisão é ditada precisamente pelos princípios da legalidade e da igualdade de aquele princípio é emanação.

Por outro lado, estas possibilidades de revogação e revisão dos atos de liquidação por via administrativa mostram que não há um monopólio dos tribunais estaduais em matéria de resolução de litígios ou superação de divergências entre o contribuinte e a Administração.

Sendo assim, não existirão obstáculos a que litígios que poderiam ser submetidos aos tribunais tributários deixem de o ser, para serem submetidos à apreciação de tribunais arbitrais: **serão apenas mais alguns** litígios que não são submetidos à apreciação dos tribunais tributários estaduais.

Por outro lado, não pode deixar de ter-se em conta que o Estado tem o dever de assegurar a tutela *judicial* efetiva dos direitos e interesses legalmente protegidos dos cidadãos, dever que lhe é constitucionalmente imposto (artigos 20º, nº 1, e 268º, nº 4, CRP).

É imperativo básico essencial de um Estado de Direito a implementação de meios eficazes de resolução jurisdicional de conflitos, inclusivamente aqueles que se geram entre entidades públicas e os cidadãos.

Se o Estado não consegue proporcionar através dos seus tribunais tributários oferta que satisfaça a procura, tendo em conta que a «*decisão em prazo razoável*» é indissociável de tal tutela (artigo 20º, nº 4, da CRP) e estão legalmente definidos os prazos adequados à satisfação desse objetivo (artigo 96º, nºs 2 e 3, do CPPT), ao menos exigir-se-lhe-á que não entrave a possibilidade de ser obtida essa tutela jurisdicional pelo meio alternativo que constituem os tribunais arbitrais.

Por outro lado, os princípios da igualdade e da legalidade que fundamentam o princípio da indisponibilidade dos créditos tributários não são princípios absolutos. Assim, se não implica violação do princípio da indisponibilidade a atribuição a **entidades não jurisdicionais** do poder para liquidar ou deixar de liquidar créditos tributários e para decidir se os atos que os definem devem ou não ser eliminados juridicamente, não se vislumbra porque é que há-de implicar violação de tal princípio a atribuição de idênticos poderes a uma **entidade jurisdicional**, como é um tribunal arbitral, se até se está perante um meio para minorar o défice da concretização dos deveres estaduais de manter em funcionamento um sistema eficaz de resolução jurisdicional atempada de litígios.

Por isso, as dúvidas sobre a possibilidade de intervenção dos tribunais arbitrais para resolução de litígios em matéria tributária só podem justificar-se se houver suspeição sobre a forma como estes atuam, designadamente a nível da independência e imparcialidade dos árbitros ou da sua competência para desempenharem adequadamente a função de julgar.

O que, naturalmente, recoloca a questão a outro nível, que já não é o da admissibilidade constitucional de tribunais arbitrais em matéria tributária, mas sim a de saber se a forma como foram implementados pelo RJAT compatibiliza convenientemente os valores constitucionais em confronto, designadamente o valor da celeridade, inerente à tutela judicial efetiva, e o da concretização dos princípios da igualdade e da legalidade, no pressuposto de que a otimização de valores constitucionais conflituantes é a forma adequada de resolução dos conflitos que se possam suscitar entre eles.

Em última análise, serão relevantes para aferir da compatibilidade constitucional destes tribunais arbitrais previstos no RJAT as respostas às questões de saber se estão reunidas as condições para estes tribunais arbitrais desempenharem com imparcialidade a função de julgar (isto é, ao fim e ao cabo, se são mesmo «*tribunais*»), e se os meios de controle das suas decisões compatibilizam adequadamente o interesse da celeridade, inerente à tutela judicial efetiva, com o da garantia da correção de erros da suas decisões, exigida pelos princípios da igualdade e da legalidade.

3. Natureza dos tribunais arbitrais para resolução de conflitos em matéria tributária

Tem sido controvertida na doutrina a natureza dos tribunais arbitrais, designadamente tem-se colocado a questão de saber se têm ou não a natureza de órgãos de soberania que é reconhecida aos tribunais estaduais pelo artigo 110º, nº 1, da CRP.[6]

---

[6] No sentido de os tribunais arbitrais não serem tribunais em sentido próprio, por não serem órgãos do Estado, pronunciavam-se J. J. Gomes Canotilho e Vital Moreira, *Constituição da República Portuguesa Anotada*, de 3ª edição, página 791. No entanto, esta posição deixou de ser defendida na 4ª edição da mesma obra. Jorge Miranda, *Manual de Direito Constitucional*, Tomo IV,

GUIA DA ARBITRAGEM TRIBUTÁRIA

Os tribunais arbitrais previstos no RJAT funcionam no CAAD (artigo 4º, nº 2, do RJAT), entidade criada por impulso do Ministério da Justiça e que funciona sob a sua monitorização através da Direção Geral de Política de Justiça, mas reveste natureza associativa privada, pelo que não se trata de órgãos estaduais.

De qualquer modo, resulta do teor explícito do artigo 1º do RJAT que estes tribunais arbitrais são um *«meio alternativo de resolução jurisdicional de conflitos em matéria tributária»*, pelo que a sua atividade é *de natureza jurisdicional.*[7]

4. Âmbito da competência dos tribunais arbitrais tributários

Indicam-se no nº 1 do artigo 2º do RJAT os tipos de pretensões que podem ser apreciadas por tribunais arbitrais, em matéria tributária.

Com a redação dada a esta norma pela Lei nº 64-B/2011, de 30 de dezembro, a competência dos tribunais arbitrais que funcionam no CAAD foi restringida, abrangendo:

a) A declaração de ilegalidade de atos de liquidação de tributos, de autoliquidação, de retenção na fonte e de pagamento por conta;

b) A declaração de ilegalidade de atos de fixação da matéria tributável quando não dê origem à liquidação de qualquer tributo, de atos de determinação da matéria coletável e de atos de fixação de valores patrimoniais.

Pela comparação dos tipos de pretensões indicados com as listas de pedidos cuja apreciação cabe aos tribunais tributários, que consta dos artigos 49º e 49º-A do ETAF, 101º da LGT e 97º, nº 1, do CPPT, constata-se que apenas relativamente a uma parcela, relacionada com a legalidade de

---

4ª edição, página 326, defende que ao Direito constitucional português é estranho um princípio do *«monopólio estadual da função jurisdicional»* ou da exclusividade da *«justiça pública»* e que os tribunais arbitrais seguem o regime dos tribunais judiciais, a ponto de se poder sustentar *«uma verdadeira assimilação material»* entre uns e outros.

[7] A atividade dos tribunais arbitrais não estaduais foi qualificada como jurisdicional pelo acórdão do TC nº 230/86, de 08-07-1986, publicado no *Diário da República*, I Série, de 12-09-1986 e em ATC, 8º volume, páginas 115 e seguintes: *«O tribunal arbitral voluntário é um órgão que, embora formado caso a caso, se constitui precisamente para exercer a função jurisdicional, para em suma praticar atos jurisdicionais para que tiver sido solicitado dentro dos quadros da convenção de arbitragem»*.

atos de liquidação e atos que fixam a matéria tributável, foi aberta a possibilidade de intervenção de tribunais arbitrais.

Por outro lado, a inovação introduzida na alínea *c*) do nº 1 deste artigo, traduzida na impugnabilidade autónoma de atos preparatórios em termos mais latos que os previstos no CPPT[8], foi eliminada pela Lei nº 64-B/2011, de 31 de dezembro, não chegando tal possibilidade a ter expressão prática, segundo se depreende da jurisprudência conhecida dos tribunais arbitrais tributários.

Ficam, assim, fora da competência destes tribunais arbitrais a apreciação de litígios gerados em processos de execução fiscal ou em processos contraordenacionais tributários.

Mas, mesmo relativamente à impugnação de atos praticados no âmbito de procedimentos tributários, a competência destes tribunais arbitrais restringe-se à atividade conexionada com atos de liquidação de tributos, ficando fora da sua competência a apreciação da legalidade de atos administrativos de indeferimento total ou parcial ou de revogação de isenções ou outros benefícios fiscais, quando dependentes de reconhecimento da Administração Tributária, bem como de outros atos administrativos relativos a questões tributárias que não comportem apreciação da legalidade do ato de liquidação, a que se refere a alínea *p*) do nº 1 do artigo 97º do CPPT, bem como dos atos de agravamento à coleta, de apreensão e de adoção de providências cautelares pela Administração Tributária, a que se reportam o mesmo artigo 97º, nº 1, na sua alínea *e*) e os artigos 143º e 144º do mesmo Código.

Também o reconhecimento de direitos e interesses legítimos em matéria tributária, fora dos casos em que possa estar subjacente à declaração de legalidade de actos ou apreciação das questões indicadas no nº 1 do artigo 2º do RJAT, está fora da competência dos tribunais arbitrais.

Assim, quanto ao âmbito das matérias cujo conhecimento pode ser submetido à apreciação dos tribunais arbitrais, o RJAT ficou aquém da autorização legislativa em que se baseou, concedida pelo artigo 124º da Lei nº 3-B/2010, de 28 de abril, em que se indica que o processo arbitral

---

[8] No artigo 54º do CPPT consagra-se o princípio da impugnação unitária, que só é afastado quando os atos interlocutórios forem imediatamente lesivos dos direitos do contribuinte ou exista disposição expressa em sentido diferente.

tributário devia constituir um meio processual alternativo não só ao processo de impugnação judicial, mas também à ação para o reconhecimento de um direito ou interesse legítimo em matéria tributária [nºs 2 e 4, alíneas *a*) e *b*), daquele artigo].

Para além disso, a competência dos tribunais arbitrais que funcionam no CAAD é também limitada, em segunda linha, pelos termos em que Administração Tributária se vinculou àquela jurisdição, concretizados na Portaria nº 112-A/2011, de 22 de março, pois o artigo 4º do RJAT estabelece que «*a vinculação da Administração Tributária à jurisdição dos tribunais constituídos nos termos da presente lei depende de portaria dos membros do Governo responsáveis pelas áreas das finanças e da justiça, que estabelece, designadamente, o tipo e o valor máximo dos litígios abrangidos*».

Em face desta segunda limitação da competência dos tribunais arbitrais que funcionam no CAAD, a resolução da questão da competência depende essencialmente dos termos desta vinculação, pois, mesmo que se esteja perante uma situação enquadrável no artigo 2º do RJAT, se ela não estiver abrangida pela vinculação estará afastada a possibilidade de o litígio ser jurisdicionalmente decidido por um daqueles tribunais.

Não sendo a competência material dos tribunais arbitrais tributários definida por convenção das partes, mas por regulamentação de natureza pública efetuada no RJAT, não serão de colocar as condições de arguição da incompetência até à apresentação de defesa ou imediatamente após se suscitar a questão que alegadamente exceda a competência, que se preveem, para a arbitragem voluntária, no artigo 18º, nºs 4 e 6, da Lei nº 63//2011, de 14 de dezembro (LAV2011), pois o seu conhecimento não depende de arguição, como é regra quando está em causa a competência em razão da matéria (artigos 16º do CPPT, 101º e 102º do CPC e 13º do CPTA).

Em síntese, e de acordo com os dispositivos legais acima referidos, a competência dos Tribunais Arbitrais compreende a apreciação de pretensões relativas à declaração de ilegalidade:

(a) De atos de liquidação de tributos cuja administração seja cometida à Autoridade Tributária e Aduaneira (AT) (alínea *a*) do nº 1 do artigo 2º do RJAT, e corpo do artigo 2º e nº 1 do artigo 3º, ambos da Portaria nº 112-A/2011, de 22 de março de 2011);

(b) De atos de autoliquidação, retenção na fonte e pagamento por conta de tributos cuja administração seja cometida à AT, desde que tenham sido precedidos de recurso à via administrativa prévia

COMENTÁRIO AO REGIME JURÍDICO DA ARBITRAGEM TRIBUTÁRIA

necessária, prevista nos termos dos artigos 131º a 133º do Código de Procedimento e de Processo Tributário (CPPT)[9] (alínea *a*) do nº 1 do artigo 2º do RJAT, e corpo e alínea *a*) do artigo 2º e nº 1 do artigo 3º, ambos da Portaria nº 112-A/2011, de 22 de março de 2011);

(c) De atos de fixação da matéria tributável sem recurso a métodos indiretos, quando não dê origem à liquidação de qualquer tributo (alínea *b*) do nº 1 do artigo 2º do RJAT, e alínea *b*) do artigo 2º, *a contrario*, da Portaria nº 112-A/2011, de 22 de março de 2011);

(d) De atos de determinação da matéria coletável de imposto cuja administração seja cometida à AT, sem recurso a métodos indiretos (alínea *b*) do nº 1 do artigo 2º do RJAT, e alínea *b*) do artigo 2º, *a contrario*, da Portaria nº 112-A/2011, de 22 de março);

(e) De atos de fixação de valores patrimoniais, para efeitos de imposto, cuja administração seja cometida à AT (alínea *b*) do nº 1 do artigo 2º do RJAT, e corpo do artigo 2º da Portaria nº 112-A/2011, de 22 de março);

(f) De atos de liquidação de direitos aduaneiros e encargos de efeito equivalente[10] sobre exportação de mercadorias (alínea *a*) do nº 1 do artigo 2º do RJAT, alínea *c*) do artigo 2º, *a contrario*, da Portaria nº 112-A/2011, de 22 de março, primeiro travessão do nº 11 do artigo 4º, e artigos 161º, 162º e 211º, todos do Código Aduaneiro Comunitário, aprovado pelo Regulamento (CEE) nº 2913/92, do Conselho, de 12 de outubro de 1992);

---

[9] Nestes casos a abertura da via judicial depende do recurso à via graciosa prévia necessária.

[10] O que entender por "encargos de efeito equivalente" foi objeto de apreciação pelo Tribunal de Justiça da União Europeia em várias ocasiões, tendo fixado jurisprudência no sentido de se entender por encargo de efeito equivalente qualquer *"encargo pecuniário, ainda que mínimo, unilateralmente imposto, independentemente da sua designação e da sua técnica, e que incide sobre as mercadorias nacionais ou estrangeiras pelo facto de atravessarem a fronteira, quando não é um direito aduaneiro propriamente dito constitui um encargo de efeito equivalente, na aceção do artigo 23º CE (v. acórdãos de 9 de Novembro de 1983, Comissão/Dinamarca, 158/82, Recueil, p. 3573, nº 18; Legros e o, já referido, nº 13; de 22 de Junho de 1994, Deutsches Milch-Kontor, C-426/92, Colect., p. I-2757, nº 50; de 14 de Setembro de 1995, Simitzi, C-485/93 e C-486/93, Colect., p. I-2655, nº 15, e de 17 de Setembro de 1997, UCAL, C-347/95, Colect., p. I-4911, nº 18)"* (cfr. ponto 20 do Ac. do TJUE de 09-09-2004, processo C-72/03).

GUIA DA ARBITRAGEM TRIBUTÁRIA

(g) As pretensões relativas a imposições à exportação instituídas no âmbito da política agrícola comum (PAC) ou no âmbito de regimes específicos aplicáveis a determinadas mercadorias resultantes de transformação de produtos agrícolas (alínea *a*) do nº 1 do artigo 2º do RJAT, segundo travessão do nº 11 do artigo 4º Código Aduaneiro Comunitário); e

(h) De atos de liquidação de imposto sobre o valor acrescentado (IVA), impostos especiais sobre o consumo (IEC'S) e outros impostos indiretos sobre mercadorias que não sejam sujeitas a direitos de importação (alínea *a*) do nº 1 do artigo 2º do RJAT, e alínea *d*) do artigo 2º, *a contrario*, da Portaria nº 112-A/2011, de 22 de março de 2011).

Em qualquer caso, a competência dos Tribunais Arbitrais em matéria tributária está limitada a litígios cujo valor não ultrapasse os € 10.000.000,00. A determinação do valor do litígio deve ser feita, *mutatis mutandis*, de acordo com o disposto no artigo 97º-A aditado ao CPPT[11] pelo Decreto-Lei nº 34/2008, de 26 de fevereiro de 2008. Nos termos do normativo em apreço, o valor da causa varia consoante a pretensão do autor. Assim, quando estiver em causa a declaração de ilegalidade da liquidação, o valor da causa corresponderá à importância cuja anulação se pretende. Estando em causa a declaração de ilegalidade do ato de fixação da matéria coletável ou a declaração de ilegalidade do ato de fixação dos valores patrimoniais, o valor da causa será o valor contestado. Sempre que não seja possível a fixação do valor da causa de acordo com as opções referidas, o nº 2 artigo 97º-A do CPPT prevê que o valor seja *"fixado pelo juiz, tendo em conta a complexidade do processo e a condição económica do impugnante, tendo como limite máximo o valor da alçada da 1ª instância dos tribunais judiciais".* De notar, neste âmbito que, em sede arbitral deve sempre ser indicado o valor da utilidade económica do pedido, ainda que provisório, em conformidade com o disposto na alínea *e*) do nº 2 do artigo 10º do RJAT.

De acordo com o disposto no nºs 1 e 2 do artigo 2º do Decreto-Lei nº 118/2011, de 15 de dezembro de 2011, que aprovou a respetiva lei orgâ-

---

[11] Subsidiariamente aplicável de acordo com o disposto no artigo 29º, nº 1, alínea *a*), do Decreto-Lei nº 10/2011, de 20 de janeiro de 2011.

nica, e que determinou a fusão entre a Direção Geral de Contribuições e Impostos (DGCI) e a Direção Geral das Alfândegas e dos Impostos Especiais sobre o Consumo (DGAIEC), a AT tem por missão administrar os direitos aduaneiros, os impostos sobre o rendimento, os impostos sobre o património e os impostos sobre o consumo, assim como os demais tributos que lhe sejam legalmente atribuídos, como sejam as contribuições especiais.

Na versão originária do Decreto-Lei nº 10/2011, de 20 de janeiro de 2011, previa-se, ainda, a competência dos Tribunais Arbitrais para a apreciação de qualquer pretensão de facto ou de direito relativa ao projeto de decisão de liquidação, sempre que a lei não assegurasse a faculdade de deduzir a pretensão de declaração de ilegalidade de atos de determinação da matéria tributável e de atos de fixação de valores patrimoniais (alínea *c*) do nº 1 do artigo 2º do RJAT). Em conformidade com o disposto na alínea *a*) do artigo 14º do RJAT, os pedidos de constituição do Tribunal Arbitral apresentados com vista à apreciação de qualquer pretensão de facto ou de direito, relativa ao projeto de decisão de liquidação, nos termos acima referidos, e à declaração de ilegalidade de atos de determinação da matéria tributável e de atos de fixação de valores patrimoniais produziam, *ope legis*, o efeito suspensivo da liquidação das prestações tributárias correspondentes às questões suscitadas quanto à parte controvertida. Esta era uma norma inovadora, sem paralelo no ordenamento jurídico-tributário nacional, em que a regra geral é a do efeito meramente devolutivo da impugnação judicial dos atos tributários. Neste caso ficariam igualmente suspensos os prazos de caducidade do direito à liquidação e de prescrição da prestação tributária, até à data da comunicação da decisão arbitral, exceto no caso de recurso interposto pelo sujeito passivo (alínea *b*) do artigo 14º do RJAT). A alínea *c*) do nº 1 do artigo 2º e o artigo 14º do RJAT acabaram por ser expressamente revogados pela LOE 2012.

4.1. Contencioso de legalidade
No domínio da arbitragem voluntária (regulada ao tempo da entrada em vigor do RJAT pela Lei nº 31/86, de 29 de agosto, e, atualmente, pela Lei nº 63/2011, de 14 de dezembro), os árbitros julgam segundo o direito constituído, a menos que as partes os autorizem a julgar segundo a equidade (artigo 22º da Lei nº 31/86) ou isso determinem (artigo 39º, nº 1, da Lei nº 63/2011).

Os tribunais arbitrais para resolução de conflitos em matéria tributária não podem efetuar julgamentos segundo a equidade, como explicitamente se refere no nº 2 deste artigo 2º do RJAT e resulta do próprio texto das três alíneas do nº 1, pois os poderes de cognição dos tribunais arbitrais limitam-se à *apreciação da legalidade* dos atos aí indicados.

O preâmbulo deste diploma é também explícito quanto a este ponto, esclarecendo que «*a instituição da arbitragem não significa uma desjuridificação do processo tributário, na medida em que é vedado o recurso à equidade, devendo os árbitros julgar de acordo com o direito constituído*».

4.2. Poderes de declaração de ilegalidade, poderes de anulação e poderes de condenação

A terminologia utilizada nas várias alíneas do nº 1 do artigo 2º do RJAT sugere que, mesmo relativamente aos atos em matéria tributária relativamente aos quais se abre a possibilidade de intervenção de tribunais arbitrais, os poderes destes seriam mais limitados do que os dos tribunais tributários, pois prevê-se apenas a possibilidade de «*declaração de ilegalidade de atos*», terminologia esta que, quando confrontada com as expressões «*impugnação da liquidação*», «*impugnação da fixação da matéria tributável*» e «*impugnação dos atos*» que são utilizadas no CPPT (artigo 97º, nº 1), aponta no sentido de se ter em vista que as decisões se limitassem à mera apreciação da legalidade sem produção de efeitos condenatórios (designadamente quanto a juros) ou constitutivos (eliminação do ato da ordem jurídica).

A ser essa a interpretação adequada, os efeitos necessários para regulação da situação jurídica não emanariam do processo declarativo, pelo que teriam de ser ulteriormente definidos pelos tribunais judiciais, em execução de julgado, se a Administração Tributária não retirasse espontaneamente da declaração de ilegalidade as consequências adequadas, a nível da reconstituição da situação que existiria se não tivesse sido praticado o ato ilegal.

No entanto, em face do que se estabelece no artigo 24º, nº 1, do RJAT, sobre os efeitos da decisão arbitral favorável ao sujeito passivo, constata-se que as decisões arbitrais têm também, na prática, um efeito constitutivo, pois à declaração de ilegalidade dos actos estão associadas obrigações de execução idênticas às previstas para as decisões judiciais anulatórias, inclusivamente de prática do ato devido em substituição do que foi declarado ilegal e reconstituição da situação que existiria se esse ato não tivesse sido praticado: quando é praticado um ato em substituição do declarado ilegal, fica necessariamente eliminado juridicamente o ato substituído (revogado, com o sentido de revogação anulatória, na terminologia do artigo 142º do CPA)[12], o ato declarado ilegal[13]; se não é praticado um novo ato em substituição do declarado ilegal, a obrigação de restabelecimento da situação que existiria se esse ato não tivesse sido praticado, impõe à Administração Tributária que elimine da ordem jurídica aquele ato, anulando-o.

Sendo assim, não é clara a razão por que apenas se faz referência a poderes de *declaração* de ilegalidade, terminologia que é adequada à apreciação de situações de inexistência ou nulidade de atos (artigo 124º, nº 1, do CPPT) e não também quando há poderes de anulação[14].

---

[12] À face da terminologia utilizada no CPA nos artigos 140º e 141º, é tratada como revogação não só a anulação administrativa (que elimina retroativamente os efeitos do ato revogado, relativamente à qual a revogação terá o sentido de anulação revogatória ou revogação anulatória), mas também a revogação propriamente dita (que será a revogação ab-rogatória, que apenas faz cessar para o futuro os efeitos do ato revogado).

Uma vez que, nas referidas normas do CPA se alude indiscriminadamente a revogação, inclusivamente para as situações em que se está perante anulação administrativa, utilizar-se-á essa terminologia.

[13] A anulação/revogação pode ser expressa, no caso de a prática do novo ato for acompanhada de explícita anulação do ato substituído, ou tácita, se a anulação/revogação resulta de ter sido dada nova regulação jurídica à situação que é objeto do ato, caso em que se está perante anulação/revogação por substituição.

[14] De harmonia com o preceituado no artigo 134º, nº 1, do CPA, os atos nulos não produzem quaisquer efeitos (sem prejuízo da possibilidade, prevista no nº 3 do mesmo artigo, de atribuição de certos efeitos jurídicos a situações de facto decorrentes de atos nulos, por força do simples decurso do tempo, de harmonia com os princípios gerais de direito) e, por isso, a decisão judicial que reconhece que um ato está afetado de nulidade, limita-se a declará-la. Idêntica ausência de efeitos é consequência da inexistência jurídica. O mesmo não sucede com os atos anuláveis, que produzem efeitos jurídicos até que venham a ser anulados, por decisão judicial ou administrativa, sendo por essa razão que a decisão judicial que afirma que um ato está afetado por vício gerador de anulabilidade tem um efeito constitutivo, eliminando da ordem jurídica esse ato e os efeitos que produziu.

A mera declaração de ilegalidade, por si mesma, não produz qualquer alteração na ordem jurídica, designadamente a eliminação de atos que nela subsistem no momento em que a declaração é emitida.

No que concerne à não previsão de decisões condenatórias ou outras que explicitamente imponham à Administração Tributária a adoção de condutas, pressente-se que a razão que lhe estará subjacente estará conexionada com uma visão da proteção do prestígio das autoridades tributárias, que se terá entendido poder ser afetado pela imposição de condutas determinada por entidades diferentes dos tribunais estaduais. No entanto, a ser esta a razão, será de validade duvidosa, já que a natureza jurisdicional das decisões arbitrais não justifica uma distinção, no plano teórico.

Por outro lado, a fixação expressa dos efeitos das decisões da decisão arbitral indicados no artigo 24º do RJAT e a referência que se faz a eles decorrerem dos «*exatos termos da procedência da decisão arbitral a favor do sujeito passivo*», parece admitir, se não mesmo pressupor, a fixação expressa desses efeitos na decisão arbitral.

Para além disso, a fixação desses efeitos na decisão arbitral será, decerto, a solução mais acertada, que se tem de presumir que tenha sido adotada legislativamente, por força do disposto no artigo 9º, nº 3, do Código Civil (CC), pois, se se pretende que sejam efetivados rigorosamente esses efeitos, a solução adequada é permitir a sua precisa fixação nessa decisão. Na verdade, se não forem fixados esses efeitos na decisão condenatória, a haver dúvidas sobre a sua concretização eles teriam de ser fixados judicialmente em processo de execução de julgado, nos tribunais tributários, já que os tribunais arbitrais não têm competência para processos executivos, o que se reconduziria a onerar desnecessariamente os tribunais tributários com questões que poderiam ser adequadamente decididas no processo arbitral.

A fixação dos efeitos da declaração de ilegalidade na decisão arbitral está também em sintonia com a lei de autorização legislativa em que o Governo se baseou para aprovar o RJAT, concedida pelo artigo 124º da Lei nº 3-B/2010, de 28 de abril, em que se proclama, como diretriz primacial da instituição da arbitragem como forma alternativa de resolução jurisdicional de conflitos em matéria tributária, que «*o processo arbitral tributário deve constituir um meio processual alternativo ao processo de impugnação judicial e à ação para o reconhecimento de um direito ou interesse legítimo em matéria tributária*».

À face desta diretriz, deverá entender-se, em sintonia com a referida autorização legislativa, que se compreendem nas suas competências dos tribunais arbitrais os poderes que em processo de impugnação judicial são atribuídos aos tribunais tributários em relação aos atos cuja apreciação de legalidade se insere nas suas competências.

Ora, apesar de o processo de impugnação judicial ser essencialmente um processo de mera anulação (artigos 99º e 124º do CPPT), pode nele ser proferida condenação da Administração Tributária no pagamento de juros indemnizatórios e de indemnização por garantia indevida. Na verdade, apesar de não existir qualquer norma expressa nesse sentido, tem-se vindo pacificamente a entender nos tribunais tributários, desde a entrada em vigor dos códigos da reforma fiscal de 1958-1965, que pode ser cumulado em processo de impugnação judicial pedido de condenação no pagamento de juros indemnizatórios com o pedido de anulação ou de declaração de nulidade ou inexistência do ato, por nesses códigos se referir que o direito a juros indemnizatórios surge quando, em reclamação graciosa ou processo judicial, a administração seja convencida de que houve erro de facto imputável aos serviços. Este regime foi, posteriormente, generalizado no Código de Processo Tributário (CPT), que estabeleceu no nº 1 do seu artigo 24º que «*haverá direito a juros indemnizatórios a favor do contribuinte quando, em reclamação graciosa ou processo judicial, se determine que houve erro imputável aos serviços*», a seguir, na LGT, em cujo artigo 43º, nº 1, se estabelece que «*são devidos juros indemnizatórios quando se determine, em reclamação graciosa ou impugnação judicial, que houve erro imputável aos serviços de que resulte pagamento da dívida tributária em montante superior ao legalmente devido*» e, finalmente, no CPPT, em que se estabeleceu, no nº 2 do artigo 61º (a que corresponde o nº 4 na redação dada pela Lei nº 55-A//2010, de 31 de dezembro), que «*se a decisão que reconheceu o direito a juros indemnizatórios for judicial, o prazo de pagamento conta-se a partir do início do prazo da sua execução espontânea*».

Aliás, a preferência legislativa pela fixação dos efeitos do reconhecimento da ilegalidade na decisão que a aprecia é expressamente manifestada relativamente à fixação de indemnização por garantia indevida, no artigo 171º do CPPT, em que se estabelece que «*a indemnização em caso de garantia bancária ou equivalente indevidamente prestada será **requerida no processo em que seja controvertida a legalidade da dívida exequenda***» e que «*a indemnização deve ser solicitada na reclamação, impugnação ou recurso ou em caso de o seu fundamento ser superveniente no prazo de 30 dias após a sua ocorrência*». Assim, é inequívoco que o processo de impugnação judicial abrange a possibilidade de condenação no pagamento de garantia indevida e até é, em princípio, o meio processual adequado para formular tal pedido, o que se justifica por evidentes razões de economia processual, pois o direito a indemnização por garantia indevida depende do que se decidir sobre a legalidade ou ilegalidade do ato de liquidação. O pedido de constituição do tribunal arbitral tem como corolário passar a ser no processo arbitral que vai ser discutida a *«legalidade da dívida exequenda»*, pelo que, como resulta do teor expresso daquele nº 1 do referido artigo 171º do CPPT, *é também o processo arbitral o adequado para apreciar o pedido de indemnização por garantia indevida*.

De resto, particularmente em processos que estavam pendentes nos tribunais tributários há mais de dois anos e em que os contribuintes utilizaram a faculdade prevista no artigo 30º do RJAT, não seria razoável entender que podiam ser apreciadas pelos tribunais arbitrais apenas as questões da legalidade dos atos de liquidação impugnados nos processos de impugnação judicial e não também a apreciação dos pedidos de condenação em juros indemnizatórios e de indemnização por garantia indevida, o que se reconduziria a que o processo de impugnação judicial tivesse de se manter, necessariamente com suspensão da instância até transitar em julgado a decisão arbitral, apenas para apreciar estes pedidos indemnizatórios, cuja apreciação depende da decisão sobre a legalidade dos atos de liquidação. Uma situação deste tipo estaria manifestamente ao arrepio das intenções legislativas de *«imprimir uma maior celeridade na resolução de litígios que opõem a Administração Tributária ao sujeito passivo»* e *«reduzir a pendência de processos nos tribunais administrativos e fiscais»*, que são reveladas pelo preâmbulo do DL nº 10-A/2012, de 20 de janeiro, que aprovou o RJAT. Se legislativamente se impõe naquele artigo 171º do CPPT a formulação do pedido de indemnização por garantia indevida no processo em que se discute a legalidade da dívida, sem restringir essa imposição a qualquer tipo de processo, é, necessariamente, porque se entende que a apreciação conjunta da legalidade e da indemnização por garantia indevida é a melhor opção processual e, por isso, não se compreenderia que no processo arbitral se fosse optar por solução diferente, quando se pretende atingir maior celeridade e reduzir a pendência de processos nos tribunais tributários.

Por isso, numa interpretação teleológica, sendo de presumir *«que o legislador consagrou as soluções mais acertadas»* (artigo 9º, nº 3, do Código Civil), impõe-se a conclusão de que a atribuição da competência aos tribunais arbitrais para apreciação da legalidade de atos de liquidação implica também a atribuição de competência para apreciação dos pedidos relativos a esses atos.

Aliás, a cumulação de pedidos relativos ao mesmo ato tributário está implicitamente pressuposta no artigo 3º do RJAT, ao falar em «*cumulação de pedidos* **ainda que** *relativos a diferentes atos*», o que deixa perceber que a cumulação de pedidos também é possível relativamente ***ao mesmo ato tributário*** e os pedidos de indemnização por juros indemnizatórios e de condenação por garantia indevida são suscetíveis de ser abrangidos por aquela fórmula, pelo que uma interpretação neste sentido tem, pelo menos, o mínimo de correspondência verbal exigido pelo nº 2 do artigo 9º do Código Civil.

Também não pode ver-se no artigo 2º da Portaria nº 112-A/2011, de 22 de março, que fixou os termos da vinculação da Autoridade Tributária e Aduaneira aos tribunais arbitrais que funcionam no CAAD, um obstáculo à competência dos tribunais arbitrais para apreciar o pedidos de juros indemnizatórios e de indemnização por garantia indevida. Naquela norma estabelece-se, numa redação pouco feliz, que «*os serviços e organismos referidos no artigo anterior vinculam-se à jurisdição dos tribunais arbitrais que funcionam no CAAD que tenham por objeto a apreciação das pretensões relativas a impostos cuja administração lhes esteja cometida referidas no nº 1 do artigo 2º do Decreto -Lei nº 10/2011, de 20 de Janeiro (...)*», seguindo-se algumas exceções.

O que se conclui desta disposição, conjugada com a reestruturação da Direcção-Geral de Impostos e da Direcção-Geral das Alfândegas e dos Impostos Especiais sobre o Consumo operada pelo DL nº 118/2011, de 15 de dezembro, é a vinculação da Autoridade Tributária e Aduaneira à jurisdição dos tribunais arbitrais, fora dos casos excecionados, para apreciação de ***todas*** as pretensões dos contribuintes conexas com atos de liquidação, de autoliquidação, de retenção na fonte e de pagamento por conta que tenham por objeto impostos que administre. Os pedidos de juros indemnizatórios e de indemnização por garantia indevida são pretensões relativas a atos daqueles tipos, visando ambos explicitar o conteúdo do dever de «*restabelecer a situação que existiria se o ato tributário objeto da decisão arbitral não tivesse sido praticado, adotando os atos e operações necessários para o efeito*» que na alínea *b*) do nº 1 do artigo 24º se impõe como consequência de uma decisão arbitral de procedência da pretensão apresentada ao tribunal arbitral.

Para além disso, tendo-se chegado à conclusão de que é de aplicar no processo arbitral a regra do artigo 171º do CPPT, que impõe apreciação do pedido de indemnização por garantia indevida no processo em que é apreciada a legalidade da dívida, aquele artigo 2º, nº 1, da Portaria nº 112-A/2011 seria ilegal, por ofensa do princípio da hierarquia das normas (estabelecido no artigo 112º, nº 5, da CRP), se fosse interpretado como criando um regime processual diferente, em que a legalidade da dívida seria apreciada no processo arbitral e o pedido de indemnização por garantia indevida teria de ser apresentado autonomamente em relação a esse processo, em dissonância com a regra do nº 1 do artigo 171º.

Conclui-se, assim, que se insere nas competências dos tribunais arbitrais que funcionam no CAAD a fixação dos efeitos da decisão arbitral que podem ser definidos em processo de impugnação judicial, designadamente, a anulação dos atos cuja declaração de ilegalidade é pedida, a condenação da Autoridade Tributária e Aduaneira no pagamento de juros indemnizatórios e a fixação de indemnização por garantia indevida.

De qualquer modo, examinando a jurisprudência produzida pelos tribunais arbitrais do CAAD, publicada na respetiva página informática, constata-se que os tribunais arbitrais não se têm limitado a proferir decisões meramente declarativas, tendo sido proferidas várias decisões anulatórias de atos e de condenação da Administração Tributária a pagar juros indemnizatórios[15].

4.3. Declaração de ilegalidade de atos de liquidação de tributos
4.3.1. Atos de liquidação cuja legalidade pode ser apreciada

Atos de liquidação são os atos administrativos, praticados pela Administração Tributária[16], que determinam o quantitativo do tributo a pagar pelo

---

[15] Cf., entre outros, o Processo 14/2012-T e o Processo 39/2012-T, disponíveis in *www.caad.org.pt*.

[16] Nos termos do nº 3 do artigo1º da LGT, «*integram a Administração Tributária, para efeitos do número anterior, a Direcção-Geral dos Impostos, a Direcção-Geral das Alfândegas e dos Impostos Especiais sobre o Consumo, a Direcção-Geral de Informática e Apoio aos Serviços Tributários e Aduaneiros, as demais entidades públicas legalmente incumbidas da liquidação e cobrança dos tributos, o Ministro das Finanças ou outro membro do Governo competente, quando exerçam competências administrativas no domínio tributário e os órgãos igualmente competentes dos Governos Regionais e autarquias locais*».

sujeito passivo, consubstanciando-se na aplicação de uma taxa à matéria coletável. Tal como expressamente referido no Processo Arbitral nº 17/ /2012-T, de 14-05-2012[17], *"A liquidação, em sentido estrito, é a última fase do procedimento administrativo de liquidação tributária, regulado nos artigos 59º a 64º do CPPT, constituído por uma série de atos destinados a obter um resultado jurídico final, o montante de imposto a entregar nos cofres do Estado[18]. Portanto, a liquidação hoc sensu é a fase que se traduz na aplicação da taxa de imposto à matéria coletável já determinada, não sendo os atos preparatórios autonomamente impugnáveis, podendo sim ser postos em causa quando da impugnação do ato definitivo, final, em obediência ao princípio da impugnação unitária expresso no artigo 54º do CPPT"[19].*

No conceito de «*liquidação*», em sentido lato, englobam-se todos os atos que se reconduzem a aplicação de uma taxa a uma determinada matéria coletável e, por isso, também os atos de autoliquidação, retenção na fonte e pagamento por conta.

Não se estabelece qualquer limitação em relação aos tipos de tributos que podem ser objeto de pedido de declaração de ilegalidade, pelo que, numa primeira análise, poderia concluir-se que estaria aberta a possibilidade de os sujeitos passivos apresentarem pedidos de declaração de ilegalidade aos tribunais arbitrais relativamente a quaisquer tipos de tributos indicados no artigo 3º da LGT: fiscais e parafiscais; estaduais, regionais e locais; impostos, incluindo aduaneiros e especiais, taxas e demais contribuições financeiras a favor de entidades públicas.

Porém, uma vez que no artigo 4º do RJAT se estabelece que a vinculação da Administração Tributária à jurisdição dos tribunais arbitrais depende de portaria dos membros do Governo responsáveis pelas áreas das finanças e justiça, conclui-se que não basta a iniciativa do contribuinte para ser atribuída competência aos tribunais arbitrais previstos neste diploma, sendo necessária também a aceitação da Administração (de que o Governo é o órgão superior, nos termos do disposto no artigo 182º da

---

[17] Disponível no site oficial do CAAD *in http://www.caad.org.pt.*

[18] Seguimos o Acórdão do STA, nº 0188/09, de 9 de setembro de 2009 (Relator Pimenta do Vale).

[19] Este princípio comporta algumas exceções, podendo os atos de determinação da matéria tributável ser autonomamente impugnáveis. Cfr. Alberto Xavier, Conceito e Natureza do Ato Tributário, 1972, págs. 140 a 191.

CRP), em termos gerais e abstratos, através de um diploma de natureza regulamentar.

Por outro lado, o facto de o único diploma que se prevê poder vincular a Administração à jurisdição dos tribunais arbitrais ser a emitir *pelo Governo*, revela que a possibilidade de vinculação aos tribunais arbitrais apenas existirá em relação aos tributos administrados pela Administração Tributária estadual, estando afastada, assim, a possibilidade de estes tribunais serem utilizados para dirimir litígios relativos a atos de liquidação de tributos efetuados por autarquias ou regiões autónomas, bem como os praticados por entidades autónomas, não inseridas na Administração Tributária estadual.

Porém, como se referiu, o decisivo para apurar da inclusão de atos de liquidação de impostos na competência dos tribunais arbitrais é a competência atribuída à Administração Tributária para a administração dos impostos, entendida como competência para a prática de atos de liquidação e atos administrativos que apreciem esses atos, designadamente reclamações graciosas ou recursos hierárquicos. Assim, por exemplo, não é afastada a competência dos tribunais arbitrais relativamente atos de liquidação de impostos autárquicos nos casos em que a competência para a prática de tais atos é atribuída por lei à Administração Tributária, que os administra como se as receitas respetivas fossem receitas estaduais, administração esta que, em matéria tributária, inclui os poderes de, sem qualquer interferência da entidade destinatária das receitas, liquidar ou abster-se de liquidar, definir em termos quantitativos o conteúdo de liquidação e proceder a eventual revisão ou revogação do ato praticado e também tem como corolário a assunção pela Administração Tributária estadual de eventual responsabilidade perante o sujeito passivo no caso de prática de atos ilegais[20].

---

[20] Relativamente aos municípios, prevê-se no artigo 10º, alíneas *a*) e *b*), da Lei das Finanças Locais (Lei nº 2/2007, de 15 de janeiro) que constituem suas receitas «*o produto da cobrança dos impostos a cuja receita têm direito, designadamente o imposto municipal sobre imóveis (IMI) e o imposto municipal sobre as transmissões onerosas de imóveis (IMT) e o imposto municipal sobre veículos (IMV), sem prejuízo do disposto na alínea a) do artigo 17º da presente lei, bem como a parcela do produto do imposto único de circulação que lhes caiba nos termos da lei*» e «*o produto da cobrança de derramas lançadas nos termos do artigo 14º*». Relativamente a estes impostos, está prevista a possibilidade de liquidação e cobrança pelos próprios municípios, em definir por diploma próprio [artigo 11º,

O próprio Governo adotou explicitamente este entendimento no corpo do artigo 2º da Portaria nº 112-A/2011, de 22 de março, ao vincular-se «à jurisdição dos tribunais arbitrais que funcionam no CAAD que tenham por objeto a apreciação das pretensões relativas a impostos *cuja administração lhes esteja cometida*».

Este definição do âmbito da vinculação através da titularidade dos poderes para administrar o tributo (entendidos nos termos que se referiram) e não da natureza do tributo, a nível da titularidade das receitas arrecadadas, é, aliás, a única solução congruente (que, por o ser, se impõe à face do princípio da unidade do sistema jurídico, por força do disposto no artigo 9º, nº 1, do Código Civil) pois, implicando aqueles poderes a possibilidade de, na fase administrativa, praticar verdadeiros atos de disposição (como liquidar ou deixar de o fazer, revogar ou não os atos praticados) sem outro controle que não seja o interno da própria Administração Tributária estadual, não se compreenderia que o exercício desses mesmos poderes estivesse dependente de assentimento das entidades beneficiárias das receitas quando a apreciação desses atos, para além de continuar submetida aos poderes da Administração Tributária (que pode revogar ou não os atos, ratificá-los ou não, reformá-los ou não, convertê-los ou não e substitui-los ou não, nos termos do artigo 13º, nº 1, do RJAT e do artigo 112º, nº 1, do CPPT, para o processo judicial tributário), é também submetida a controle suplementar por órgãos jurisdicionais, sejam os tribunais tributários, sejam os tribunais arbitrais que funcionam no CAAD.

De resto, se se tivesse em vista afastar a competência dos tribunais arbitrais que funcionam no CAAD em todos os casos em que receitas arrecadadas pelos atos de liquidação são atribuídas a autarquias locais, chegar-se-ia à conclusão absurda de que estariam afastadas daquela competência, para além dos atos de liquidação de tributos autárquicos, a generalidade de atos de liquidação de IRS, IRC e IVA, pois parte da respetiva receita é

---

alíneas *b*) e *c*), da Lei das Finanças Locais]. Enquanto não estiver regulada esta possibilidade de liquidação e cobrança destes impostos pelos municípios, eles são liquidados pelos serviços centrais da Autoridade Tributária e Aduaneira, nos termos do artigo 12º, nº 2, alínea *a*), do DL nº 118/2011, de 15 de dezembro, e dos artigo 113º, nº 1, do CIMI, 21º do CIMT, e artigo 16º do CIUC e 2º da Lei nº 22-A/2007, de 29 de junho, e 14º, nº 11, da LFL, na redação dada pela Lei nº 64-B/2011, de 30 de dezembro.

atribuída aos municípios, nos termos dos artigos 19º e 20º da Lei das Finanças Locais (Lei nº 2/2007, de 15 de janeiro). Uma hipotética conclusão neste sentido, que esvaziaria quase completamente as competências dos tribunais arbitrais que funcionam no CAAD, estaria manifestamente ao arrepio das intenções legislativas expressamente proclamadas de criar um processo alternativo ao processo de impugnação judicial e à ação para reconhecimento de um direito ou interesse legítimo e de «*reforçar a tutela eficaz dos direitos e interesses legalmente protegidos dos sujeitos passivos*», «*imprimir uma maior celeridade na resolução de litígios que opõem a administração tributária ao sujeito passivo*» e «*reduzir a pendência de processos nos tribunais administrativos e fiscais*» (artigo 124º, nºs 2 e 3, da Lei nº 3-B/2010, de 28 de abril, e Preâmbulo do RJAT)[21]. Por isso, sendo de presumir, por força do disposto no nº 3 do artigo 9º do Código Civil, que o legislador consagrou a solução mais acertada, que é a adequada para atingir os objetivos visados e não a que os inviabiliza, tem de se concluir que se insere na competência dos tribunais arbitrais que funcionam no CAAD a apreciação da legalidade da generalidade de atos da Administração Tributária estadual indicados no artigo 2º do RJAT e abrangidos pela vinculação do artigo 2º da Portaria nº112-A/2012, independentemente de ser ou não aquela Administração a beneficiária exclusiva das receitas liquidadas.

4.3.2. Declaração de ilegalidade de atos de liquidação de que foram apresentadas reclamações graciosas, recursos hierárquicos e pedidos de revisão do ato tributário

Os atos de liquidação de tributos são atos da Administração Tributária que apreciam e conformam a relação jurídica tributária.

O mesmo sucede com os atos de autoliquidação, retenção na fonte e pagamento por conta, embora aí a aplicação de uma taxa à matéria coletável seja efetuada pelo contribuinte ou por um substituto.

---

[21] Esta atribuição à Administração Tributária estadual de poderes de administração exclusivos de impostos que são total ou parcialmente receitas autárquicas implica que também não tenha de haver intervenção das autarquias no processo judicial ou arbitral em que é pedida a declaração jurisdicional da ilegalidade de atos da respetiva liquidação, como, aliás, vem sendo jurisprudência pacífica dos tribunais superiores, que sempre efetuaram os julgamentos de impugnações de atos desse tipo sem intervenção das entidades beneficiárias das receitas.

As leis tributárias preveem a possibilidade de o contribuinte impugnar administrativamente os atos de liquidação (em sentido lato, abrangendo os de autoliquidação, retenção na fonte e pagamento por conta), através de reclamação graciosa (artigos 68º e seguintes, 131º, 132º, nºs 3 e 4, e 133º, nºs 2 a 4, do CPPT) e impugnar as decisões de indeferimento das reclamações graciosas através de recurso hierárquico (artigos 66º, 67º e 76º do mesmo Código). Os atos que decidem reclamações graciosas e recursos hierárquicos das decisões sobre de reclamações graciosas serão, neste contexto, **atos de segundo e terceiro graus**, respetivamente, em que pode ser apreciada a legalidade de atos de liquidação, que são atos de primeiro grau. O mesmo se poderá dizer relativamente aos atos que procedem à revisão de atos de liquidação de tributos, no âmbito do artigo 78º da LGT.

Embora na alínea *a)* do nº 1 do artigo 2º do RJAT apenas se faça referência explícita à competência dos tribunais arbitrais para declararem a ilegalidade de atos de liquidação, atos definidores da quantia a pagar pelo contribuinte, essa competência estende-se também a atos de segundo e terceiro graus que apreciem a legalidade desses atos primários, designadamente atos de indeferimento de reclamações graciosas e atos de indeferimento de recursos hierárquicos interpostos das decisões destas reclamações.

Na verdade, essa conclusão retira-se inequivocamente da alínea *a)* do nº 1 do artigo 10º do RJAT, que faz referência expressa ao nº 2 do artigo 102º do CPPT (que trata do indeferimento de **reclamação graciosa**), e à «*decisão do **recurso hierárquico**»*.

No que concerne aos atos de indeferimento de pedidos de revisão de ato tributário, não resulta do teor expresso do RJAT a possibilidade de serem apreciados pelos tribunais arbitrais que funcionam no CAAD. Na verdade, no artigo 2º do RJAT não se faz qualquer referência expressa a estes atos, ao contrário do que sucede com a autorização legislativa em que o Governo se baseou para aprovar o RJAT, que refere os *«pedidos de revisão de atos tributários» e «os atos administrativos que comportem a apreciação da legalidade de atos de liquidação»*. No entanto, a fórmula *«declaração de ilegalidade de atos de liquidação de tributos, de autoliquidação, de retenção na fonte e de pagamento por conta»*, utilizada na alínea *a)* do nº 1 do artigo 2º do RJAT, numa mera interpretação declarativa, não restringe o âmbito da jurisdição arbitral aos casos em que é impugnado diretamente um ato de um daqueles tipos, pois a ilegalidade de atos de liquidação pode ser declarada jurisdicionalmente como corolário da ilegalidade de um ato de segundo grau, que confirme um ato de liquidação, incorporando, com essa confirmação, a sua ilegalidade.

Aliás, é inequívoco, pelo que se disse em relação às decisões de indeferimento de reclamações graciosas e recursos hierárquicos, que se incluem nas competências dos tribunais arbitrais que funcionam no CAAD os casos em que a declaração de ilegalidade dos atos aí indicados é efetuada através da declaração de ilegalidade de atos de segundo grau, que são o objeto imediato da pretensão impugnatória. A possibilidade de apreciação da legalidade de atos primários através da apreciação da legalidade de atos de segundo grau é patente na referência que no artigo 2º do RJAT se faz a atos de autoliquidação, de retenção na fonte e de pagamento por conta, pois, relativamente a estes atos, é imposta, como regra, a reclamação graciosa necessária, nos artigos 131º a 133º do CPPT, pelo que, nestes casos, o objeto imediato do processo impugnatório é, em regra, o ato de segundo grau que aprecia a legalidade do ato de liquidação, ato aquele que, se o confirma, tem de ser anulado, para se obter a declaração de ilegalidade do ato de liquidação. Foi mesmo neste sentido que a Administração Tributária, através da Portaria nº 112-A/2011, de 22 de março, interpretou estas competências dos tribunais arbitrais que funcionam no CAAD, ao afastar do âmbito dessas competências as *«pretensões relativas à declaração de ilegalidade de atos de autoliquidação, de retenção na fonte e de pagamento por conta que não tenham sido precedidos de recurso à via administrativa nos termos dos artigos 131º a 133º do Código de Procedimento e de Processo Tributário»*, o que tem como alcance restringir a sua vinculação os casos em que esse recurso à via administrativa foi utilizado.

Obtida a conclusão de que a fórmula utilizada na alínea *a*) do nº 1 do artigo 2º do RJAT não exclui os casos em que a declaração de ilegalidade resulta da ilegalidade de um ato de segundo grau, ela abrangerá também os casos em que o ato de segundo grau é o de indeferimento de pedido de revisão do ato tributário, pois não se vê qualquer razão para restringir, tanto mais que, nos casos em que o pedido de revisão é efetuado no prazo da reclamação administrativa, ele deve ser equiparado a uma reclamação graciosa[22].

---

[22] Como se entendeu no acórdão do Supremo Tribunal Administrativo de 12-06-2006, proferido no processo nº 402/06.

4.3.2.1. Limitação da competência em relação a atos de segundo ou terceiro grau que comportem a apreciação da legalidade de atos primários

Limitando-se a competência dos tribunais arbitrais que funcionam no CAAD, no que concerne a atos de liquidação, autoliquidação, retenção na fonte e pagamento por conta, à declaração da sua ilegalidade e suas consequências, apenas se incluirão nessa competência os atos de indeferimento de reclamações graciosas ou de recursos hierárquicos ou pedidos de recurso de atos tributários nos casos em que estes atos de segundo grau ou de terceiro grau *conheceram efetivamente da legalidade* de atos de liquidação, autoliquidação, retenção na fonte e pagamento e não também quando aqueles atos se abstiveram desse conhecimento, por se ter entendido haver algum obstáculo a isso (como, por exemplo, intempestividade ou ilegitimidade, ou incompetência). Com efeito, nos casos em que o ato de segundo grau ou de terceiro grau conhece da legalidade do ato de liquidação, o indeferimento da reclamação graciosa ou do recurso hierárquico que confirme aquele ato faz suas as respetivas ilegalidades, pelo que da apreciação da ilegalidade do ato de segundo ou terceiro grau decorre a ilegalidade do ato de liquidação. Mas tal não sucede nos casos em que o ato de segundo ou terceiro grau apenas apreciou uma questão prévia cuja solução obstou à apreciação da legalidade do ato primário, pois, neste caso, a eventual ilegalidade do ato de segundo grau ou de terceiro grau apenas tem como corolário que deva ser apreciada a legalidade do ato primário, não implicando que este ato seja ilegal.

Esta limitação da competência dos tribunais arbitrais que funcionam no CAAD ao conhecimento da legalidade de atos de indeferimento de reclamações graciosas e recursos hierárquicos que tenham apreciado a legalidade de atos de liquidação está em sintonia com a diretriz genérica imposta pela autorização legislativa em que o Governo se baseou para aprovar o RJAT, no sentido de que «*o processo arbitral tributário deve constituir um meio processual alternativo ao processo de impugnação judicial e à ação para o reconhecimento de um direito ou interesse legítimo em matéria tributária*».

Na verdade, das alíneas *d*) e *p*) do nº 1 e do nº 2 do artigo 97º do CPPT infere-se a regra de a impugnação de atos administrativos em matéria tributária deve ser feita, no processo judicial tributário, através de impugnação judicial ou ação administrativa especial (que sucedeu ao recurso contencioso, nos termos do artigo 191º do CPTA), conforme esses atos

GUIA DA ARBITRAGEM TRIBUTÁRIA

comportem ou *não comportem* a apreciação da legalidade de atos administrativos de liquidação.

Eventualmente, como exceção a esta regra poderão considerar-se os casos de impugnação de atos de indeferimento de reclamações graciosas, pelo facto de haver uma norma especial, que é o nº 2 do artigo 102º do CPPT, de que se pode depreender que a impugnação judicial é sempre utilizável[23]. Outras exceções àquela regra poderão encontrar-se em normas especiais, posteriores ao CPPT, que expressamente prevejam o processo de impugnação judicial como meio para impugnar determinado tipo de atos[24].

Mas, nos casos em que não há normas especiais, é de aplicar aquele critério de repartição dos campos de aplicação do processo de impugnação judicial e da ação administrativa especial.

À face deste critério de repartição dos campos de aplicação do processo de impugnação judicial e da ação administrativa especial, os atos proferidos em procedimentos de recurso hierárquico e de revisão oficiosa de atos de liquidação, autoliquidação, retenção na fonte e pagamento por conta apenas poderão ser impugnados através de processo de impugnação judicial *quando comportem a apreciação da legalidade destes atos de retenção*. Se o ato de indeferimento de recurso hierárquico e de pedido de revisão oficiosa não comporta a apreciação da legalidade do ato primário será aplicável a ação administrativa especial[25].

---

[23] Neste sentido, pode ver-se o acórdão do STA de 02-04-2009, processo nº 0125/09.

[24] Exemplo de uma situação deste tipo é a do artigo 22º, nº 13, do CIVA, em que se prevê a utilização do processo de impugnação judicial para impugnar atos de indeferimento de pedidos de reembolso.

[25] No sentido de o meio processual adequado para conhecer da legalidade de ato de decisão de procedimento de revisão oficiosa de ato de liquidação ser a ação administrativa especial (que sucedeu ao recurso contencioso, nos termos do artigo191º do CPTA) se nessa decisão não foi apreciada a legalidade do ato de liquidação, podem ver-se os acórdãos do Supremo Tribunal Administrativo de 20-05-2003, processo nº 638/03; de 08-10-2003, processo nº 870/03; de 15-10-2003, processo nº 1021/03; de 24-03-2004, processo nº 1588/03, de 6-11-2008, processo nº 357/08.

Adaptando o entendimento de que o processo de impugnação judicial é o meio processual adequado para impugnar atos de indeferimento de reclamações graciosas que tenham apreciado a legalidade de atos de liquidação, podem ver-se os acórdãos do STA de 15-1-2003, processo nº 1460/02; de 19-02-2003, processo nº 1461/02; e de 29-02-2012, processo nº 441/11.

A preocupação legislativa em afastar das competências dos tribunais arbitrais que funcionam no CAAD a apreciação da legalidade de atos administrativos *que não comportem* a apreciação da legalidade de atos de liquidação, para além de resultar, desde logo, da diretriz genérica de criação de um meio alternativo ao processo de impugnação judicial e à ação para reconhecimento de um direito ou interesse legítimo, resulta com clareza da alínea *a*) do nº 4 do artigo 124º da Lei nº 3-B/2010, de 28 de abril, em que se indicam entre os objetos possíveis do processo arbitral tributário «*os atos administrativos* **que comportem** *a apreciação da legalidade de atos de liquidação*», pois esta especificação apenas se pode justificar por uma intenção legislativa no sentido de excluir dos objetos possíveis do processo arbitral a apreciação da legalidade dos atos *que não comportem* a apreciação da legalidade de actos de liquidação.

Relativamente às decisões de indeferimento de reclamações graciosas, que, à face do teor literal do artigo 102º, nº 2, do CPPT, serão impugnáveis sempre através de processo de impugnação judicial, poderá ver-se, para o processo judicial tributário, uma exceção a essa repartição dos campos de aplicação do processo de impugnação judicial e da ação administrativa especial. Mas, no que concerne aos tribunais arbitrais que funcionam no CAAD essa exceção será irrelevante, pois resulta da alínea *a*) do nº 1 do artigo 2º do RJAT que, em relação a atos de liquidação, autoliquidação, retenção na fonte e pagamento por conta, apenas se inclui nas suas competências a declaração da sua ilegalidade e não a apreciação da legalidade de atos que não comportem essa apreciação. Isto é, não poderão ser apreciadas as decisões de indeferimento de reclamações graciosas em si mesmas, designadamente as que não conheceram do mérito do ato de liquidação que é objeto da reclamação, pois o que se permite através da impugnação da decisão da reclamação graciosa é apreciar a legalidade do subjacente ato de liquidação, de autoliquidação, de retenção na fonte e de pagamento por conta e não a própria decisão de reclamação graciosa que não conheceu do mérito da pretensão do sujeito passivo.

4.4. Declaração de ilegalidade de atos de autoliquidação, de retenção na fonte e de pagamento por conta
4.4.1. Autoliquidação
Há autoliquidação quando a liquidação do tributo é feita pelo próprio sujeito passivo, tendo por base a matéria coletável que conste das respe-

GUIA DA ARBITRAGEM TRIBUTÁRIA

tivas declarações, como, por exemplo, se prevê nos artigos 89º, alínea *a*), e 90º, nº 1, alínea *a*), do CIRC[26]. Também relativamente ao IVA, a regra é a cobrança do imposto ser feita na sequência de autoliquidação, nos termos dos artigos 27º e 41º do CIVA[27], sendo o pagamento feito em toda a rede de cobrança do IVA ou à Direção de Serviços de Cobrança do Imposto sobre o Valor Acrescentado (DSCIVA) [artigo 1º, nº 1, alínea *a*), do DL nº 229/95, de 11 de setembro][28].

4.4.2. Retenção na fonte
De harmonia com o preceituado no artigo 20º da LGT, a substituição tributária verifica-se quando, por imposição da lei, a prestação tributária for exigida a pessoa diferente do contribuinte e é efetivada através do mecanismo da retenção na fonte do imposto devido.

Nos termos do artigo 34º da mesma Lei, «*as entregas pecuniárias efetuadas por dedução nos rendimentos pagos ou postos à disposição do titular pelo substituto tributário constituem retenção na fonte*».

A retenção na fonte é feita, nomeadamente, de acordo com o preceituado nos artigos 98º a 102º do CIRS, 94º a 96º do CIRC[29] e no DL nº 42//91, de 22 de janeiro[30].

A retenção pode ser feita com carácter definitivo ou como pagamento por conta do imposto devido a final.

Quanto às importâncias retidas e não entregues à Administração Tributária, a entidade obrigada à retenção é a única responsável, ficando o

---

[26] Aos artigos 89º e 90º do CIRC na redação resultante da republicação operada pelo DL nº 159/2009, de 13 de julho, correspondem os artigos 82º e 83º na redação anterior.

[27] Aos artigos 27º e 41º do CIVA, na redação resultante da renumeração operada pelo DL nº 102/2008, de 20 de junho, correspondem os artigos 26º e 40º, na redação anterior.

[28] A redação vigente desta alínea *a*) foi introduzida pelo DL nº 124/2005, de 3 de agosto.
O pagamento do IVA autoliquidado apenas não é feito através da rede de cobrança do IVA nos casos dos pequenos retalhistas, em que é feito nos locais de cobrança autorizados, nos termos do artigo 67º, nº 1, alínea *b*), do CIVA e dos casos previstos no artigo 27º, nº 2, do mesmo Código (artigo 26º na redação anterior à renumeração efetuada pelo DL nº 102/2008, de 20 de junho).

[29] Aos artigos 94º a 96º do CIRC, na redação resultante da republicação operada pelo DL nº 159/2009, de 13 de julho, corresponde os artigos 88º a 90º, na redação anterior.

[30] O DL nº 42/91 foi republicado pelo DL nº 134/2001, de 24 de abril, e alterado por vários diplomas posteriores.

contribuinte substituído desonerado da responsabilidade pelo pagamento (artigo 28º, nº 1, da LGT). Nestes casos, o substituído pagou, através da retenção, o imposto retido e, por isso, não se justifica que ele lhe possa ser exigido outra vez. Assim, quanto ao imposto retido, seja ou não a retenção feita a título de pagamento por conta, o substituído nem mesmo subsidiariamente é responsável.

No que concerne às importâncias que deviam ter sido retidas e não o foram, quando a retenção deveria ser feita a título de pagamento por conta do imposto devido a final, cabe ao substituído a responsabilidade originária pelo imposto não retido e ao substituto a responsabilidade subsidiária (artigo 28º, nº 2, da LGT).

Nos restantes casos, o substituto é o responsável originário pelas importâncias que deveriam ter sido retidas e não foram, sendo o substituído responsável subsidiário pelas mesmas (artigo 28º, nº 3, da LGT).

4.4.3. Pagamentos por conta

A possibilidade de o sujeito passivo pedir a tribunal arbitral declaração de ilegalidade de atos de pagamento por conta deve ser interpretada em consonância com o regime previsto no artigo 133º do CPPT para a impugnação judicial desses actos, uma vez que se trata, em ambos, os casos, de obter tutela jurisdicional para situações idênticas.

Pagamentos por conta do imposto devido a final são as entregas pecuniárias antecipadas que sejam efetuadas pelos sujeitos passivos no período de formação do facto tributário (artigo 33º da LGT).

Além destes pagamentos por conta, efetuados no período de formação do facto tributário, o CPPT prevê, nos nºs 4 a 6 do artigo 86º, a possibilidade de outros pagamentos por conta, efetuados após a formação deste facto, mas antes da extração da certidão de dívida ou no decurso do processo de execução fiscal (artigos 262º, nº 4, e 264º, nº 2).

É aos pagamentos por conta efetuados durante a formação do facto tributário (incluindo os pagamentos adicionais por conta e os pagamentos especiais por conta, previstos nos artigos 104º-A e 106º do CIRC), efetuados pelo próprio sujeito passivo, que se refere o artigo 133º do CPPT e também é a estes atos do contribuinte que o artigo 2º, nº 1, alínea *a*), do RJAT abre o acesso aos tribunais arbitrais.

O artigo 133º, nº 1, do CPPT estabelece que «*o pagamento por conta é suscetível de impugnação judicial com fundamento em erro sobre os pressupostos da sua existência ou do seu quantitativo quando determinado pela Administração Tributária».*

Em sintonia com a suscetibilidade de impugnação judicial que se prevê neste artigo 133º, é de concluir que

- é sempre possível pedir a declaração de ilegalidade de pagamentos por conta quando o seu quantitativo for fixado pela Administração Tributária, com fundamento em erro nessa fixação ou na não existência dos pressupostos de que depende a obrigação de os efetuar[31];
- nos casos em que é o próprio sujeito passivo a calcular o montante dos pagamentos por conta ou pagamentos especiais por conta, o fundamento do pedido de declaração de ilegalidade apenas pode ser a não verificação dos pressupostos da existência da obrigação de efetuar tais pagamentos[32].

Consequentemente, não se admite a possibilidade de declaração de ilegalidade do pagamento por conta com base em erro no montante do pagamento, quando foi o próprio sujeito passivo a calcular a quantia que pagou.

Esta solução, porém, parece não ser compatível com o preceituado no artigo 95º, nº 2, alínea *a*), da LGT, em que se reconhece a potencialidade lesiva dos atos de pagamento por conta, lesividade essa que reclama a respetiva possibilidade de impugnação contenciosa (artigos 268º, nº 4, da CRP e 9º, nº 2, da LGT).

---

[31] A imposição da obrigação de o contribuinte efetuar pagamentos por conta e a previsão de que o cálculo do respetivo valor é determinado pela Administração Tributária constam do artigo 102º, nº 3, do CIRS.

[32] O montante dos pagamentos por conta, dos pagamentos adicionais por conta e dos pagamentos especiais por conta é calculado pelo próprio contribuinte nas situações indicadas nos artigos 104º e 106º do CIRC (na redação resultante da republicação operada pelo DL nº 159/2009, de 13 de julho, a que correspondem os artigos 98º e 96º, respetivamente, na redação anterior) e no artigo 104º-A do mesmo Código, na redação da Lei nº 12-A/2010, de 28 de agosto. O erro quanto à verificação dos pressupostos da existência de pagamento especial por conta pode derivar, por exemplo, de o pagamento se reportar ao exercício em que o contribuinte iniciou a sua atividade ou no seguinte (nos termos do nº 9 do artigo 106º o pagamento especial por conta não se aplica nestes exercícios), ou o sujeito passivo estar abrangido pelo regime simplificado ou o montante a pagar ser nulo, à face do volume de negócios do ano anterior.

Na verdade, embora os pagamentos a mais efetuados venham a ser tidos em conta na liquidação final, a não disponibilidade das quantias indevidamente retidas a mais constitui um prejuízo autónomo para o devedor do tributo e a circunstância de ter sido ele próprio a calcular os valores pagos não elimina os efeitos dos pagamentos sobre a sua esfera jurídica, que justificam a sua qualificação como atos lesivos.

Em termos de congruência legislativa, não se poderá justificar, aqui, o afastamento do direito de eliminar juridicamente os pagamentos por conta excessivos calculados pelo contribuinte pelo facto de poderem ser tomados em consideração na liquidação final global relativa ao ano a que eles se reportam, pois esta razão também valeria para o caso dos pagamentos excessivos terem sido determinados pela Administração Tributária e, neste caso, admite-se a possibilidade de impugnação contenciosa, após reclamação graciosa[33].

Por isso, parece ser materialmente inconstitucional o n.º 1 do artigo 133.º do CPPT, bem como da alínea *a*) do n.º 1 do artigo 2.º deste diploma, se forem interpretados como impedindo a declaração de ilegalidade e a impugnação judicial dos pagamentos de conta efetuados pelo sujeito passivo com fundamento em erro quanto ao seu quantitativo, por si cometido.

4.4.4. Necessidade ou não de reclamação graciosa prévia nos tribunais tributários

A possibilidade de impugnar perante os tribunais tributários estaduais atos de autoliquidação, retenção na fonte e pagamento por conta está

---

[33] Não se tratará, assim, de uma situação equiparável à gerada no âmbito da retenção em excesso, referida no n.º 2 do artigo 132.º do CPPT, em que se afasta o direito de impugnação contenciosa, mesmo precedido de reclamação graciosa, nos casos em que o imposto entregue a mais puder ser descontado nas entregas seguintes da mesma natureza a efetuar no ano do pagamento indevido.

Na verdade, a possibilidade de autotutela praticamente imediata que pode justificar o afastamento do direito de impugnação contenciosa não ocorre no caso do pagamento por conta excessivo, pois, por um lado, nos casos em que a liquidação do tributo não é feita por autoliquidação até nem se pode falar em autotutela e, por outro lado, o acerto de contas não pode ser concretizado imediatamente, só o sendo quando for efetuado o apuramento do imposto devido a final, no ano subsequente àquele em que os pagamentos por conta foram efetuados.

dependente, em regra, de prévia apresentação de reclamação graciosa, como se exige nos artigos 131º, nº 1, 132º, nºs 3 e 4, e 133º, nº 2, do CPPT. No entanto, no que concerne a atos de autoliquidação e retenção na fonte, quando o fundamento de impugnação for exclusivamente matéria de direito e os atos tiverem sido efetuados de acordo com orientações genéricas emitidas pela Administração Tributária[34], deixa de ser obrigatória a reclamação graciosa prévia, como resulta do nº 3 do artigo 131º e do nº 6 do artigo 132º. Assim, à face daquelas normas do CPPT, só em relação a atos de pagamento por conta a reclamação graciosa é sempre imprescindível para aceder à impugnação contenciosa.[35]

A reclamação necessária prevista naquelas normas justifica-se por a Administração Tributária não ter tido previamente possibilidade de tomar posição sobre a autoliquidação, efetuada pelo contribuinte por sua própria iniciativa. A administração da justiça pelos tribunais tributários é um bem escasso, como patenteiam os enormes atrasos que afetam a maior parte dos tribunais tributários, pelo que, para otimização do serviço público de

---

[34] Como se entendeu no acórdão do STA de 31-05-2006, processo nº 26622, seguindo o parecer do Conselho Consultivo da Procuradoria Geral da República nº 62/96, de 28-5-1998, publicado no *Diário da República*, II Série, de 24-10-1998, orientações genéricas são atos do poder de direção típico da relação de hierarquia administrativa, os quais dão a faculdade de emanar circulares interpretativas, ou seja, instruções gerais, vinculativas, dirigidas aos órgãos da Administração Tributária, funcionários e agentes subalternos, acerca do sentido em que devem – mediante interpretação ou integração – entender-se as normas e princípios jurídicos que, no âmbito do exercício das suas funções, lhes caiba aplicar.

[35] No entanto, a exigência de reclamação graciosa prévia em relação à impugnação judicial de pagamento por conta cuja efetivação foi *determinada pela Administração Tributária* será materialmente inconstitucional, pois os pagamentos por conta indevidamente efetuados provocam um prejuízo ao contribuinte, pois privam-no da disponibilidade das quantias pagas. Esses pagamentos são, assim, lesivos, sendo como tal qualificados pela alínea *a*) do nº 1 do artigo 95º da LGT e a reclamação graciosa não afasta a lesividade do ato, pois em nada altera a situação em que se encontra o contribuinte que tenha efetuado pagamento por conta indevido ou excessivo. Nos casos em que o pagamento por conta é determinado pela Administração Tributária e foi efetuado, está-se perante um ato de natureza administrativa praticado pela Administração Tributária, pelo que, em face da sua lesividade imediata não afastável por meios de impugnação administrativa, parece que tem de considerar-se inconstitucional, à face do artigo 268º, nº 4, da CRP, o afastamento da sua impugnabilidade contenciosa imediata.

justiça, o acesso a meios jurisdicionais de dirimir conflitos de interesses em matéria tributária deve ser condicionado, reservando-o para os casos em que se gerou um conflito de interesses, o que, em matéria tributária, pressupõe que a Administração Tributária tenha tomado uma posição contrária à do contribuinte. Na verdade, obstando-se à intervenção dos tribunais em situações em que a tutela jurisdicional não se mostra necessária, potencializa-se a otimização dos recursos disponíveis, prosseguindo--se, dessa forma, o objetivo primacial de proporcionar à generalidade dos cidadãos a possibilidade de obterem tutela judicial efetiva para os seus direitos e interesses.

A situação é diferente nos casos em que a autoliquidação foi efetuada de acordo com orientações genéricas da Administração Tributária, pois, nestes casos, esta já se pronunciou antecipadamente sobre a questão suscitada pelo interessado na impugnação, estando mesmo vinculada à observância das «*orientações genéricas constantes de circulares, regulamentos ou instrumentos de idêntica natureza, independentemente da sua forma de comunicação, visando a uniformização da interpretação e da aplicação das normas tributárias*» [artigo 68º-A, nº 1, da LGT], pelo que é presumivelmente inútil suscitar a sua intervenção através de reclamação graciosa, que teria de ser indeferida.

4.4.5. Necessidade ou não de reclamação graciosa prévia nos tribunais arbitrais

As razões subjacentes à imposição legal e à dispensa de reclamação graciosa, prévia em relação à utilização de meios jurisdicionais, vale também em relação ao acesso aos tribunais arbitrais, pois, por muito profícua que seja a sua atividade, estar-se-á muito longe de atingir um estado de abundância de meios de dirimir jurisdicionalmente conflitos em matéria tributária, que permita abrir ao acesso a meios jurisdicionais em situações em que não há razões para crer que ele seja imprescindível.

Sendo assim, é de concluir, por mera interpretação declarativa, que a possibilidade de pedir aos tribunais arbitrais a declaração de ilegalidade de atos de autoliquidação, retenção na fonte e pagamento por conta prevista no artigo 2º, nº 1, alínea *a*), do RJAT, deve ser entendida em sintonia com o regime previsto nos nºs 1 e 3 do artigo 131º do CPPT, sendo necessária a reclamação graciosa prévia nos casos em que ela também o é nos tribunais tributários. O mesmo entendimento foi já sufragado pelo Tribunal Arbitral no âmbito do Processo Arbitral nº 48/2012-T, de 06-07-2012[36], no ficou assente que "A referência expressa ao precedente *«recurso à via administrativa nos termos dos artigos 131º a 133º do Código de Procedimento e de Processo Tributário»*, deve ser interpretada como reportando-se aos casos em que tal recurso é obrigatório, através da reclamação graciosa, que é o meio administrativo indicado naqueles artigos 131º a 133º do CPPT, para que cujos termos se remete. Na verdade, desde logo, não se compreenderia que, não sendo necessária a impugnação administrativa prévia *«quando o seu fundamento for exclusivamente matéria de direito e a autoliquidação tiver sido efetuada de acordo com orientações genéricas emitidas pela administração tributária»* (artigo 131º, nº 3, do CPPT, aplicável aos casos de retenção na fonte, por força do disposto no nº 6 do artigo 132º do mesmo Código), se fosse afastar a jurisdição arbitral por essa impugnação administrativa, que se entende ser desnecessária, não ter sido efetuada.

Mas, a impugnação direta do ato de retenção na fonte só pode fazer-se sem prévia reclamação graciosa nos referidos casos em que tiver sido efetuada *«de acordo com orientações genéricas emitidas pela administração tributária»*, como resulta do preceituado naqueles artigos 132º, nº 6, e 131º, nº 3, do CPPT."

No entanto, numa segunda linha, a competência dos tribunais arbitrais que funcionam no CAAD é também limitada pelos termos em que Administração Tributária se vinculou àquela jurisdição, concretizados na Portaria nº 112-A/2011, de 22 de março, pois o artigo 4º do RJAT estabelece que *«a vinculação da Administração Tributária à jurisdição dos tribunais constituídos nos termos da presente lei depende de portaria dos membros do Governo responsáveis pelas áreas das finanças e da justiça, que estabelece, designadamente, o tipo e o valor máximo dos litígios abrangidos»*.

Em face desta segunda limitação da competência dos tribunais arbitrais que funcionam no CAAD, a questão da necessidade ou não de reclamação graciosa depende essencialmente dos termos desta vinculação, pois, mesmo que se esteja perante uma situação enquadrável naquele artigo 2º do RJAT, se ela não estiver abrangida pela vinculação estará afastada a possibilidade de o litígio ser jurisdicionalmente decidido por um tribunal

---

[36] Disponível no site oficial do CAAD *in http://www.caad.org.pt.*

arbitral. Como se referiu no Processo Arbitral nº 17/2012-T, de 14-05-2012 *"(...) a falta de vinculação da Autoridade Tributária e Aduaneira ao tribunal arbitral traduz-se na imediata impossibilidade da eficácia subjetiva de um julgado que, se fosse proferido por este tribunal nas matérias excluídas, não produziria quaisquer efeitos sobre a parte que haveria de o executar, consubstanciando, portanto, falta de jurisdição, a qual é delimitada em função da matéria e, portanto, consubstancia a incompetência material deste tribunal (...) e a falta de jurisdição do tribunal para dirimir o litígio configura efetivamente a exceção dilatória da incompetência e não qualquer outra, fazendo-se, atenta a natureza arbitral do tribunal, uma leitura integrada do nº 1 do artigo 2º do RJAT, com o nº 1 do seu artigo 4º e, ainda, com o mencionado artigo 2º da Portaria de Vinculação"*[37].

Na alínea *a*) do artigo 2º desta Portaria nº 112-A/2011, excluem-se expressamente do âmbito da vinculação da Autoridade Tributária e Aduaneira à jurisdição dos tribunais arbitrais que funcionam no CAAD as *«pretensões relativas à declaração de ilegalidade de atos de autoliquidação, de retenção na fonte e de pagamento por conta que **não tenham sido precedidos de recurso à via administrativa** nos termos dos artigos 131º a 133º do Código de Procedimento e de Processo Tributário».*

A referência expressa ao prévio *«**recurso à via administrativa nos termos dos artigos 131º a 133º do Código de Procedimento e de Processo Tributário**»* deve ser interpretada como reportando-se aos casos em que tal recurso é obrigatório, através da reclamação graciosa, que é o meio administrativo indicado naqueles artigos 131º a 133º do CPPT, para que cujos termos se remete. Na verdade, desde logo, não se compreenderia que, não sendo necessária a impugnação administrativa prévia *«quando o seu fundamento for exclusivamente matéria de direito e a autoliquidação tiver sido efetuada de acordo com orientações genéricas emitidas pela Administração Tributária»* (artigo 131º, nº 3, do CPPT, aplicável aos casos de retenção na fonte, por força do disposto no nº 6 do artigo 132º do mesmo Código), se fosse afastar a jurisdição arbitral por essa impugnação administrativa, que se entende ser desnecessária, não ter sido efetuada.

Assim, é de concluir que a reclamação graciosa apenas é necessária em relação a pedidos de declaração de ilegalidade de atos de autoliquidação,

---

[37] Disponível no site oficial do CAAD *in http://www.caad.org.pt.*

retenção na fonte e pagamento por conta nos referidos casos em que o ato cuja ilegalidade se pretende ver declarada não foi efetuado «*de acordo com orientações genéricas emitidas pela Administração Tributária*».

As questões de inconstitucionalidade que, quanto à impugnação judicial nos tribunais tributários, se podem colocar em relação à exigência de reclamação graciosa prévia nos casos em que os atos são imediatamente lesivos, não serão de colocar em relação aos tribunais arbitrais, nos casos em que se formulem exigências acrescidas em relação às feitas para acesso aos tribunais tributários, já que o acesso aos tribunais arbitrais tem natureza facultativa, podendo o sujeito passivo sempre optar por utilizar os tribunais tributários, nos casos em que seja possível em relação a eles o acesso que se impede em relação aos tribunais arbitrais.

4.5. Declaração de ilegalidade de atos de fixação da matéria tributável, de atos de determinação da matéria coletável e atos de fixação de valores patrimoniais

4.5.1. Matéria tributável e matéria coletável

Embora as expressões «*matéria tributável*» e «*matéria coletável*» não tenham exatamente o mesmo alcance, o certo é que a lei as utiliza indiferentemente, como sinónimos, em várias situações.

Para o constatar basta ver os artigos 91º, 92º e 94º da LGT:

- na epígrafe do artigo 91º da LGT, em cuja epígrafe se refere «*Pedido de revisão da matéria coletável*» e nos seus nºs 8, 14 e 15 se alude à «*matéria tributável*», com o mesmo alcance;
- no artigo 92º fala-se em «*matéria coletável*» no nº 1, e em «*matéria tributável*» nos nºs 4, 5 e 6;
- no artigo 94º emprega-se a expressão «*matéria tributável*» no nº 1 e «*matéria coletável*» no nº 3.

O CPPT, embora apresente maior coerência, na sua versão inicial, ao utilizar sempre a expressão «*matéria tributável*» [artigos 38º, nº 3, 59º, nº 2, 62º, nº 1, 80º, nº 3, 86º, nºs 4 e 7, 97º, nº 1, alínea *b*), 100º, nºs 2 e 3, 117º, epígrafe e nº 1] viu numa das suas mais recentes alterações usar-se a expressão «*matéria coletável*» [artigo 97º-A, nº 1, *b*)].

A expressão «*matéria tributável*», que em sede de IRC é referida como «*lucro tributável*» (artigo 17º do CIRC), abrange uma realidade mais lata do que a «*matéria coletável*», que é determinada com base naquela com reduções (como se vê pelo artigo 15º, nº 1, do CIRC). A «*matéria coletável*» é o montante que serve diretamente de base ao cálculo do imposto, com aplicação da taxa do tributo, enquanto a «*matéria tributável*» é um dos elementos a considerar para cálculo da matéria coletável, sendo esta constituída pela matéria tributável reduzida em função de abatimentos e deduções, benefícios fiscais e prejuízos fiscais que devam ser considerados.

A alínea *b*) do nº 1 do artigo 2º do RJAT parece ser a primeira norma em que se utilizam legislativamente as duas expressões, o que parece revelar que houve a perceção de que se trata de expressões com alcances diferentes.

No entanto, mostrando que não se conseguiu eliminar a confusão de conceitos, no artigo 13º, nº 4, do RJAT volta-se a usar apenas a expressão «*matéria coletável*», enquanto no seu artigo 24º, nº 3, se fala apenas de «*matéria tributável*» (para referenciar o «*pedido de revisão da matéria coletável*», regulado no artigo 91º da LGT).

4.5.2. Aplicabilidade das limitações gerais à impugnabilidade de atos

O CPPT enuncia no seu artigo 54º, como princípio geral, o da impugnação unitária, nos termos do qual «*salvo quando forem imediatamente lesivos dos direitos do contribuinte ou disposição expressa em sentido diferente, não são suscetíveis de impugnação contenciosa os atos interlocutórios do procedimento, sem prejuízo de poder ser invocada na impugnação da decisão final qualquer ilegalidade anteriormente cometida*».

Assim, no contencioso tributário, em regra, só há impugnação contenciosa do ato final do procedimento, que afeta imediatamente a esfera patrimonial do contribuinte, fixando a posição final da Administração Tributária perante este, definindo os seus direitos ou deveres. Esse princípio extrai-se também do artigo 66º da LGT, em que se estabelece o regime dos atos interlocutórios do procedimento tributário, que determina que os contribuintes e outros interessados podem reclamar de quaisquer atos ou omissões praticados pela Administração Tributária, mas a reclamação não suspende o procedimento, podendo os interessados impugnar a decisão final com fundamento em qualquer ilegalidade.

Uma concretização desse princípio encontra-se nos nºs 3 e 4 do artigo 86º da LGT, em que se estabelece que, nos casos em a liquidação se baseou em matéria tributável determinada através de avaliação indireta, não pode ser impugnado o ato de avaliação, mas o ato de liquidação pode ser impugnado com fundamento em vícios atinentes àquele, salvo quando a liquidação tiver por base o acordo obtido no processo de revisão da matéria tributável. Assim, os atos de avaliação indireta da matéria tributável apenas são impugnáveis autonomamente quando não dão lugar a liquidação (matéria coletável nula ou negativa, ou abrangida por isenção), como se prevê naquele nº 3.

Esta restrição à impugnabilidade autónoma de atos de fixação da matéria tributável, que já se deveria fazer em relação à redação inicial do RJAT, veio a ser explicitamente adotada na alínea *b*) do nº 1 do artigo 2º do RJAT com a redação introduzida pela Lei nº 64-B/2011, de 30 de dezembro. No entanto, a explicitação desta restrição apenas quanto a atos de fixação da **matéria tributável** e não também quanto aos atos de determinação da **matéria coletável**, referidos na mesma norma, parece sugerir a uma interpretação no sentido de poder ser pedida a declaração de ilegalidade destes últimos atos mesmo quando há lugar a subsequente liquidação de tributo, o que constituirá uma exceção àquele princípio da impugnação unitária e à regra do nº 3 do artigo 86º da LGT. É uma solução que não será de estranhar, no contexto do RJAT, pois é manifesto, em face da alínea *c*) do nº 1 do artigo 2º do RJAT, na redação inicial, que se pretendeu permitir a intervenção dos tribunais arbitrais em situações procedimentais em que não é viável a intervenção dos tribunais tributários. De resto, a fixação, na alínea *b*) do nº 1 do artigo 10º do RJAT, de prazo para a apresentação de pedido de constituição do tribunal arbitral relativamente a atos previstos na alínea *b*) do nº 1 do artigo 2º, tem pressuposta a possibilidade de tais pedidos relativamente a atos que, à face das leis tributárias, **não são suscetíveis de impugnação autónoma**, pois a todos os que são suscetíveis de impugnação autónoma é aplicável o prazo de 90 dias previsto na alínea *a*) do nº 1 daquele artigo 10º, como resulta do seu teor expresso.

Por outro lado, relativamente aos atos de avaliação de valores patrimoniais, o artigo 134º, nº 7, do CPPT, em sintonia com o artigo 86º, nº 2, da LGT, impõe o prévio esgotamento dos meios graciosos previstos no procedimento de avaliação, pelo que nem todos são diretamente impugnáveis.

Assim, numa primeira análise, o facto de a alínea *b*) do nº 1 do artigo 2º do RJAT estabelecer, sem qualquer limitação explícita de ordem procedimental, a competência dos tribunais arbitrais para a declaração de ilegalidade de atos de fixação da matéria tributável, de atos de determinação da matéria coletável e de atos de fixação de valores patrimoniais, poderá sugerir a conclusão de que a apreciação contenciosa destes atos podia ser pedida sem qualquer condicionamento.

No entanto, para além de não deixarem de valer em relação aos pedidos dirigidos aos tribunais arbitrais as razões de economia processual que justificam os condicionamentos ao acesso à via contenciosa, estando o referido artigo 54º do CPPT inserido entre as **disposições gerais do procedimento tributário**, visando determinar quais os atos procedimentais que são suscetíveis de apreciação contenciosa, é de concluir que esse princípio será aplicável também relativamente aos pedidos de declaração de ilegalidade que podem ser formulados perante tribunais arbitrais, pois o RJAT não visa alterar regras procedimentais, mas criar um regime especial de apreciação jurisdicional de litígios.

Por outro lado, uma interpretação literal da alínea b) do nº 1 do artigo 2º do RJAT, no sentido da possibilidade incondicionada de formular pedidos de declaração de ilegalidade de atos de determinação da matéria coletável da matéria tributável, conduziria a que tais pedidos pudessem ser formulados sem prévia formulação de pedido de revisão, nos termos dos artigos 91º e 92º da LGT, e mesmo que o contribuinte tivesse chegado a acordo neste procedimento, o que não parece congruente com a preocupação legislativa que a LGT evidencia de privilegiar o acordo em tal matéria.

Por isso, numa perspetiva que tenha presente a necessidade de assegurar a congruência valorativa do sistema jurídico, pressuposta pela sua unidade, que é elemento primacial de interpretação jurídica (artigo 9º, nº 1, do CC), terá de se concluir que os condicionamentos gerais ao acesso à via contenciosa para apreciar a legalidade de atos de determinação da matéria tributável ou coletável e de avaliação patrimonial devem ser também aplicados relativamente aos tribunais arbitrais.

Sendo assim, é à face daquelas regras dos artigos 86º, nºs 2, 3 e 4, 91º e 92º da LGT e 54º e 134º, nº 7, do CPPT, que estabelecem que os atos inseridos em procedimentos tributários apenas são suscetíveis de apreciação contenciosa quando forem imediatamente lesivos dos direitos ou interesses do contribuinte ou exista disposição expressa em sentido diferente, que há que apreciar a possibilidade de formulação de pedidos de declaração de ilegalidade referidos na alínea b) do nº 1 do artigo 2º do RJAT.

4.5.3. Declaração de ilegalidade de atos de fixação da matéria tributável e determinação da matéria coletável
4.5.3.1. Avaliação e cálculo da matéria tributável

O artigo 81º da LGT estabelece que «*a matéria tributável é avaliada ou calculada diretamente segundo os critérios próprios de cada tributo, só podendo a Administração Tributária proceder a avaliação indireta nos casos e condições expressamente previstos na lei*».

Está-se perante **cálculo** e não **avaliação** da matéria quando é possível determinar o seu valor com base em elementos objetivos (como contabilidade e respetiva documentação), através da verificação desses elementos e operações matemáticas com base neles elaboradas.

Em face desta referência cumulativa a avaliação e cálculo da matéria coletável que se faz naquele artigo 81º, a designação de **avaliação** estará reservada para os casos em que a determinação da matéria tributável é feita através de métodos que, mesmo com utilização de critérios objetivos (como exige o nº 1 do artigo 84º da LGT), não podem deixar de envolver uma margem de subjetividade, como sucede nos casos de determinação do valor de bens (subjacente às liquidações de IMI, IMT, imposto sobre veículos e, anteriormente, sisa, imposto sobre sucessões e doações e contribuição autárquica) e nos casos em que a determinação é feita utilizando métodos indiretos.

4.5.3.2. Avaliação direta e indireta da matéria tributável

A avaliação direta visa a determinação do valor real dos rendimentos ou bens sujeitos a tributação, enquanto a avaliação indireta visa a determinação do valor dos rendimentos ou bens tributáveis a partir de indícios, presunções ou outros elementos de que a Administração Tributária disponha (artigo 83º da LGT).

A avaliação indireta é subsidiária da avaliação direta, só podendo efetuar-se nos casos previstos no artigo 87º da LGT.

4.5.3.3. Declaração de ilegalidade de atos de avaliação indireta

Embora a alínea *b*) do nº 1 do artigo 2º do RJAT inclua nas competências dos tribunais arbitrais a declaração de ilegalidade de atos de fixação da matéria tributável e determinação da matéria coletável em que foram utilizados métodos indiretos, a Administração Tributária afastou essa possibilidade ao excluir expressamente da sua vinculação àqueles tribunais as *«pretensões relativas a atos de determinação da matéria coletável e atos de determinação da matéria tributável, ambos por métodos indiretos, incluindo a decisão do procedimento de revisão»* [alínea *b*) do artigo 2º da Portaria nº 112-A/2011, de 22 de março].

Se, eventualmente, esta restrição à vinculação vier a ser eliminada, é de notar que no nº 5 do artigo 86º da LGT se impõe, como condição da impugnação judicial da liquidação fundada em erro na quantificação ou nos pressupostos da determinação da matéria tributável por métodos indiretos, uma *«prévia reclamação»*, que no artigo 91º do mesmo diploma se concretiza como um procedimento de revisão da matéria coletável.

O nº 1 do artigo 117º do CPPT regulamenta esta necessidade de prévia reclamação (pedido de revisão), afastando da mesma os casos de regime simplificado de tributação e aqueles em que for interposto recurso hierárquico com efeito suspensivo da liquidação[38].

A estes casos em que é afastada a necessidade de reclamação prévia há que acrescentar o previsto no nº 7 do artigo 89º-A da LGT[39], em que se prevê a possibilidade de recurso da decisão de avaliação para o tribunal tributário e a não aplicação do procedimento de revisão previsto no artigo 91º e seguintes da LGT.

Deverá aplicar-se este regime ao acesso aos tribunais arbitrais para declaração de ilegalidade de atos de fixação da matéria tributável, pois não deixam de valer em relação a estes as razões que podem justificar esse condicionamento do acesso aos tribunais tributários.

4.5.3.4. Impugnação da avaliação direta da matéria tributável

Nos termos do artigo 86º da LGT, a avaliação direta da matéria tributável é suscetível de impugnação contenciosa direta.

---

[38] Este último caso já estava excluído pelo nº 14 do artigo 91º da LGT, pois nele se proibia, genericamente, a utilização do procedimento de revisão em todos os casos em que seja admissível recurso hierárquico com efeito suspensivo da liquidação, independentemente de ele ser efetivamente interposto.

Esta referência ao recurso hierárquico com efeito suspensivo da liquidação veio a ser eliminada pela Lei nº 32-B/2002, de 30 de dezembro, que deu nova redação àquele nº 14 do artigo 91º.

[39] Na redação introduzida pela Lei nº 55-B/2004, de 30 de dezembro, a que corresponde o nº 6 na redação anterior.

São atos de avaliação direta os de fixação de valores patrimoniais, a que se refere o artigo 134º do CPPT.

Como resulta dos nºs 1 e 2 do artigo 134º do CPPT e da alínea *b*) do nº 1 do artigo 2º do RJAT, os atos de fixação de valores patrimoniais podem ser objeto de impugnação autónoma ou pedido de declaração de ilegalidade, com fundamento em qualquer ilegalidade[40].

Assim, quando os atos de avaliação direta estão inseridos num procedimento de liquidação de um tributo, são atos destacáveis para efeitos de impugnação contenciosa.

Tratando-se de atos destacáveis e inexistindo qualquer restrição relativa às ilegalidades que podem ser objeto de declaração de ilegalidade, os vícios de que enfermem os referidos atos de avaliação apenas poderão ser arguidos em pedido de declaração de ilegalidade do ato de avaliação e não do ato de liquidação que seja praticado com base naquele, já que a

---

[40] Entre as ilegalidades que podem ser imputadas aos atos de avaliação incluem-se as que implicam a aplicação de critérios técnicos. A restrição da sindicabilidade dos atos administrativos em que haja aplicação de critérios técnicos aos casos de erro grosseiro ou manifesto, que foi defendida pela jurisprudência no domínio de vigência da Lei de Processo nos Tribunais Administrativos, implica uma subversão prática do princípio legalidade, constitucionalmente imposto à Administração (nº 2 do artigo 266º da CRP) que passaria a traduzir-se, na prática, no dever de não praticar ilegalidades manifestas e correlativo direito de praticar ilegalidades não grosseiras ou manifestas, consequência esta que não é compatível com tal norma constitucional. A tal sindicabilidade não poderá constituir obstáculo o carácter técnico das questões a resolver, já que, precisamente para permitir a resolução de questões de carácter técnico no âmbito do contencioso administrativo, é que a Lei de Processo nos Tribunais Administrativos, no seu artigo 14º, previa generalizadamente a possibilidade de intervenção de técnicos e no processo de impugnação judicial se prevê também a possibilidade de produção de prova pericial (artigo 116º do CPPT). No domínio do contencioso tributário há atualmente indicações seguras de que o erro, de qualquer tipo, na quantificação de valores patrimoniais é fundamento de impugnação, mesmo quando implica a sindicância de atuações de carácter técnico, como pode ver-se pelos artigos 99º, alínea *a*), 117º, nºs 2 e 3, do CPPT. Por outro lado, a possibilidade de constituir fundamento de impugnação *«qualquer ilegalidade»*, qualquer erro de facto ou de direito, está expressamente prevista no nº 2 do artigo 134º do CPPT. É assim inequívoco, que não existe, atualmente, qualquer obstáculo, a nível da lei ordinária, a que sejam apreciados pelos tribunais os atos de fixação de valores patrimoniais em todas as suas vertentes, estendendo-se a possibilidade de controlo judicial a qualquer erro de avaliação, seja motivado por errada apreciação de elementos de facto seja por errada aplicação de normas jurídicas, abrangendo-se nestes elementos a aplicação de critérios técnicos feita pela Administração.

atribuição da natureza de destacável a um ato tem por fim, precisamente, autonomizar os vícios deste ato, para efeitos de apreciação contenciosa.

Sendo assim, não haverá possibilidade de apreciação da correção dos atos de fixação de valores patrimoniais em processo que tenha por objeto a declaração de ilegalidade do acto de liquidação, tendo aí de ter-se como pressuposto o valor fixado na avaliação.

Esse atendimento do valor fixado no ato de avaliação para praticar o ato de liquidação verifica-se mesmo que o ato de avaliação venha a ser impugnado ou venha a ser pedida a declaração da sua ilegalidade, pois o uso do meio contencioso não tem efeito suspensivo (nº 7 deste artigo 134º), norma esta que deve ser aplicada subsidiariamente aos pedidos de declaração de ilegalidade previstos no RJAT.

Nestes casos, se vier a ser reconhecida razão ao contribuinte no processo de impugnação do ato de avaliação, o ato de liquidação que nele assentou cairá, por passar a estar afetado de nulidade, como ato consequente [alínea *i*) do nº 2 do artigo 133º do CPA].

4.5.3.5. Esgotamento dos meios administrativos de revisão do valor patrimonial

O artigo 86º, nº 2, da LGT estabelece que «*a impugnação da avaliação direta depende do esgotamento dos meios administrativos previstos para a sua revisão*». Na mesma linha, o artigo 134º, nº 7, do CPPT estabelece que a impugnação de atos de fixação de valores patrimoniais só poderá ter lugar depois de esgotados os meios graciosos previstos no procedimento de avaliação.

Esta restrição à impugnação de atos de avaliação direta é aplicável aos pedidos de declaração de ilegalidade de atos de fixação de valores patrimoniais referidos na alínea *b*) do nº 1 do artigo 2º deste diploma, por analogia, pois valem também aqui as razões de economia de meios contenciosos que estão subjacentes àquele condicionamento, não havendo qualquer razão para não procurar prioritariamente procurar resolver a controvérsia por via administrativa.

A necessidade de esgotamento dos meios administrativos existe mesmo que a discordância do interessado com o ato de fixação seja apenas sobre matéria de direito, pois não se prevê qualquer limitação relativamente aos poderes de cognição das comissões que devem proceder às avaliações e elas podem ter de apreciar questões de direito cuja solução seja relevante para determinar os valores dos bens a avaliar (por exemplo, a avaliação pode depender da dimensão das possibilidades de edificação e ser necessário aplicar diplomas jurídicos para as determinar).[41] A conclusão no sentido da indispensabilidade do esgotamento dos meios administrativos também nos casos em que está em causa apenas a apreciação de questões de direito é reforçada pela comparação do regime paralelo previsto no artigo 134º do CPPT e no artigo 86º da LGT com o previsto no artigo 91º desta última Lei, para a revisão da matéria coletável nos casos de avaliação indirecta, pois no seu nº 14 expressamente se afasta a aplicabilidade desse procedimento de revisão relativamente às questões de direito, o que não acontece com aquelas primeiras normas. Na mesma linha, os artigos 75º, nº 1, e 76º, nº 2, do CIMI referem que a segunda avaliação pode ser requerida «quando o sujeito passivo ou o chefe de finanças não concordarem com o resultado da avaliação directa», não fazendo qualquer restrição quanto à natureza do fundamento em que assenta a discordância. Neste contexto, o não afastamento expresso da possibilidade de requerer segunda avaliação com fundamento em questões de direito, numa situação paralela à prevista naquele artigo 91º, impõe uma interpretação no sentido de que não se pretendeu, quanto à fixação de valores patrimoniais, estabelecer qualquer restrição à revisão administrativa, mesmo que a discordância assente em fundamentos de direito.[42]

---

[41] Neste sentido, pode ver-se o acórdão do STA de 22-11-2000, processo nº 22378, que equipara a segunda avaliação a um recurso administrativo, que qualifica de recurso hierárquico impróprio, que se consubstancia em nova decisão sobre a questão da avaliação (reexame).
No entanto, esta qualificação parece não ser a mais adequada, uma vez que a designação de recurso hierárquico impróprio é aplicada por lei aos casos em que o recurso é interposto para um órgão que exerça poder de supervisão sobre outro órgão da mesma pessoa coletiva ou em que é interposto de um ato de um membro de um órgão colegial para este órgão (artigo 176º, nºs 1 e 2, do CPA).

[42] No entanto, seria preferível a solução adotada no artigo 91º, nº 14, da LGT, pois não tem justificação razoável a obrigatoriedade de segunda avaliação quando a quantificação depende apenas da resolução de questões de direito. Na verdade, a composição das comissões de avaliação, que são integradas por economistas ou engenheiros ou arquitetos ou outros técnicos (artigos 93º, § 3º do CIMSISD e artigo 132º do CCPIIA, para o regime anterior ao CIMI e artigos 63º, nºs 3 e 4, 65º, nº 2, e 74º, nºs 1 e 3, deste último Código), faz delas órgãos naturalmente mais vocacionados para a aplicação de regras técnicas ou científicas ou da experiência comum. E, se é certo que mesmo a aplicação de regras técnicas pode reclamar a aplicação de conhecimentos jurídicos, parece que seria preferível, que, quando a divergência fosse apenas de ordem

COMENTÁRIO AO REGIME JURÍDICO DA ARBITRAGEM TRIBUTÁRIA

No entanto, sendo a finalidade da segunda avaliação apreciar as razões da discordância do interessado (ou do chefe de serviço finanças, como se prevê nos artigos 75º, nº 1, e 76º, nº 2, do CIMI) com o resultado da primeira avaliação, a exigência de requerer a segunda avaliação, como pressuposto da impugnação judicial ou pedido de declaração de ilegalidade, deve ser afastada quando a ilegalidade que é imputada se basear em fundamentos diferentes dessa discordância, como, por exemplo, a não verificação dos pressupostos legais de que dependa a realização da avaliação. Com efeito, nesta situação não vale a razão do condicionamento ao acesso imediato à via contenciosa, contido no nº 7 deste artigo 134º (e nos artigos 86º, nº 2, da LGT e 77º, nºs 1 e 2, do CIMI), pois a razão que o justifica é a possibilidade de a questão ser resolvida por via administrativa e a questão da verificação ou não dos pressupostos legais de que depende a realização da avaliação, como questão prévia em relação ao procedimento de avaliação, não se inclui no seu âmbito. Isto é, o condicionamento referido existe apenas quando o interessado pretende discutir o ato de fixação de valor patrimonial e não quando quer impugnar o ato que determina que se proceda a avaliação[43]. Porém, a declaração de ilegalidade de atos que determinam a realização de avaliações não se inclui entre as competências dos tribunais arbitrais indicadas no artigo 2º, nº 1, do RJAT, sendo nos tribunais tributários a ação administrativa especial o meio processual adequado para apreciar pedidos desse tipo, em face do preceituado no artigo 97º, nºs 1, alíneas *d*) e *p*), e 2, do CPPT.

Na mesma linha, deverá entender-se que, quando o contribuinte entende que a primeira avaliação não está suficientemente fundamentada e pretende impugná-la, invocando respetivo vício de falta de fundamentação, não será necessário requerer a segunda avaliação. Na verdade, se a primeira avaliação não está fundamentada, o contribuinte poderá mesmo ficar impossibilitado de saber se ela enferma ou não de qualquer ilegali-

---

jurídica, a apreciação da impugnação pudesse ser imediatamente submetida à apreciação de órgãos jurisdicionais, que são os vocacionados para dirimir litígios de ordem jurídica.

[43] Essencialmente neste sentido quanto à impugnabilidade do ato que determina a realização de avaliação, independentemente da ocorrência de 2ª avaliação, pode ver-se o acórdão do STA de 06-11-2002, processo nº 968/02, AP-DR de 12-03-2004, página 2552, que foi proferido a propósito do artigo155º do CPT, equivalente ao artigo134º do CPPT.

dade e de conscientemente formar a sua decisão de concordar ou não com ela e a exigência de fundamentação de atos lesivos não é feita apenas tendo em vista a sua impugnação contenciosa, mas também a sua impugnação por meios administrativos. Por outro lado, a exigência de fundamentação de atos lesivos tendo em vista, relativamente aos destinatários, proporcionar-lhes a possibilidade de entenderem as razões por que quem decidiu tomou a decisão que tomou, visa permitir-lhes formar uma decisão conscienciosa sobre a impugnação de tais atos através da generalidade de meios impugnatórios que a lei prevê, tanto os de natureza contenciosa como os de matéria administrativa. Por isso, não teria sentido impor ao sujeito passivo que pretende impugnar um ato de primeira avaliação por falta de fundamentação, a necessidade de requerer a revisão deste ato através de segunda avaliação, sem poder formar a sua convicção sobre a necessidade de tal revisão, por o ato enfermar de qualquer ilegalidade. Isto significa, assim, que a exigência de esgotamento dos meios administrativos de revisão dos atos de fixação de valores patrimoniais deve ser interpretada restritivamente, reconduzindo o alcance da norma aos limites que decorrem da sua razão de ser[44], o que conduz ao afastamento dessa exigência em casos, como o dos autos, em que o impugnante não manifesta discordância com o resultado da avaliação, imputando-lhe vício de falta de fundamentação[45].

4.6. Impugnação de indeferimentos tácitos
O indeferimento tácito não é um ato, mas uma ficção destinada a possibilitar o uso dos meios de impugnação administrativos e contenciosos, como decorre do preceituado no nº 5 do artigo 57º da LGT.

Apesar de o artigo 2º, nº 1, do RJAT fazer referência apenas a declaração de ilegalidade de *atos*, é inequívoco que nela se abrange a declaração de

---

[44] Como ensina Baptista Machado, *Introdução ao Direito e ao Discurso Legitimador*, página 186, por vezes, «*o intérprete chega à conclusão de que o legislador adotou um texto que atraiçoa o seu pensamento, na medida em que diz mais do que aquilo que pretendia dizer. Também aqui a ratio legis terá uma palavra decisiva. O intérprete não deve deixar-se arrastar pelo alcance aparente do texto, mas deve restringir este em termos de o tornar compatível com o pensamento legislativo, isto é, com aquela ratio. O argumento em que assenta este tipo de interpretação costuma ser assim expresso: cessante ratione legis cessat eius dispositio (lá onde termina a razão de ser da lei termina o seu alcance)*».

[45] Neste sentido, pode ver-se o acórdão do STA de 16-04-2008, processo nº 4/08.

ilegalidade de indeferimentos tácitos, pois o n.º 1 do seu artigo 10.º do RJAT faz referência aos *«factos previstos nos n.ºs 1 e 2 do artigo 102.º do Código de Procedimento e de Processo Tributário»* e a *«formação da presunção de indeferimento tácito»* vem indicada na alínea *d)* do n.º 1 deste artigo 102.º.

5. Cumulação de pedidos, coligação de autores
5.1. Vantagens da cumulação de pedidos e coligação de autores
As possibilidades de serem cumulados pedidos de declaração de ilegalidade de atos tributários e a coligação de autores justificam-se pela economia de meios que proporcionam e por contribuírem para a uniformidade de decisões.

A não se admitirem a cumulação e coligação, os contribuintes que fossem sujeitos passivos de tributos liquidados em vários atos pelo mesmo órgão da Administração Tributária, em situações semelhantes, teriam de pedir a declaração de ilegalidade de cada um dos atos isoladamente, apresentando em todos os pedidos a mesma fundamentação, tendo o tribunal de proferir múltiplas decisões idênticas, eventualmente, com repetição de atos de produção de prova.

Por outro lado, a admissibilidade da cumulação potencia a uniformidade das decisões, assegurando a concretização do princípio constitucional da igualdade.

5.2. Cumulação de pedidos
5.2.1. Diversidade de tributos
No artigo 104.º do CPPT prevêem-se possibilidades de cumulação de pedidos para o processo de impugnação judicial, mas limitadas aos casos em que é idêntico o tributo, para além da identidade de fundamentos de facto e de direito.

No artigo 3.º, n.º 1, do RJAT permite-se a cumulação de pedidos ainda que relativos a diferentes atos quando a procedência dos pedidos dependa essencialmente da apreciação das mesmas circunstâncias de facto e da interpretação e aplicação dos mesmos princípios ou regras de direito.

O facto de no artigo 3.º, n.º 1, do RJAT não se fazer referência à identidade de tributos revela que não existe em relação aos tribunais arbitrais a limitação relativa à identidade de tributo que é feita no artigo 104.º do CPPT, pelo que, por exemplo, pode ser pedida a um tribunal arbitral a declaração de ilegalidade de atos de liquidação de IVA e IRC que tenham subjacente a mesma materialidade fáctica detetada em ação de inspeção.

A existência desta regra especial para os tribunais arbitrais afasta também a aplicabilidade das regras do CPTA [em geral de aplicação subsidiária, nos termos do artigo 29º, nº 1, alínea *c*), do RJAT] em cujo artigo 47º se permite a cumulação de impugnações de atos que se encontrem entre si colocados numa relação de prejudicialidade ou de dependência, nomeadamente por estarem inseridos no mesmo procedimento ou porque da existência ou validade de um deles depende a validade do outro e de atos cuja validade possa ser verificada com base na apreciação das mesmas circunstâncias de facto e dos mesmos fundamentos de direito.

Isto é, apenas nos casos indicados no artigo 3º, nº 1, do RJAT haverá possibilidade de cumular pedidos.

5.2.2. Pedidos principais e subsidiários

No que concerne à cumulação entre pedidos principais e pedidos subsidiários cumpre referir que a incompatibilidade entre os mesmos não gera qualquer nulidade processual, como já foi expressamente defendido pelo STA no âmbito do Processo nº 01077/05, de 22-02-2006. Neste mesmo sentido pronunciou-se igualmente o Lebre de Freitas[46] cuja posição é acompanhada no Processo Arbitral nº 30/2012-T, de 27-07-2012, em que expressamente se defende que "(...) *a incompatibilidade entre pedidos principais e subsidiários não gera qualquer nulidade processual, (...). Sem prejuízo, sempre se dirá que se entende que o pedido subsidiário de suspensão da instância formulado na petição inicial não é, em rigor, um pedido nos termos em que o mesmo é pressuposto pelo artigo 193º/2/c) do Código de Processo Civil. Nesta norma, refere-se a cumulação de pedidos "substancialmente incompatíveis", estando em causa, por isso, pedidos relativos à própria relação material controvertida, e não à relação processual estabelecida entre as partes em litígio. Ora, o pedido de suspensão da instância não incide sobre aquela relação material controvertida, mas unicamente sobre a relação processual. Não se trata, por isso, de um pedido subsidiário, nos termos do artigo 469º do Código de Processo Civil, mas de uma pretensão processual a ser apreciada e enquadrada em sede própria, conforme adiante se verá. Acresce ainda que, mesmo que assim não fosse, os pressupostos a que se refere aquele artigo 469º*

---

[46] Lebre de Freitas, "Código de Processo Civil – Anotado", vol. I, 2ª Ed., p. 326.

reportam-se à relação entre o pedido principal e o pedido subsidiário e não, conforme parecer pretender a entidade demandada (...), entre os diversos processos que, in casu, fundamentam o pedido de suspensão da instância formulado pelo contribuinte"[47].

5.3. Coligação de autores

A possibilidade de coligação de autores é admitida no artigo 3º, nº 1, do RJAT nos mesmos termos em que o é a cumulação de pedidos, quando a procedência dos pedidos dependa essencialmente da apreciação das mesmas circunstâncias de facto e da interpretação e aplicação dos mesmos princípios ou regras de direito.

A coligação de autores também é admitida pelo artigo 104º do CPPT, relativamente ao processo de impugnação judicial, exigindo-se aí, para além da identidade dos fundamentos de facto e de direito invocados, a idêntica da natureza dos tributos a que se reportam os atos impugnados.

Pelo que se refere no ponto anterior, o requisito da identidade dos tributos estará afastado, por o nº 1 deste artigo ser uma norma especial que não o prevê.

5.4. Identidade de situações fácticas e de questões de direito a apreciar

Não é necessário, para ser viável a cumulação de pedidos e a coligação de autores, que haja uma identidade absoluta das situações fácticas, bastando que seja essencialmente idêntica a questão jurídico-fiscal a apreciar e que a situação fáctica seja semelhante nos pontos que relevem para a decisão.

Os factos serão essencialmente os mesmos quando forem comuns às pretensões do autor ou autores, de forma a que se possa concluir que, se se provarem os alegados relativamente a um ato, existirá o suporte fáctico total ou parcialmente necessário para a procedência das pretensões de todos os pedidos[48].

Assim, por exemplo, um caso em que haja uma liquidação de IMI relativa a um ano em que se considera sujeito passivo deste imposto um titular

---

[47] Disponível no site oficial do CAAD in *http://www.caad.org.pt.*
[48] Acórdão da SCA do STA de 2-12-2004, processo nº 44/04, seguido no acórdão da SCT de 2-11-2006, processo nº 1136/05.

de direito de uso e habitação de um imóvel será idêntico, para efeitos de pedido de declaração de ilegalidade, a outro em que se trate de apreciar a mesma questão relativamente ao mesmo interessado, quanto a outro prédio de que seja titular ou quanto a outro ano, relativamente ao mesmo prédio.

5.5. Cumulação ou coligação ilegais

O CPTA estabelece, nos nºs 5 e 6 do artigo 47º, para a situação de cumulação ilegal de impugnações nestes casos, que «*o juiz notifica o autor ou autores para, no prazo de 10 dias, indicarem o pedido que pretendem ver apreciado no processo, sob cominação de, não o fazendo, haver absolvição da instância quanto a todos os pedidos*» e que «*no caso de absolvição da instância por ilegal cumulação de impugnações, podem ser apresentadas novas petições, no prazo de um mês a contar do trânsito em julgado, considerando-se estas apresentadas na data de entrada da primeira para efeitos da tempestividade da sua apresentação*»[49-50].

Aplicando subsidiariamente este regime ao processo nos tribunais arbitrais tributários, ao abrigo do preceituado no artigo 29º, nº 1, alínea *c*), do RJAT, deverá efetuar-se o convite referido naquele nº 5 do artigo 47º, estando assegurados do direitos ao autor que abdicar de um dos pedidos de poder deduzir o outro ou outros em processos separados[51].

5.6. Apensação de processos

As vantagens da apensação de processos, a nível da economia de meios e da promoção da uniformidade de decisões, são idênticas às que podem ter a cumulação e coligação iniciais.

A apensação é mesmo permitida no artigo 105º do CPPT com maior amplitude que a cumulação e coligação iniciais, pois, desde que os pro-

---

[49] Regras idênticas constam do artigo 4º, nºs 3 e 4, do CPTA, para a generalidade dos processos do contencioso administrativo, inclusivamente os não impugnatórios.

[50] Pressupõe-se nestas situações de cumulação ilegal de pedidos que o tribunal seja competente em razão da matéria para o conhecimento de todos. No caso de algum dos pedidos cumulados não pertencer ao âmbito da jurisdição administrativa, há lugar à absolvição da instância relativamente a esse pedido (artigo 5º, nº 2, do CPTA).

[51] Fazendo aplicação subsidiária deste regime do CPTA ao processo de impugnação judicial, podem ver-se os acórdãos do STA de 10-03-2005, processo nº 1390/04, de 24-01-2007, processo nº 667/06, e de 06-03-2008, processo nº 879/07.

cessos estejam na mesma fase, é permitida sempre que o juiz entenda não haver prejuízo para o andamento da causa, em caso de verificação de qualquer das circunstâncias em que podem ocorrer a cumulação e coligação.

Deixa-se, porém, ao critério do juiz ordenar a apensação, conforme o juízo que faça sobre a existência ou não de prejuízo para o andamento do processo a que deve ser feita a apensação, que é o primeiro que tiver sido instaurado[52]. Será a existência desta possibilidade de o juiz casuisticamente apreciar a conveniência da apreciação conjunta das impugnações que justificará que a apensação seja admitida com maior amplitude do que a cumulação[53], pois aquela possibilidade de apreciação permite assegurar que esta maior amplitude não acarreta inconvenientes processuais[54].

No RJAT não se prevê a possibilidade de apensação de processos, embora se possa aventar a sua admissibilidade, ao abrigo do seu artigo 29º, nº 1, alínea *a*), aplicando subsidiariamente o artigo 105º do CPPT.

No entanto, a existência no RJAT de uma norma relativa à cumulação de pedidos e coligação de autores, que é o artigo 3º, nº 1, sem concomitante referência à possibilidade de apensação, parece dever ser interpretada como reflexo de uma intenção legislativa de não permitir a apensação, pois ela também não está prevista na LAV de 1986 nem na LAV de 2011.

Por outro lado, a apensação de processos, reclamando uma maior atividade do tribunal arbitral, pode afetar a possibilidade de ser atingido o objetivo de celeridade que se pretende com a arbitragem.

De qualquer forma, a entender-se que pode haver apensação, ela far-se-á nos casos e termos permitidos no CPPT.

---

[52] Falando-se neste artigo, antes da apensação, no «andamento da causa» (no singular), parece ter de se concluir que se está a fazer referência ao processo ao qual deve ser feita a apensação.

[53] Para a cumulação é necessária a verificação cumulativa dos requisitos previstos no artigo 104º do CPPT.

[54] Aliás, as maiores possibilidades de apensação do que de cumulação não se restringem às circunstâncias indicadas no artigo 104º do CPPT, pois a apensação é também admitida nos «*restantes casos de apensação previstos na lei*», como se refere na parte inicial do artigo 105º do mesmo Código.

5.7. Cumulação de impugnação judicial com pedido de pronúncia arbitral

No nº 2 do artigo 3º do RJAT prevê-se a possibilidade de cumular pedido de impugnação judicial com pedido de pronúncia arbitral relativamente a um mesmo ato tributário, desde que os respetivos factos e fundamentos sejam diversos, o que, naturalmente, tem ínsita uma proibição de tal cumulação quando forem idênticos os factos e fundamentos.

5.7.1. Litispendência

A litispendência pressupõe a repetição de uma causa, estando a anterior ainda em curso, tendo por fim evitar que o tribunal seja colocado na alternativa de contradizer ou de reproduzir uma decisão anterior (artigo 497º, nºs 1 e 2, do CPC).

Os requisitos da litispendência são enunciados no artigo 498º do CPC, em que se estabelece, no que aqui interessa, que se repete uma causa *«quando se propõe uma ação idêntica a outra quanto aos sujeitos, ao pedido e à causa de pedir»* e

- há identidade de sujeitos quando as partes são as mesmas sob o ponto de vista da sua qualidade jurídica;
- há identidade de pedido quando numa e noutra causa se pretende obter o mesmo efeito jurídico;
- há identidade de causa de pedir quando a pretensão deduzida nas duas ações procede do mesmo facto jurídico, entendendo-se que nas ações de anulação é o facto concreto ou a nulidade específica que se invoca para obter o efeito pretendido.

A justificação da exceção da litispendência encontra-se, por um lado, na inconveniência para o prestígio dos tribunais que resulta da contradição de decisões sobre a mesma questão jurídica e, por outro lado, na inutilidade que consubstanciaria a prolação de decisões com idêntico ou contraditório conteúdo decisório, pois apenas a que transitasse em julgado em primeiro lugar poderia ser objeto de execução (artigo 675º, nº 1, do CPC).

Para apreciação da situação de litispendência tem de se atender ao momento em que a questão é apreciada. Assim, se, eventualmente, o sujeito passivo tivesse apresentado uma impugnação judicial e um pedido de constituição do tribunal arbitral com os mesmos fundamentos e relativamente ao mesmo ato, mas veio a desistir de uma das pretensões, antes de a litispendência ter sido apreciada, deixa de subsistir uma situação de litispendência[55].

O que se pretende é evitar essa situação real de o tribunal ser colocado em situação em que terá de proferir mais que uma decisão sobre a mesma pretensão, pelo que não basta para se concluir pela existência de litispendência, a possibilidade teórica e abstrata de o tribunal poder vir a ser colocado nessa situação, sendo antes necessário que seja seguro que o tribunal virá a ser efetivamente colocado perante a indesejada alternativa de contradizer ou reproduzir uma outra decisão judicial[56].

A identidade de sujeitos não é afastada pelo facto de nos processos arbitrais tributários ter intervenção o dirigente máximo do serviço da Administração Tributária e nos processos judiciais tributários a representação ser assegurada por um representante da Fazenda Pública, pois, em ambos os casos, está em causa a representação da Administração Tributária, havendo identidade de qualidade jurídica entre o dirigente máximo do serviço e o representante da Fazenda Pública, para efeitos de litispendência e é esta qualidade que releva para aferição da litispendência, como decorre do preceituado no artigo 498º, nº 2, do CPC.

Mas, em processos de impugnação de atos, não basta para existir litispendência, que seja impugnado o mesmo ato e as partes sejam as mesmas, sendo necessário que seja o mesmo o fundamento de anulação ou declaração de nulidade, como se conclui do preceituado no nº 4 do artigo 498º do CPC, ao esclarecer que nas ações constitutivas e de anulação a causa de pedir *«é o facto concreto ou a nulidade específica que se invoca para obter o efeito pretendido»*.

Este conceito de causa de pedir, que foi adotado no contencioso administrativo de anulação, antes da reforma operada em 2002-2004, reconduz-se a que mesmo que haja um único pedido de anulação do ato impugnado, se ele *«se apoia em causas de pedir diversas, ou seja, em factos integradores*

---

[55] Neste sentido, pode ver-se o acórdão do STA de 12-11-2009, processo nº 433/09.
[56] Neste sentido, podem ver-se os acórdãos do STA de 10-11-2010, processo nº 575/10, e de 12-01-2011, processo nº 703/10.

de mais do que um vício, estes operam o desdobramento de uma pretensão, única na aparência, em questões distintas».[57]

Isto é, no contencioso administrativo anterior àquela reforma, **há tantos pedidos de anulação quantas as causas de pedir invocadas**, quantos os factos integradores de vícios invocados, e o tribunal, ao apreciar vícios diferentes dos invocados, está a apreciar pedidos de anulação diferentes, cuja procedência pode ter efeitos diferentes[58-59].

No novo contencioso administrativo a questão do objeto dos processos impugnatórios poderá colocar-se em termos diferentes, designadamente em face do preceituado no artigo 95º, nº 2, do Código de Processo nos Tribunais Administrativos, em que se impõe ao juiz, em processos desse tipo, os deveres de *«pronunciar-se sobre todas as causas de invalidade que tenham sido invocadas contra o ato impugnado»* e de *«identificar a existência de causas de invalidade diversas das que tenham sido alegadas».*

No entanto, independentemente da ser ou não aquela a solução adequada daquela questão no contencioso administrativo criado com a reforma de 2002[60], o certo é que este novo regime não foi transposto para

---

[57] Acórdão do Pleno da Secção do Contencioso Administrativo do Supremo Tribunal Administrativo de 19-01-1993, processo nº 24606, publicado no *Boletim do Ministério da Justiça* nº 423, página 265.

No mesmo sentido, podem ver-se os acórdãos do Supremo Tribunal Administrativo de 11-12-1997, processo nº 32764, publicado em *Apêndice ao Diário da República* de 25-09-2001, página 8791, e de 11-03-2010, processo nº 415/07.

[58] Por exemplo, a anulação por vício procedimental ou de forma não impede, normalmente, a renovação do ato anulado, com supressão desse vício, enquanto os vícios de violação de lei, em regra, obstam à prática de um novo ato com o mesmo sentido, por o vício não poder ser suprimido.

[59] Essencialmente neste sentido, pode ver-se Mário Aroso de Almeida, *Sobre a Autoridade do Caso Julgado das Sentenças de Anulação de Atos Administrativos*, páginas 86-87, em que refere que o ato impugnado, apesar de ser objeto de anulação, não é o objeto do recurso contencioso: *«o recurso nunca se referiu ao ato administrativo na sua globalidade, mas ao ato no que apenas se refere às causas de invalidade que lhe são imputadas pelo recorrente. A iniciativa e a delimitação do objeto do recurso compete à parte que o desencadeia: cada motivo constitui um distinto pedido formal de anulação, incindível do motivo no qual se funda, uma vez que "não existe um simples poder de recurso ao juiz para que faça justiça"».*

[60] Miguel Teixeira de Sousa, em *Cumulação de pedidos e cumulação aparente no contencioso administrativo*, publicado em *Cadernos de Justiça Administrativa*, nº 34, páginas 33-34, continua a entender que há concurso de causas de pedir quando o pedido de impugnação do ato administrativo tem por fundamento várias causas de invalidade. Em sentido contrário, porém, pro-

o contencioso tributário, pelo menos no domínio de aplicação do processo de impugnação judicial.

Na verdade, apesar de a LGT e o CPPT terem sido alterados por várias vezes desde que entrou em vigor aquela reforma do contencioso administrativo, aquele artigo 99º da LGT continuou a estabelecer a limitação dos poderes de cognição dos tribunais pelos *factos alegados*.

Na mesma linha, o artigo 124º do CPPT continuou a falar, para além dos vícios do ato impugnado de conhecimento oficioso (inexistência e nulidade), nos «*vícios arguidos que conduzam à sua anulação*», o que revela que, quanto a vícios geradores de mera anulabilidade, se limitou os poderes de cognição dos tribunais tributários aos vícios *arguidos* pelo impugnante, não se adotando, assim, o conceito mais amplo de objeto do processo impugnatório que se pode encontrar no CPTA. Na verdade, aquela referência aos *vícios arguidos* tem ínsita a inadmissibilidade de conhecimento de vícios geradores de anulação *que não tenham sido arguidos*.

Por isso, a litispendência em processos tributários, judiciais ou arbitrais, dependerá, além do mais, de serem invocados os mesmos fundamentos de declaração de ilegalidade do ato ou atos que são objeto dos processos.

5.7.2. Processo em que deve ser deduzida a litispendência

De harmonia com o preceituado no artigo 499º do CPC, «*a litispendência deve ser deduzida na ação proposta em segundo lugar. Considera-se proposta em segundo lugar a ação para a qual o réu foi citado posteriormente*». «*Se em ambas as ações a citação tiver sido feita no mesmo dia, a ordem das ações é determinada pela ordem de entrada das respetivas petições iniciais*».

Este regime carece de adaptação, na sua aplicação subsidiária ao RJAT, pois há dois momentos iniciais em que é chamado ao processo o dirigente máximo do serviço da Administração Tributária: uma, nos termos do artigo 13º, nº 1, do RJAT, dando-lhe conhecimento do pedido de constituição do tribunal arbitral, para apreciar se deve revogar, ratificar, reformar ou converter o ato tributário cuja ilegalidade foi suscitada; outra,

---

nuncia-se Mário Aroso de Almeida, em *O objeto do processo no novo contencioso administrativo*, publicado em *Cadernos de Justiça Administrativa*, nº 36, página 7, defende que «*é de entender que todas as possíveis causas de invalidade de que padeça um ato administrativo integram uma única causa de pedir, que se traduz na invalidade do ato*» e que «*a pretensão anulatória se dirige contra o ato, na globalidade das causas de invalidade de que ele possa enfermar*».

nos termos do artigo17º, nº 1, do RJAT, para apresentação de resposta ao pedido de pronúncia arbitral.

O momento que se deve considerar como equivalente à citação no processo civil, para efeitos do referido artigo 499º do CPC, será o deste artigo 17º, pois na situação prevista no artigo 13º, nº 1, do RJAT não é dado ao dirigente máximo do serviço conhecimento do conteúdo do *pedido de pronúncia arbitral*, mas apenas do *pedido de constituição do tribunal arbitral*, com identificação do ato cuja declaração de ilegalidade é pedida.

Assim, verificados os respetivos requisitos, a litispendência deve ser declarada no processo no processo arbitral sempre que o dirigente máximo do serviço foi notificado para responder, nos termos do artigo 17º, nº 1, do RJAT, depois de ter sido já notificado para resposta noutro processo arbitral ou depois de já ter sido efetuada a notificação do representante da Fazenda Pública para contestar, nos termos do artigo 110º, nº 1, do CPPT, em processo de impugnação judicial.

6. Vinculação da Administração Tributária

No nº 1 do artigo 4º do RJAT faz-se depender a vinculação da Administração Tributária à jurisdição dos tribunais arbitrais de portaria dos membros do Governo responsáveis pelas áreas das finanças e da justiça.

Neste ponto, o RJAT não dá execução à autorização legislativa em que o Governo se baseou para legislar, concedida pelo artigo 124º da Lei nº 3-B/2010, de 28 de abril, pois no seu nº 3 estabelece-se que «*a arbitragem tributária visa reforçar a tutela eficaz e efetiva dos direitos e interesses legalmente protegidos dos contribuintes, devendo ser instituída de modo a constituir um direito potestativo dos contribuintes*».

O direito potestativo confere ao seu titular ativo o poder de, por ato unilateral, sem necessidade de qualquer ato da entidade que está sujeita ao seu exercício, constituir, modificar ou extinguir uma relação jurídica, estando o seu titular passivo num mero estado de sujeição, não podendo este impedir que o efeito jurídico se produza mediante uma manifestação de vontade do titular ativo da relação jurídica (em certos casos com concurso de uma decisão judicial)[61]. É patente que o que foi reconhecido pelo

---

[61] Essencialmente neste sentido, podem ver-se Pires de Lima e Antunes Varela, *Noções Fundamentais de Direito Civil*, 1965, volume I, página 235, e Baptista Machado, *Introdução ao Direito e ao Discurso Legitimador*, páginas 85 e 89.

RJAT aos contribuintes não foi um direito potestativo, desde logo porque a lei entrou em vigor e não foi publicada concomitantemente a portaria que se refere neste artigo 4º e nesta norma se faz depender a possibilidade de utilização dos tribunais arbitrais de vinculação genérica da Administração Tributária que pode ser limitada, designadamente quanto ao «*tipo e o valor máximo dos litígios abrangidos*».

Para além disso, a Portaria nº 112-A/2011, de 22 de março, que concretizou os termos da vinculação da Administração Tributária aos tribunais arbitrais que funcionam no CAAD, não estabeleceu uma vinculação da Direcção-Geral de Impostos e da Direcção-Geral das Alfândegas e dos Impostos Especiais sobre o Consumo [atualmente, Autoridade Tributária e Aduaneira, por força do disposto no artigo 12º, nº 2, alínea *a*), do DL nº 118/2011, de 15 de dezembro] àquela jurisdição relativamente a todas as matérias indicadas no artigo 2º do RJAT, tendo restringido e condicionado essa vinculação.

Por outro lado, os termos em que está redigido o nº 1 do artigo 4º do RJAT impõem a conclusão de que a vinculação da Administração Tributária está continuamente dependente da vontade expressa na portaria, podendo cessar se esta for revogada. Na verdade, não é só o *início* de funcionamento do regime de arbitragem tributária que, à face do nº 1 deste artigo 4º, fica dependente de uma portaria[62], exigindo-se que esteja em vigor uma portaria que seja suporte da vinculação.

Fazendo-se depender a vinculação de uma portaria, a medida da sujeição da Administração Tributária ao direito do contribuinte optar pela submissão dos litígios aos tribunais arbitrais será a que resulte dos próprios termos desta, sendo abstratamente possível que a vinculação se faça (ou seja retirada posteriormente) apenas relativamente a algumas matérias ou determinado tipo de atos (por exemplo, só em relação a alguns dos impostos ou atos de fixação da matéria coletável).

Só na medida desta vinculação é que se pode falar de um direito potestativo dos contribuintes em utilizarem a arbitragem tributária.

---

[62] O que, na suposição que haja problemas práticos que seja necessário resolver para adaptação da estrutura interna da Administração Tributária às exigências dos tribunais arbitrais, até se poderia compreender, embora mal, pois o regime da arbitragem tributária foi aprovado em Conselho de Ministros mais de dois meses antes da publicação do diploma e promulgado mais de um mês antes da publicação e, por isso, era algo para que a Administração Tributária se devia preparar atempadamente.

6.1. Limites à vinculação da Administração Tributária

O facto de se fazer depender a vinculação da Administração Tributária à jurisdição dos tribunais arbitrais de portaria conjunta do Ministro da Justiça e do Ministro das Finanças conduz à conclusão de que se limitou a possibilidade de utilização dos tribunais arbitrais aos litígios relativos a tributos administrados por aqueles ministérios[63].

A ser assim, ficarão fora da jurisdição dos tribunais arbitrais os litígios emergentes de atos praticados por outras entidades da Administração Tributária estadual não integradas naqueles ministérios (por exemplo, segurança social), bem como das regiões autónomas, autarquias locais e institutos públicos[64].

Para além disso, a vinculação operada pela Portaria nº 112-A/2011, de 22 de março, reduziu consideravelmente as matérias relativamente às quais a Administração Tributária se vinculou à arbitragem tributária, ao afastar do seu âmbito as seguintes:

a) Pretensões relativas à declaração de ilegalidade de atos de autoliquidação, de retenção na fonte e de pagamento por conta que não tenham sido precedidos de recurso à via administrativa nos termos dos artigos 131º a 133º do Código de Procedimento e de Processo Tributário;

b) Pretensões relativas a atos de determinação da matéria coletável e atos de determinação da matéria tributável, ambos por métodos indiretos, incluindo a decisão do procedimento de revisão;

c) Pretensões relativas a direitos aduaneiros sobre a importação e demais impostos indiretos que incidam sobre mercadorias sujeitas a direitos de importação; e

---

[63] O Ministério da Justiça administra várias taxas, designadamente devidas por atos dos tribunais, das conservatórias de registos e de notários.

[64] De harmonia com o disposto no artigo 1º, nº 3, da LGT, integram a Administração Tributária «*a Direcção-Geral dos Impostos, a Direcção-Geral das Alfândegas e dos Impostos Especiais sobre o Consumo, a Direcção-Geral de Informática e Apoio aos Serviços Tributários e Aduaneiros, as demais entidades públicas legalmente incumbidas da liquidação e cobrança dos tributos, o Ministro das Finanças ou outro membro do Governo competente, quando exerçam competências administrativas no domínio tributário e os órgãos igualmente competentes dos Governos Regionais e autarquias locais*».
A referência às «*demais entidades públicas legalmente incumbidas da liquidação e cobrança dos tributos*» é, por si só, bastante para enquadrar no conceito de Administração Tributária a generalidade das entidades autónomas legalmente incumbidas da liquidação e cobrança de tributos.

d) Pretensões relativas à classificação pautal, origem e valor aduaneiro das mercadorias e a contingentes pautais, ou cuja resolução dependa de análise laboratorial ou de diligências a efetuar por outro Estado membro no âmbito da cooperação administrativa em matéria aduaneira.

Como se conclui desta lista de exceções à vinculação da Administração Tributária à jurisdição arbitral, ficam praticamente excluídos do âmbito desta os atos praticados em matéria aduaneira, o que a prática do CAAD confirma.

Para além disso, limitou-se a vinculação a litígios de valor não superior a € 10.000.000,00 e estabeleceram-se requisitos quanto aos presidentes dos tribunais arbitrais em que estejam em causa litígios de valor superior a € 500.000,00.

7. Funcionamento dos tribunais arbitrais

7.1. Composição dos tribunais arbitrais

A composição dos tribunais arbitrais depende da opção do sujeito passivo por designar ou não árbitro.

No artigo 5º do RJAT estabelece-se que os tribunais arbitrais em matéria tributária funcionarão apenas com um só árbitro quando o valor do pedido não ultrapassar duas vezes o valor da alçada dos tribunais centrais administrativos ou sujeito passivo não opte por designar árbitro e serão formados por três árbitros caso alguma destas condições se verifique.

A alçada dos tribunais centrais administrativos[65] corresponde à que se encontra estabelecida para os tribunais da Relação (artigo 6º, nº 4, do ETAF).

A alçada dos tribunais da Relação em matéria cível foi fixada em € 30.000,00 pelo artigo 24º, nº 1, da LOFTJ (Lei nº 3/99, de 13 de janeiro, alterada e republicada pela Lei nº 105/2003, de 10 de dezembro, na redação dada pelo DL nº 303/2007, de 24 de agosto).

---

[65] Embora o texto do artigo 5º do RJAT faça referência ao «*Tribunal Central Administrativo*», no singular, há presentemente, desde a Lei nº 107-D/2003, de 31 de dezembro, dois tribunais centrais administrativos.

GUIA DA ARBITRAGEM TRIBUTÁRIA

O mesmo valor foi fixado no artigo 31º, nº 1, da nova LOFTJ (Lei nº 52/ /2008, de 28 de agosto, que, no entanto, tem o singular regime de entrada em vigor longamente faseada que consta do seu artigo 187º).

7.1.1. Opção do sujeito passivo pela designação de árbitro

Se o sujeito passivo optar por designar árbitro, o tribunal arbitral funciona com três árbitros, independentemente do valor da causa [artigo 5º, nº 3, alínea *b*), do RJAT].

Se o sujeito passivo optar por não designar árbitro o tribunal arbitral funciona com árbitro singular, se o valor do pedido de pronúncia arbitral não ultrapassar duas vezes o valor da alçada dos tribunais centrais administrativos (artigo 5º, nº 2, do RJAT).

A opção do sujeito passivo pela designação de árbitro implica pagamento de taxa de arbitragem nos termos da Tabela II anexa ao Regulamento de custas nos Processos de Arbitragem Tributária, cujo valor é várias vezes superior à taxa devida nos casos em que é aplicável a Tabela I, aplicável quando o sujeito passivo não opta por designar árbitro.

Para além disso, quando o sujeito passivo opta por designar árbitro, todas as custas são pagas por ele, mesmo nos casos em que seja vencedor no processo. Nestes casos, toda a taxa de arbitragem tem de ser paga na totalidade com o pedido de constituição de tribunal arbitral, nos termos dos artigos 10º, nº 2, alínea *f*), e 12º, nº 3, do RJAT e, mesmo que o sujeito passivo seja vencedor no processo, não é reembolsado da taxa paga (artigos 22º, nº 4, do RJAT e 5º, nº 2, do Regulamento de Custas nos Processos de Arbitragem Tributária).

Quando o sujeito passivo opta por não designar árbitro, apenas tem de pagar com o pedido de constituição do tribunal arbitral a taxa de arbitragem inicial, que corresponde a 50% da taxa de arbitragem resultante da Tabela I anexa ao Regulamento de Custas nos Processos de Arbitragem Tributária [artigo 10º, nº 2, alínea *f*), do RJAT e 4º, nº 2, deste Regulamento]. Nestes casos, a fixação das custas devidas e a eventual repartição pelas partes é efetuada na decisão arbitral que vier a ser proferida pelo tribunal arbitral, sendo o sujeito passivo reembolsado pelo CAAD do que lhe for devido (artigos 12º, nº 2, e 22º, nº 4, do RJAT e 4º, nºs 4 e 5, do Regulamento de Custas nos Processos de Arbitragem Tributária).

Quando o valor do pedido for superior ao dobro da alçada dos tribunais centrais administrativos ou o sujeito passivo pretender designar um dos árbitros os tribunais arbitrais funcionam com intervenção do coletivo de três árbitros.

7.1.2. Designação dos árbitros

Quando o sujeito passivo não opte por designar árbitro, o árbitro singular ou os três árbitros são designados pelo Conselho Deontológico do CAAD, de entre a lista dos árbitros que compõem o CAAD [artigo 6º, nºs 1 e 2, alínea *a*), do RJAT].

Nos casos em que o sujeito passivo pretende designar árbitro cada uma das partes faz a designação de um deles, cabendo a designação do terceiro árbitro, que exerce as funções de árbitro-presidente, aos árbitros designados ou, na falta de acordo, ao Conselho Deontológico do CAAD, mediante requerimento de um ou de ambos os árbitros [artigo 6º, nº 2, alínea *b*), do RJAT].

7.1.2.1. Designação de árbitro com formação em economia ou gestão

O RJAT prevê a possibilidade de designação de árbitros (adjuntos) licenciados em economia ou gestão nas questões de maior complexidade e que exijam um conhecimento específico de área não jurídica, devendo nesses casos o árbitro-presidente ser sempre um jurista com pelo menos 10 anos de comprovada experiência profissional na área do direito tributário (artigo 7º, nº 3 do RJAT). Uma vez que a lei não define quais os critérios a considerar para efeitos de ponderação da designação, como árbitro não presidente, de licenciados em economia ou gestão, nos processos coletivos, cabe ao Conselho Deontológico aferir, casuisticamente, da complexidade das questões e da exigência de um conhecimento específico de área não jurídica, que justifiquem tal designação. Em termos práticos, e em face das questões concretas objeto do concreto pedido de pronúncia arbitral, pode o Conselho Deontológico solicitar parecer fundamentado ao Departamento Jurídico do CAAD sobre a necessidade ou pertinência de designação de um árbitro licenciado em economia ou gestão.

Até ao presente foram designados (licenciados em economia e gestão) como árbitros nos processos coletivos sem escolha de árbitro em cerca de 10% dos processos, constituindo tal possibilidade legal uma mais valia relevante nas pretensões passíveis de arbitrabilidade.

7.1.3. As garantias de imparcialidade imprescindíveis ao funcionamento de tribunais

A imparcialidade é o requisito primacial de qualquer tribunal, que só se garante com a independência de quem administra a justiça, o que é reconhecido na arbitragem ao proclamar-se que «*os árbitros devem ser independentes e imparciais*» (artigo 9º, nº 3, da LAV2011).

Com o objetivo de garantir a imparcialidade dos tribunais arbitrais em matéria tributária o artigo 8º do RJAT acentuou os impedimentos dos árbitros, estabelecendo, para além dos impedimentos previstos no nº 1 do artigo 44º do Código do Procedimento Administrativo[66], mais os seguintes:

Nos dois anos anteriores ao da sua indicação como árbitro:

a) A pessoa designada tenha sido dirigente, funcionário ou agente da Administração Tributária, membro de órgãos sociais, trabalhador, mandatário, auditor ou consultor do sujeito passivo que seja parte no processo, de entidade que se encontre com aquele em relação de domínio, tal como esta é definida no Código das Sociedades Comerciais, ou de pessoa ou entidade que tenha interesse próprio na procedência da pretensão;

---

[66] Nos termos do artigo 44º, nº 1, do Código do Procedimento Administrativo:

1 – Nenhum titular de órgão ou agente da Administração Pública pode intervir em procedimento administrativo ou em ato ou contrato de direito público ou privado da Administração Pública, nos seguintes casos:

a) *Quando nele tenha interesse, por si, como representante ou como gestor de negócios de outra pessoa;*

b) *Quando, por si ou como representante de outra pessoa, nele tenha interesse o seu cônjuge, algum parente ou afim em linha reta ou até ao 2º grau da linha colateral, bem como qualquer pessoa com quem viva em economia comum;*

c) *Quando, por si ou como representante de outra pessoa, tenha interesse em questão semelhante à que deva ser decidida, ou quando tal situação se verifique em relação a pessoa abrangida pela alínea anterior;*

d) *Quando tenha intervindo no procedimento como perito ou mandatário ou haja dado parecer sobre questão a resolver;*

e) *Quando tenha intervindo no procedimento como perito ou mandatário o seu cônjuge, parente ou afim em linha reta ou até ao 2º grau da linha colateral, bem como qualquer pessoa com quem viva em economia comum;*

f) *Quando contra ele, seu cônjuge ou parente em linha reta esteja intentada ação judicial proposta por interessado ou pelo respetivo cônjuge;*

g) *Quando se trate de recurso de decisão proferida por si, ou com a sua intervenção, ou proferida por qualquer das pessoas referidas na alínea b) ou com intervenção destas.*

b) A pessoa designada tenha sido trabalhador, colaborador, membro, associado ou sócio de entidade que tenha prestado serviços de auditoria, consultoria e jurisconsultoria ou advocacia ao sujeito passivo.

O Conselho Deontológico do CAAD reforçou e densificou consideravelmente os impedimentos dos árbitros no Código Deontológico que elaborou[67], o que, acompanhado de uma interpretação teleológica rigorosa, poderá assegurar satisfatoriamente a imparcialidade.

É particularmente elucidativo da preocupação do Conselho Deontológico do CAAD nesta matéria, o dever de informação imposto aos árbitros nos nºs 4 a 6 do artigo 6º do Código Deontológico em que se estabelece o seguinte:

4. *Após a sua designação e antes da confirmação da aceitação do encargo, os árbitros devem informar, por escrito, o Centro, as partes e, tratando-se de um tribunal coletivo, os outros árbitros, de qualquer facto, circunstância ou relação suscetível de originar dúvidas fundadas a respeito da sua independência, imparcialidade ou isenção.*

5. *Entre os factos, circunstâncias e/ou relações abrangidos por este dever de revelação, incluem-se, entre outros:*

a) *Qualquer relação profissional ou pessoal, com as partes ou com os seus representantes legais, que possa ser potencial causa de impedimento ou de escusa;*

b) *Qualquer prestação anterior de serviço como árbitro, advogado, consultor, auditor, sócio, gestor de negócios, colaborador ou funcionário de uma das partes;*

c) *Qualquer interesse, direto ou indireto, em questão semelhante à que deva ser decidida;*

d) *Qualquer interesse económico ou financeiro, direto ou indireto, numa das partes ou no objeto da disputa;*

e) *Qualquer participação em associações que possa originar suspeita fundada da sua capacidade para atuar com imparcialidade e isenção, designadamente associações envolvidas na instigação e/ou na prática de discriminação com base da raça, sexo, religião, nacionalidade ou orientação sexual.*

---

[67] Disponível na página eletrónica do CAAD, em *http://www.caad.org.pt.*

GUIA DA ARBITRAGEM TRIBUTÁRIA

6. *Havendo dúvida quanto à relevância de qualquer facto, circunstância e/ou relação, prevalece sempre o dever de revelação.*

Visando assegurar a independência dos árbitros no exercício das suas funções, o artigo 9º, nºs 4 e 5, da LAV2011 [subsidiariamente aplicáveis por via do artigo29º, nº 1, alínea *c*), do RJAT e do artigo 181º, nº 1, do CPTA] estabeleceram que «*os árbitros não podem ser responsabilizados por danos decorrentes das decisões por eles proferidas, salvo nos casos em que os magistrados judiciais o possam ser*» e que esta responsabilidade «*só tem lugar perante as partes*».

7.1.4. Requisitos dos árbitros
O artigo 7º do RJAT estabelece os requisitos de designação dos árbitros, determinando que «*são escolhidos de entre pessoas de comprovada capacidade técnica, idoneidade moral e sentido de interesse público*» e «*devem ser juristas com pelo menos 10 anos de comprovada experiência profissional na área do direito tributário, designadamente através do exercício de funções públicas, da magistratura, da advocacia, da consultoria e jurisconsultoria, da docência no ensino superior ou da investigação, de serviço na Administração Tributária, ou de trabalhos científicos relevantes nesse domínio*».

8. Prazos para pedir a constituição de tribunais arbitrais
8.1. Prazos para formular pedidos de pronúncia arbitral
No artigo 10º, nº 1, do RJAT estabelecem-se os prazos para apresentação do pedido de constituição do tribunal arbitral, que são de:

- 90 dias contado a partir dos factos previstos nos nºs 1 e 2 do artigo 102º do CPPT, quanto aos atos suscetíveis de impugnação autónoma e, bem assim, da notificação da decisão ou do termo do prazo legal de decisão do recurso hierárquico;
- 30 dias, contado a partir da notificação dos atos previstos nas alíneas *b*) e *c*) do artigo 2º, nos restantes casos.

8.1.1. Prazos para pedidos de ilegalidade de atos de liquidação, de autoliquidação, retenção na fonte e de pagamento por conta
Uma primeira conclusão segura que se retira da alínea *a*) do nº 1 do artigo 10º do RJAT é a de que à declaração de ilegalidade de todos os atos de liquidação, de autoliquidação, de retenção na fonte e de pagamento por

conta, indicados na alínea *a*) do artigo 2º deste diploma, se aplica o prazo de 90 dias, previsto na alínea *a*), pois a alínea *b*) daquele nº 1 do artigo 10º é aplicável apenas a atos enquadráveis nas alíneas *b*) e *c*) daquele artigo 2º.

8.1.1.1. Prazo quanto a atos de liquidação

Fixou-se o prazo de 90 dias, idêntico ao previsto no artigo 102º do CPPT para impugnação judicial, contado dos termos iniciais aí previstos, o que, aparentemente, seria uma solução razoável, por potenciar a coincidência da caducidade de direitos de impugnação e de apresentação de pedido de constituição do tribunal arbitral relativamente a cada um dos tipos de atos aí indicados.

Mas, o certo é que há normas que preveem termos iniciais especiais para impugnação judicial que não são ressalvados pelo artigo 10º do RJAT, o que conduz a que não haja coincidência entre o termo do prazo de apresentação de pedido de constituição do tribunal arbitral e o termo do prazo de impugnação judicial.

Uma das situações em que isso sucede, abrangendo uma enorme quantidade de atos, é a das liquidações de IRS, para que se prevê, na alínea *a*) do nº 4 do artigo 140º do CIRS, na redação da Lei nº 60-A/2005, de 30 de dezembro, que o prazo de impugnação judicial (e também de reclamação) não se conte a partir de qualquer dos termos iniciais indicados no nº 1 do artigo 102º, mas sim a partir dos 30 dias seguintes ao dia da notificação. Outro termo inicial especial de impugnação judicial está previsto no artigo 97º, nº 5, do CIVA, com remissão para os nºs 3 e 6 do artigo 78º.

É uma solução que, tendo em conta que a fixação de prazos deve expressar um juízo legislativo de ponderação entre o interesse do contribuinte em ver eliminado juridicamente um ato que o afeta e o interesse público da segurança jurídica, é injustificável, pois, os imperativos de segurança jurídica que fundamentam a caducidade dos direitos de invalidação de atos tanto valem em relação à impugnação do ato perante tribunais tributários como à eliminação jurídica do ato através de declaração de ilegalidade proferida por tribunais arbitrais.

Nos casos em que ao ato de liquidação não se segue um prazo de pagamento voluntário (o que sucede quando deles não resulte imposto a pagar, mas antes um valor nulo, nem a pagar nem a reembolsar, ou

GUIA DA ARBITRAGEM TRIBUTÁRIA

imposto a reembolsar), o prazo de 90 dias contar-se-á da notificação do ato, de harmonia com o preceituado na alínea *e*) do nº 1 do artigo 102º do CPPT[68].

8.1.1.2. Prazo nos casos de autoliquidação e retenção na fonte

Decorre da alínea *a*) do nº 1 do artigo 10º do RJAT que aos pedidos de declaração de ilegalidade de atos de autoliquidação e de retenção na fonte é aplicável o prazo de 90 dias, «*contado dos factos previstos nos nºs 1 e 2 do artigo 102º do CPPT*».

Dos termos iniciais indicados neste artigo 102º, são diretamente aplicáveis às situações de autoliquidação e de retenção na fonte os previstos para a impugnação nos casos de reclamações graciosas, em que o prazo se conta da notificação da decisão da reclamação ou da formação da presunção de indeferimento tácito, de harmonia com o preceituado no nº 2 e na alínea *d*) do nº 1, respetivamente.

Porém, em face do teor expresso da alínea *a*) do nº 1 do artigo 10º do RJAT, o prazo para apresentação de pedido de constituição do tribunal arbitral será o de 90 dias, em qualquer dos casos, não sendo, por isso, aplicável o prazo de 15 dias, previsto no nº 2 do artigo 102º do CPPT para a impugnação judicial de decisões expressas de reclamações graciosas.

Nos casos em que não há lugar a lugar a reclamação graciosa necessária[69] e ela não é apresentada, a impugnação judicial e o pedido de pronún-

---

[68] Neste sentido, relativamente a um ato de liquidação de IRC de que resultou valor a reembolsar, pode ver-se o acórdão do STA de 24-09-2008, processo nº 621/08. Neste recurso, o contribuinte defendia que, nos casos em que da liquidação de IRC resultava imposto a reembolsar, o prazo de impugnação judicial de deveria contar da data em que terminasse o prazo para ser efetuado o reembolso, à semelhança do que se prevê, como regra, na alínea *a*) do nº 1 do artigo 102º do CPPT (no caso, a norma equivalente do artigo 123º do CPT), para os casos em que há um pagamento a efetuar, na sequência da notificação da liquidação. Esta tese, porém, não tem qualquer suporte legal, pois a situação enquadra-se perfeitamente na hipótese prevista na alínea *e*) do nº 1 do artigo 102º do CPPT, pelo que, não se estando perante uma lacuna de regulamentação, não há que fazer apelo a uma eventual aplicação analógica da referida alínea *a*) do mesmo nº 1.

[69] Apesar de a Administração Tributária ter excluído da sua vinculação aos tribunais arbitrais que funcionam no CAAD, através da Portaria nº 112-A/2011, de 22 de março, as «*pretensões relativas à declaração de ilegalidade de atos de autoliquidação, de retenção na fonte e de pagamento por conta que não tenham sido precedidos de recurso à via administrativa nos termos dos artigos 131º a 133º*

cia arbitral têm por objeto direto e imediato a autoliquidação ou a retenção na fonte, situações em que não é diretamente aplicável qualquer dos termos iniciais previstos nas alíneas *a*) a *e*) do no artigo 102º do CPPT e em que, por isso, será de aplicar o termo inicial residual previsto na sua alínea *f*), que é o «*conhecimento dos atos lesivos dos interesses legalmente protegidos não abrangidos nas alíneas anteriores*». Neste caso, o momento do conhecimento do ato lesivo será o da apresentação da declaração em que se faz a autoliquidação ou o momento em que houve conhecimento de que teve lugar a retenção na fonte.

No entanto, se, apesar de não se tratar de um caso de reclamação graciosa necessária, o contribuinte a apresentar[70], o prazo para impugnação contenciosa será o prazo especial de 90 dias a contar da notificação do indeferimento ou da formação de indeferimento tácito, em sintonia com o preceituado no nº 2 do artigo 102º e na alínea *a*) do nº 1 do artigo 10º do RJAT. Com efeito, o prazo especial previsto no RJAT para os pedidos de constituição de tribunal arbitral aplica-se preferencialmente no seu domínio específico de aplicação e a remissão que naquela alínea *a*) se faz para o nº 2 do artigo 102º do CPPT é apenas para o facto (indeferimento de reclamação graciosa) e não para o prazo aí indicado.

8.1.1.3. Prazo nos casos de pagamento por conta

A impugnação de pagamentos por conta depende sempre de prévia reclamação graciosa, como se depreende do artigo 133º, nº 2, do CPPT.

Por outro lado, nos casos em que a reclamação graciosa não é indeferida no prazo de 90 dias, considera-se tacitamente **deferida** (nº 4 daquele

---

do Código de Procedimento e de Processo Tributário», esta restrição deve interpretar-se como limitando-se aos casos em que a reclamação graciosa é necessária, à face do CPPT, como se refere no ponto 4.4.5.

[70] A indicação feita na parte inicial do nº 3 do artigo 131º do CPPT de que o que aí se estabelece é «*sem prejuízo do disposto nos números anteriores*», leva a concluir que, também nos casos aí previstos, há possibilidade de apresentação de reclamação graciosa facultativa.

Por outro lado, se assim não fosse, o contribuinte que desconhecesse a existência de orientações genéricas da Administração Tributária, que não é obrigado a conhecer, poderia perder o direito de impugnação contenciosa, por não a apresentar no prazo de 90 dias que resulta do nº 3, o que é incompaginável com o direito à tutela judicial efetiva, constitucionalmente garantido (artigos 20º, nº 1, e 268º, nº 4, da CRP).

GUIA DA ARBITRAGEM TRIBUTÁRIA

artigo 133º), pelo que apenas há lugar a impugnação nos casos de indeferimento expresso da reclamação graciosa.

Assim, relativamente a pagamentos por conta, o prazo para pedir a declaração de ilegalidade perante tribunais arbitrais, é o de 90 dias a contar da notificação da decisão de indeferimento da reclamação graciosa, aplicando-se o prazo previsto na alínea *a*) do nº 1 do artigo 10º do RJAT e não´o do nº 2 do artigo 102º do CPPT, por aquele ter natureza especial para estes pedidos de declaração de ilegalidade.

8.1.2. Decisões de reclamações graciosas e recursos hierárquicos

O prazo de 90 previsto na alínea *a*) do nº 1 do artigo 10º do RJAT aplica-se também aos pedidos de declaração de ilegalidade de indeferimento de recursos hierárquicos [quer o indeferimento seja expresso quer seja tácito, a que se faz referência expressa na alínea *a*)], bem como ao indeferimento de reclamações graciosas de atos de liquidação [é a estas que se reporta o nº 2 do artigo 102º do CPPT, que se refere na mesma alínea *a*)]. A remissão operada pelo nº 1 do artigo 10º do RJAT para o nº 2 do artigo 102º do CPPT é restrita ao termo inicial do prazo para a apresentação do pedido de pronúncia arbitral, não abrangendo, por isso, o prazo mais restrito de 15 dias para a impugnação, a contar da notificação do indeferimento (expresso) da reclamação graciosa. Assim, formando-se indeferimento tácito ou havendo lugar a notificação do indeferimento expresso da reclamação graciosa, os contribuintes dispõem sempre de um prazo de 90 dias para o efeito de apresentação do pedido de pronúncia arbitral, não se repetindo, em sede arbitral, uma certa incoerência no que concerne ao prazo de reação em caso de impugnação judicial do indeferimento tácito da reclamação graciosa, que representa uma clara mais-valia para os contribuintes.

8.1.3. Apreciação de questões relativas ao projeto de decisão

Na redação inicial do artigo 2º do RJAT previa-se a possibilidade de pedir aos tribunais arbitrais que funcionam no CAAD a apreciação de qualquer questão, de facto ou de direito, relativa ao projeto de decisão de liquidação, sempre que a lei não assegurasse a faculdade de deduzir a pretensão referida na alínea anterior.

Esta possibilidade foi eliminada pela Lei nº 64-B/2011, de 30 de Dezembro.

A estes pedidos, referidos na alínea *c*) do artigo 2º do RJAT, aplicava-
-se sempre o prazo de 30 dias, previsto na alínea *b*) do nº 1 do artigo 10º.

8.1.4. Atos suscetíveis de impugnação autónoma

Como resulta da alínea *a*) do nº 1 do artigo 10º do RJAT, aos pedidos de
constituição de tribunal arbitral em que é pedida a declaração de ilegalidade de «*atos suscetíveis de impugnação autónoma*» (a que são aplicáveis, no
processo judicial tributário, os prazos previstos nos nºs 1 e 2 do artigo 102º
do CPPT), é também aplicável o prazo de 90 dias.

São atos suscetíveis de impugnação autónoma, para além dos atos de
liquidação [enquadráveis nas alíneas *a*) e *c*) do nº 1 daquele artigo 102º]
e dos indeferimentos expressos ou tácitos de reclamações graciosas e
recursos hierárquicos [enquadráveis na alíneas *d*) e *e*) do nº 1 e no nº 2
daquele artigo 102º], os «*restantes atos tributários mesmo quando não deem
origem a qualquer liquidação*», a que se refere a alínea *b*) do nº 1 do mesmo
artigo 102º.

Neste conceito inserem-se os atos de determinação da matéria coletável ou tributável por métodos indiretos quando não derem origem a atos
de liquidação (o que sucede nos casos em que a matéria coletável apurada
for nula ou negativa ou exista isenção). Na verdade, estes atos são suscetíveis de impugnação autónoma, por força do disposto no artigo 86º, nº 3,
da LGT. Por isso, será de aplicar aos pedidos de constituição de tribunal
arbitral que visem a declaração de ilegalidade de atos deste tipo o prazo
de 90 dias, previsto na alínea *a*) do nº 1 do artigo 10º do RJAT.

8.1.5. Atos não suscetíveis de impugnação autónoma

Como aos pedidos de constituição de tribunal arbitral relativos a declaração de ilegalidade de todos os atos suscetíveis de impugnação autónoma
se aplica o prazo de 90 dias previsto na alínea *a*) do nº 1 do artigo 10º do
RJAT, o prazo de 30 dias previsto na alínea *b*), para os «*restantes casos*» terá
de ser aplicável a pedidos de declaração de ilegalidade de atos que **não
são suscetíveis de impugnação autónoma**.

À face da redação inicial do artigo 2º, nº 1, do RJAT, o prazo de 30
dias era aplicável aos pedidos de «*apreciação de qualquer questão, de facto
ou de direito, relativa ao projeto de decisão de liquidação*», que se indicavam
na alínea *c*), que veio a ser revogada pela Lei nº 64-B/2011, de 30 de
dezembro.

GUIA DA ARBITRAGEM TRIBUTÁRIA

Atualmente, o prazo de 30 dias previsto na alínea *b*) do nº 1 do artigo 10º do RJAT apenas será aplicável aos pedidos de declaração de ilegalidade de atos de determinação da matéria coletável por métodos indiretos que não dão origem a liquidação de qualquer tributo, pois trata-se de atos que não são suscetíveis de impugnação autónoma (artigo 86º, nº 3, da LGT).[71]

8.2. Prazo relativamente a atos que enfermem de nulidade ou sejam inexistentes

Quanto aos atos que enfermem de vício para que esteja prevista a sanção de nulidade[72] a impugnação pode ser feita a todo o tempo, como resulta do preceituado no nº 3 do artigo 102º do CPPT, que está em sintonia com o disposto no artigo 134º, nº 2, do CPA e no artigo 58º, nº 1, do CPTA.

O mesmo sucede se for invocada a inexistência[73] do ato impugnado, pois trata-se de uma forma de invalidade mais grave do que a nulidade e, por isso, por maioria de razão, se tem de aplicar o regime de impugnação a todo o tempo previsto para a nulidade[74].

Interpretado literalmente, o nº 1 do artigo 10º do RJAT excluiria o regime da arguição da nulidade e inexistência a todo o tempo, pois na alínea *a*) do seu nº 1 remete-se apenas para os nº 1 e 2 do artigo 102º e não também para o nº 3, em que se estabelece que a nulidade é invocável a todo o tempo.

No entanto, o hipotético afastamento da regra da invocação das nulidades a todo o tempo seria uma solução incompreensível, pois trata-se de uma regra que vigora não só em relativamente a atos de liquidação (nos termos do referido nº 3 do artigo 102º do CPPT), mas também em relação à generalidade dos atos administrativos (artigos 134º, nº 2, do CPA e 58º,

---

[71] Como se refere n ponto 4.5.2., ter-se-á pretendido permitir a intervenção dos tribunais arbitrais em situações em que não é viável a intervenção dos tribunais tributários, sendo sinal evidente disso, a possibilidade de lhes submeter a «*apreciação de qualquer questão, de facto ou de direito, relativa ao projeto de decisão de liquidação*», que se previa na alínea *c*) do nº 1 do artigo 2º do RJAT, redação inicial.

[72] Os atos que nulos são indicados no artigo 133º do CPA.

[73] A inexistência do ato impugnado está expressamente prevista no nº 1 do artigo 124º do CPPT como causa de invalidade.

[74] Sobre este ponto, pode ver-se o acórdão do STA de 28-05-2003, processo nº 152/03.

n.º 1, do CPTA) e não se vislumbra qualquer especialidade da declaração de ilegalidade por tribunais arbitrais que possa servir de fundamento ao estabelecimento de um regime diferente.

Designadamente, não podem valer para justificar o afastamento de pedidos de declaração de nulidade ou inexistência, razões de estabilidade jurídica, que são as que fundamentam a caducidade de direitos impugnatórios, pois a hipotética caducidade do direito perante os tribunais arbitrais não afastaria a possibilidade de formular idênticos pedidos perante os tribunais tributários.

Por isso, não se havendo qualquer justificação para a imposição de prazo para invocação da nulidade ou inexistência dos atos que podem ser objeto de pedidos de pronúncia arbitral, deverá interpretar-se aquela fixação de prazo como reportando-se apenas aos *atos cuja impugnação está sujeita a prazo*. Nos casos em que a declaração da invalidade *não está sujeita a prazo*, ela pode ser efetuada a todo o tempo, em sintonia com o princípio que se extrai dos referidos artigos 102.º, n.º 3, do CPPT, 134.º, n.º 2, do CPA e 58.º, n.º 1, do CPTA, que é o entendimento que está também em coerência com a intenção manifestada da autorização legislativa em que o Governo se baseou para aprovar o RJAT de criar «*um meio processual alternativo ao processo de impugnação judicial*» (artigo 124.º, n.º 2, da Lei n.º 3-B/2010, de 28 de abril).

9. Conteúdo do pedido de constituição do tribunal arbitral e pedido de pronúncia arbitral

9.1. Fundamentos do pedido de pronúncia arbitral

Estabelece-se no artigo 10.º, n.º 2, alínea *a*), do RJAT que constituem fundamentos do pedido de pronúncia arbitral os que se preveem no artigo 99.º do CPPT, como fundamentos de impugnação judicial.

Este artigo 99.º admite como fundamento de impugnação «*qualquer ilegalidade*», constituindo as suas alíneas mera exemplificação dos tipos de vícios que podem afetar os atos tributários:

a) Errónea qualificação e quantificação dos rendimentos, lucros, valores patrimoniais e outros factos tributários;
b) Incompetência;
c) Ausência ou vício da fundamentação legalmente exigida;
d) Preterição de outras formalidades legais.

GUIA DA ARBITRAGEM TRIBUTÁRIA

Constitui ilegalidade e, consequentemente vício do ato de liquidação, qualquer ofensa dos princípios ou normas jurídicas aplicáveis.

Os vícios dos atos administrativos ou atos tributários geradores de anulabilidade enquadram-se genericamente em quatro categorias: erro sobre os pressupostos de direito, erro sobre os pressupostos de facto, incompetência e vício de forma (incluindo neste último tipo os vícios procedimentais e a falta de fundamentação)[75].

9.2. Erro sobre os pressupostos de direito

Haverá erro sobre os pressupostos de direito sempre que na prática do ato tenha sido feita errada interpretação ou aplicação das normas legais, como as normas de incidência objetiva e subjetiva, as que fixam as taxas ou as que conferem isenções ou outros benefícios fiscais ou as que determinam a matéria tributável.

Pode, no entanto, ocorrer «*erro de direito acerca dos factos*», quando é pressuposto do ato «uma figura jurídica e os factos efetivamente existentes não materializam essa figura, mas o agente erradamente supôs que sim»[76].

9.3. Erro sobre os pressupostos de facto

Ocorrerá erro sobre os pressupostos de facto[77] quando houver uma divergência entre a realidade e a matéria de facto utilizada como pressuposto da prática do ato, como acontece, por exemplo, quando está erradamente quantificada a matéria tributável ou se dá como existente um facto tributário que não existiu.

O erro sobre os pressupostos de facto constitui vício de violação de lei, uma vez que, sendo os poderes legais exercidos no ato administrativo atribuídos para serem exercidos em determinadas condições, está em disso-

---

[75] Sobre o uso desta terminologia, consagrada na doutrina e na jurisprudência, pode ver-se Mário Esteves de Oliveira, *Direito Administrativo*, volume I, páginas 564-566.

[76] Neste sentido, pode ver-se André Gonçalves Pereira, *Erro e Ilegalidade no Acto Administrativo*, página 201. Na mesma linha, pode ver-se o acórdão do Pleno da SCA do STA de 18-11-2010, processo nº 855/09.

[77] Sobre o uso desta terminologia, consagrada pela jurisprudência, pode ver-se Mário Esteves de Oliviera, *Manual de Direito Administrativo*, volume I, páginas 564-565.

nância com a lei o seu uso em situações fácticas que não correspondem àquelas que estiveram subjacentes à atribuição de tais poderes[78].

9.4. Incompetência

O vício de incompetência ocorre quando a entidade que pratica o ato não for aquela a quem por força da lei ou ato administrativo esteja atribuída a competência para praticá-lo.

A competência para a prática dos atos tributários está prevista em várias leis tributárias, existindo disposições de carácter geral, que são o artigo 61º da LGT e o artigo 10º do CPPT.

Porém, a competência pode ser delegada e subdelegada, em conformidade com o preceituado no artigo 62º da LGT, podendo o vício de incompetência assentar numa deficiência do ato de delegação ou subdelegação.

9.5. Vícios de forma
9.5.1. Falta de fundamentação

A falta ou qualquer deficiência da fundamentação legalmente exigida constitui vício de forma, que, decerto pela sua frequência, vem autonomizado na alínea *c*) do artigo 99º do CPPT.

O dever de fundamentação expressa e acessível dos atos administrativos que afetem direitos ou interesses legalmente protegidos é imposto pelo artigo 268º, nº 3, da CRP e concretizado, para a generalidade dos atos administrativos, nos artigos 124º e 125º do CPA.

Nos termos daquele nº 3 do artigo 268º *«os atos administrativos estão sujeitos a notificação aos interessados, na forma prevista na lei, e carecem de fundamentação expressa e acessível quando afetem direitos ou interesses legalmente protegidos»*.

No nº 4 do mesmo artigo, garante-se aos interessados recurso contencioso, com fundamento em ilegalidade, contra quaisquer atos administra-

---

[78] Marcello Caetano, *Manual de Direito Administrativo*, volume I, 10ª edição, página 503, refere que *«está implícita na lei ou constitui princípio geral de direito a norma segundo a qual os factos que sirvam de causa a um ato administrativo devem sempre ser verdadeiros»*.

No entanto, em sentido diferente, pode ver-se Freitas do Amaral, *Curso de Direito Administrativo*, Volume II, página 400, que entende que *«o que se passa é que falta um requisito de validade que a lei exige, qual seja o de que a vontade da Administração seja uma vontade livre e esclarecida»*.

tivos, independentemente da sua forma, que lesem os seus direitos ou interesses legalmente protegidos.

Da conjugação destas duas normas resulta que o direito de impugnação contenciosa de atos lesivos, constitucionalmente reconhecido, não fica satisfeito com a mera possibilidade de os interessados os poderem impugnar judicialmente, antes se exigindo que seja proporcionada àqueles a possibilidade de os impugnarem com completo conhecimento das razões que os motivaram, isto é, trata-se de um direito à impugnação contenciosa com a *máxima eficácia*[79].

A exigência legal e constitucional de fundamentação visa, primacialmente, permitir aos interessados o conhecimento das razões que levaram a autoridade administrativa a agir, por forma a possibilitar-lhes uma opção consciente entre a aceitação da legalidade do ato e a sua impugnação contenciosa.

Noutro plano, atinente ao interesse público, a exigência de fundamentação visará também assegurar a transparência da atividade administrativa, particularmente a observância dos princípios constitucionais da legalidade, da justiça, da igualdade e da imparcialidade, formulados no nº 2 do artigo 266º da CRP, e impor aos órgãos da Administração uma adequada apreciação e ponderação sobre a existência de razões de facto e de direito para praticar o ato com determinado conteúdo[80].

9.5.2. Vícios procedimentais

O conceito de preterição de formalidades legais abrange os restantes vícios de forma, como a não observância dos requisitos procedimentais e formais que devem observar-se para prática do ato.

---

[79] Neste sentido, podem ver-se os acórdãos do STA de 06-06-2007, processo nº 155/07, e de 07-01-2009, processo nº 871/08.

[80] Nesta linha, pode ver-se o acórdão da Secção do Contencioso Tributário do Supremo Tribunal Administrativo de 02-02-2006, processo nº 1114/05, em que se refere que *«o dever legal da fundamentação tem, a par de uma função exógena – dar conhecimento ao administrado das razões da decisão, permitindo-lhe optar pela aceitação do ato ou pela sua impugnação –, uma função endógena consistente na própria ponderação do ente administrador, de forma cuidada, séria e isenta».* Adotando esta jurisprudência, podem ver-se os acórdãos do STA de 06-10-2010, processo nº 667/10; e de 03-11-2010, processo nº 784/10.

São exemplo de preterição de formalidades legais, a falta de diligências obrigatórias, a falta de convocação das pessoas que devem intervir nelas ou a intervenção de pessoas que não devem nelas intervir, a falta de notificações legalmente exigidas e a não audição dois interessados sobre as questões de facto e de direito que relevem para a decisão procedimental.

10. Processo arbitral
10.1. Contagem dos prazos
Um problema que se coloca em várias fases do processo arbitral, inclusivamente antes da sua constituição formal, é o da contagem dos prazos para a prática dos actos previstos nos RJAT, matéria sobre a qual não existe norma expressa, na redação inicial.

De harmonia com o disposto no artigo 20º do CPPT, subsidiariamente aplicável por força do disposto no artigo 29º, nº 1, alínea *a*), do RJAT, os prazos do procedimento tributário e de impugnação judicial contam-se nos termos do artigo 279º do Código Civil e os prazos para a prática de atos no processo judicial contam-se nos termos do artigo 144º do CPC.

Ao contrário do que sucede no procedimento administrativo [artigo 72º, nº 1, alínea *b*), do CPA], nos procedimentos e processos judiciais tributários não há suspensão de prazos em sábados, domingos e feriados, apenas se transferindo para o primeiro dia útil subsequente os prazos em que terminem nesses dias.

Assim, a diferença entre os dois regimes de prazos no procedimento tributário e processo judicial tributário reconduz-se à suspensão em férias judiciais, que se prevê apenas para os processos judiciais, quando a sua duração for inferior a seis meses e não se tratar de atos a praticar em processos que a lei considere urgentes (artigo 144º, nº 1, do CPC).

A aplicação subsidiária das normas sobre organização e processo nos tribunais administrativos e tributários, que se estabelece na alínea *c*) do nº 1 do artigo 1º do RJAT, parece conduzir à conclusão de que deve ser aplicado aos processos arbitrais que funcionam no CAAD o regime de prazos aplicável nos correspondentes processos judiciais, inclusivamente o previsto para as férias judiciais. Uma solução deste tipo é mesmo a mais adequada, pois, embora nos tribunais arbitrais haja uma preocupação de celeridade, a prática vem demonstrando que o regime de suspensão de prazos em férias judiciais é o mais conveniente para a generalidade dos

GUIA DA ARBITRAGEM TRIBUTÁRIA

operadores judiciários, o que legislativamente se acabou por reconhecer depois da tentativa de reduzir as férias judiciais para um mês, através da Lei nº 42/2005, de 29 de agosto, que foi eliminada pela Lei nº 43/2010, de 3 de setembro, confirmando o que na prática já tinha sido estatuído pelo Decreto-Lei nº 35/10, de 15 de abril, ao estabelecer que «*ao período compreendido entre 15 e 31 de Julho atribui-se os mesmos efeitos previstos legalmente para as férias judiciais*».

A prática do CAAD vem apontando no mesmo sentido, demonstrando que, por indisponibilidade de árbitros, de advogados ou de representantes da Autoridade Tributária e Aduaneira, é praticamente inviável realizar diligências no período que corresponde às férias judiciais.

De qualquer modo, a dúvida quanto ao regime de prazos aplicável, deveria ser resolvida, à face da redação inicial do RJAT, no sentido da aplicação do regime de que resulta prazo mais longo, por a preclusão de direitos processuais ou procedimentais associada à falta de prática de atos dentro dos respetivos prazos, para ser compatível com o direito à tutela efetiva de direitos e interesses legítimos, não dever ser aplicada sem suporte legal claro.

A Lei nº 66-B/2013, de 31 de dezembro, veio aditar o artigo 3º-A, determinando a aplicação do CPA aos prazos do procedimento arbitral e o CPC ao processo arbitral, e o artigo 17º-A, estabelecendo a suspensão dos prazos processuais em férias judiciais. No que concerne ao prazo para apresentação do pedido de constituição de tribunal arbitral, previsto no artigo 10º, sendo anterior ao procedimento, não se aplicará este artigo 3º-A, mas sim, o regime do artigo 279º do Código Civil, por remissão do artigo 29º, nº 1, alínea *a*) do RJAT e do artigo 20º, nº 1, do CPPT

10.2. Início do processo arbitral

O artigo 15º do RJAT estabelece que «*o processo arbitral tem início na data da constituição do tribunal arbitral, nos termos do nº 8 do artigo 11º*».

De harmonia com o disposto neste nº 8 do artigo 11º, na redação inicial, o tribunal arbitral considera-se constituído com a realização da reunião com os árbitros, o dirigente máximo do serviço da Administração Tributária e o sujeito passivo que se refere nos artigos 11º, nºs 1, alínea *c*), e 7. No entanto, estão previstos atos anteriores a esta reunião, designadamente relativos ao «*procedimento de designação dos árbitros*» e revogação do ato cuja declaração de ilegalidade é pedida.

A Lei nº 66-B/2013, de 31 de dezembro, veio eliminar a referida reunião, considerando-se o tribunal constituído no termo do prazo para oposição à designação de árbitros.

11. Efeitos da apresentação do pedido de constituição de tribunal arbitral
11.1. Revogação, ratificação, reforma ou conversão do ato que é objeto do pedido de pronúncia arbitral
11.1.1. Competência para revogação, ratificação, reforma ou conversão do ato cuja declaração de ilegalidade é pedida

Nos termos do artigo 13º, nº 1, do RJAT, o dirigente máximo do serviço da Administração Tributária pode proceder à revogação, ratificação, reforma ou conversão do ato tributário cuja ilegalidade foi suscitada, praticando, quando necessário, ato tributário substitutivo.

Trata-se de uma possibilidade que tem paralelo no artigo 112º do CPPT, para o processo de impugnação judicial.

O dever de a Administração concretizar a revogação atos tributários ilegais é corolário dos princípios da justiça, da igualdade e da legalidade, que a Administração Tributária tem de observar na globalidade da sua atividade (artigo 266º, nº 2, da CRP e 55º da LGT)[81].

No artigo 13º, nº 1, do RJAT atribui-se a competência para a revogação ao dirigente máximo do serviço da Administração Tributária e, decerto pela superior qualidade desta entidade, não se estabelece aqui o requisito de que no artigo 112º, nºs 1 e 2, do CPPT se faz depender a possibilidade de revogação pelos dirigentes dos órgãos periférico locais e regionais, que é o de «*a questão a resolver for de manifesta simplicidade*». No entanto, a competência atribuída neste artigo 13º, nº 1, do CPPT ao dirigente máximo do serviço pode ser delegada, ao abrigo da regra do artigo 62º, nº 1, da LGT, já que não é afastada esta possibilidade.

11.1.2. Prazo para a revogação, ratificação, reforma ou conversão do ato cuja declaração de ilegalidade é pedida

Na redação inicial do artigo 13º, nº 1, do RJAT fixava-se o prazo de 20 dias a contar do conhecimento do pedido de constituição do tribunal arbitral

---

[81] Neste sentido, podem ver-se os acórdãos do STA de 11-05-2005, recurso nº 319/05, e de 12-07-2006, processo nº 402/06.

GUIA DA ARBITRAGEM TRIBUTÁRIA

para ser exercido pelo dirigente máximo do serviço o poder de revogação, ratificação, reforma ou conversão do ato cuja declaração de ilegalidade é pedida. Com a redação dada pela Lei nº 66-B/2013, de 31 de dezembro, o prazo passou para 30 dias.

11.1.3. Prosseguimento do processo arbitral quando é praticado novo ato

No nº 2 do artigo 13º do RJAT, prevê-se apenas o prosseguimento do procedimento relativamente ao novo ato que substitua, total ou parcialmente, o que é objeto do pedido de pronúncia arbitral.

No entanto, se for praticado um ato revogatório sem nova regulação da situação jurídica, mas subsistirem efeitos produzidos pelo ato revogado, parece que o processo poderá prosseguir em relação a esses efeitos, se foi pedida a sua eliminação, como permite o artigo 65º, nº 1, do CPTA, subsidiariamente aplicável, ao abrigo do artigo 29º, nº 1, alínea *c*), do RJAT.

É o que sucede, por exemplo, quando o ato é revogado, mas subsistem prejuízos provocados por prestação de garantia, cuja indemnização foi pedida no processo de impugnação judicial, ao abrigo do nº 2 do artigo 171º do CPPT.

Numa situação deste tipo, estar-se-á perante uma eliminação apenas parcial do objeto do processo, que não deverá ser obstáculo ao seu prosseguimento para apreciação dos pedidos formulados que não foram satisfeitos pelo ato revogatório.

Se for praticado um novo ato em substituição, total ou parcial, do ato que é objeto do pedido de pronúncia arbitral, o dirigente máximo do serviço da Administração Tributária procede à notificação do sujeito passivo para, no prazo de 10 dias, se pronunciar, prosseguindo o procedimento relativamente a esse último ato se o sujeito passivo nada disser ou declarar que mantém o seu interesse (artigo 13º, nº 2, do RJAT).

Por isso, sendo o ato de substituição praticado dentro do prazo referido no nº 1 do artigo 13º do RJAT, o processo arbitral só se extingue se o sujeito passivo disser que não pretende o seu prosseguimento. Mas, pretendendo que o processo prossiga, o sujeito passivo pode alegar novos fundamentos e oferecer diferentes meios de prova [artigo 64º, nº 1, do CPTA, subsidiariamente aplicável, ao abrigo do artigo 29º, nº 1, alínea *c*), do RJAT]. O requerimento referido deve ser apresentado no prazo de impugnação do ato revogatório e antes do trânsito em julgado da decisão que julgue extinta a instância (n.º 2 deste artigo 64.º do CPTA).

Se a substituição do ato ocorrer depois do decurso do prazo referido no n.º 1 do artigo 13.º do RJAT e não se basear em novos factos, o ato de substituição será ilegal, pois, findo aquele prazo, «*a Administração Tributária fica impossibilitada de praticar novo ato tributário relativamente ao mesmo sujeito passivo ou obrigado tributário, imposto e período de tributação, a não ser com fundamento em factos novos*». A ilegalidade do ato de substituição pode ser declarada no próprio processo arbitral, pois configura uma questão prévia em relação à do prosseguimento do processo, que cabe ao tribunal arbitral decidir.

Se a substituição do ato que é objeto do processo se basear em *factos novos*, ela é admissível, implicando modificação objetiva da instância (artigo 20.º, n.º 1, do RJAT). Neste caso, «*o dirigente máximo do serviço da Administração Tributária notifica o tribunal arbitral da emissão do novo ato para que o processo possa prosseguir nesses termos, observando-se, quando aplicável, o disposto no artigo 64.º do Código de Processo nos Tribunais Administrativos*» (n.º 2 do mesmo artigo). Isto é, o sujeito passivo pode requerer que o processo prossiga contra o novo ato, com a faculdade de alegação de novos fundamentos e do oferecimento de diferentes meios de prova, tendo o requerimento de ser apresentado no prazo de impugnação do ato revogatório e antes do trânsito em julgado da decisão que julgue extinta a instância.

Como «*factos novos*», neste contexto, deverão considerar-se factos que não eram do conhecimento da Administração Tributária quando terminou o prazo previsto no n.º 1 do artigo 13.º do RJAT, designadamente o seu conhecimento não era possível à face dos elementos recolhidos no procedimento tributário que serviu de base àquele ato.

Findo o procedimento tributário, a Administração Tributária deverá proferir a decisão final (artigo 77.º da LGT), devendo nela apreciar todas as questões que se suscitarem no procedimento (artigo 108.º do CPA), ficando com essa decisão definida, em princípio, a posição final da Administração Tributária em relação à situação tributária do contribuinte.

Em caso de impugnação judicial ou apresentação de pedido de pronúncia arbitral, é permitida à Administração Tributária a revogação do ato praticado (em que se englobam as possibilidades de reforma, ratificação e conversão, referidas no artigo 79.º, n.º 1, da LGT), dentro do prazo fixado nos artigos 111.º, n.º 1, 112.º, n.º 1, do CPPT, no caso do processo de impugnação judicial, e do indicado no nº 1 do artigo 13º do RJAT, nos casos de pedido de pronúncia arbitral.

11.1.4. Extinção do processo arbitral

Se o ato cuja declaração de ilegalidade foi pedida for revogado totalmente e não houver efeitos produzidos que o sujeito passivo pretenda eliminar, o processo arbitral extinguir-se-á, como resulta do nº 4 do artigo 112º do CPPT, subsidiariamente aplicável, ao abrigo da alínea *a*) do nº 1 do artigo 29º do RJAT.

Este regime tem como pressuposto que o acto de revogação não pode ser revogado.

Em princípio, os atos de revogação, como atos administrativos que são, podem eles próprios ser revogados, respeitando as limitações legais previstas nos artigos 140º e 141º do CPA. Porém, o facto de se prever no artigo 112º, nº 4, do CPPT a extinção do processo judicial imediatamente a seguir ao ato de revogação, sem esperar pela sua consolidação pelo decurso do prazo em que poderia ser revogado, revela inequivocamente que, na perspetiva legislativa, o ato de revogação de ato de liquidação praticado na sequência de impugnação do sujeito passivo elimina definitivamente da ordem jurídica esse ato de liquidação, não podendo, por isso, aquele ato revogatório ser revogado por ulterior decisão administrativa. É uma exceção àquela regra da revogabilidade dos atos revogatórios, que se compreende no âmbito do direito constitucional à tutela judicial efetiva, que abrange o direito à segurança jurídica gerado por uma decisão judicial, direito esse que ficaria desacautelado se a Administração Tributária pudesse, por um ato seu, obter, revogando o ato, a extinção do processo judicial que lhe foi movido, com a possibilidade de, ulteriormente, repor administrativamente a situação jurídica que levou o contribuinte a instaurar o processo judicial.

A natureza do ato revogatório praticado na sequência de pedido de constituição do tribunal arbitral é a mesma que tem um ato desse tipo praticado após dedução de impugnação judicial, pelo que deverá aplicar-se o mesmo regime.

Nas situações em que o procedimento cessar antes de constituído o tribunal arbitral, prevê-se no artigo 3º-A do RCPAT que o sujeito passivo seja reembolsado da taxa de arbitragem paga, com dedução de um valor para efeito da cobrança de encargos administrativos e de processamento, a fixar pelo Presidente do CAAD.

11.2. Preclusão dos direitos de impugnação contenciosa e administrativa do ato cuja declaração de ilegalidade é pedida

O artigo 13º, nº 4, do RJAT estabelece que «*a apresentação dos pedidos de constituição de tribunal arbitral preclude o direito de, com os mesmos fundamentos, reclamar, impugnar, requerer a revisão, incluindo a da matéria coletável, ou a promoção da revisão oficiosa, ou suscitar pronúncia arbitral sobre os atos objeto desses pedidos ou sobre os consequentes atos de liquidação, exceto quando o procedimento arbitral termine antes da data da constituição do tribunal arbitral ou o processo arbitral termine sem uma pronúncia sobre o mérito da causa*».

A parte final desta norma sugere que a preclusão de direitos do sujeito passivo que deriva da apresentação do pedido de constituição de tribunal arbitral é condicional, renascendo os direitos precludidos se o procedimento arbitral terminar antes da data da constituição do tribunal arbitral ou o processo arbitral terminar sem uma pronúncia sobre o mérito da causa.

No entanto, os prazos para a reclamação, impugnação, revisão, promoção da revisão oficiosa, revisão da matéria tributável ou para suscitar nova pronúncia arbitral dos atos objeto da pretensão arbitral deduzida apenas se contam a partir da notificação da decisão arbitral nos casos em que a decisão arbitral puser termo ao processo sem conhecer do mérito da pretensão **por facto não imputável ao sujeito passivo** (artigo 24º, nº 3, do RJAT).

Por isso, quando o não conhecimento do mérito é imputável ao sujeito passivo, não havendo reinício dos prazos para exercício dos direitos referidos, os direitos de impugnação judicial e reclamação graciosa com fundamento em vícios geradores de mera anulabilidade já se terão extinto, em regra, por terem transcorrido os respetivos prazos.

Porém, ficará aberta, neste casos de não conhecimento do mérito imputável ao sujeito passivo, a possibilidade de exercício de direitos quando não estiverem sujeitos a prazo, com sucede nos casos de nulidade[82] e, normalmente, haverá também possibilidade de promover a revisão oficiosa do ato tributário que, pode ser efetuada, em regra, no prazo de quatro anos ou a todo o tempo se o tributo não estiver pago, nos termos do artigo 78º da LGT.

---

[82] A impugnação judicial e reclamação graciosa de atos nulos não está sujeita a prazo, como resulta do artigo 134º, nº 2, do CPA e do artigo 102º, nº 3, do CPPT, e se refere no ponto 8.2..

Para além disso, será de aplicar subsidiariamente, ao abrigo da alínea *c*) do nº 1 do artigo 29º do RJAT, o regime previsto no artigo 89º, nº 2, do CPTA, em que se estabelece que «*a absolvição da instância sem prévia emissão de despacho de aperfeiçoamento não impede o autor de, no prazo de 15 dias contado da notificação da decisão, apresentar nova petição, com observância das prescrições em falta, a qual se considera apresentada na data em que o tinha sido a primeira, para efeitos da tempestividade da sua apresentação*».

Se vier a ser proferida e não vier a ser revogada ou anulada a decisão arbitral sobre o mérito da pretensão, ficam definitivamente extintos os direitos de, com os mesmos fundamentos, reclamar, impugnar, requerer a revisão ou a promoção da revisão oficiosa, ou suscitar pronúncia arbitral sobre os atos objeto desses pedidos ou sobre os consequentes atos de liquidação (artigo 24º, nº 2, do RJAT).

No entanto, esta preclusão de direitos reporta-se apenas *aos fundamentos invocados no pedido de pronúncia arbitral*, não obstando a apresentação de pedido de constituição de tribunal arbitral a que os atos que são objeto do pedido de pronúncia arbitral sejam também objeto de meios impugnatórios contenciosos ou administrativos desde que aos atos sejam imputados *vícios diferentes* dos que lhe são imputados no processo arbitral.

O artigo 13º, nº 4, do RJAT trata do efeito de preclusão de direitos de impugnação durante a pendência do processo arbitral, tendo alcance equivalente à litispendência, mas dando-se sempre preferência ao processo arbitral. O artigo 24º, nº 2, do RJAT trata da preclusão de direitos posterior ao processo arbitral, tendo alcance semelhante ao do caso julgado.

11.3. Suspensão do processo de execução fiscal

O nº 5 do artigo 13º do RJAT estabelece que, na falta de disposição em contrário, o pedido de constituição de tribunal arbitral tem os efeitos da impugnação judicial, a nível da suspensão do processo de execução fiscal.

11.3.1. Suspensão da execução fiscal dependente de prestação de garantia da dívida

Esses efeitos da impugnação judicial estão previstos no artigo 169º, nº 1, do CPPT, em que se estabelece, além do mais, que a execução fica suspensa até à decisão do pleito em caso impugnação judicial, desde que tenha sido constituída garantia nos termos do artigo 195º ou prestada nos termos do artigo 199º ou a penhora garanta a totalidade da quantia exequenda e do acrescido.

À face dos nºs 6 e 7 do artigo 169º do CPPT, na redação da Lei nº 3-B//2010, de 18 de abril, vigente quando foi aprovado o RJAT, a mera apresentação de impugnação judicial, mesmo que não estivesse prestada garantia, tinha um efeito suspensivo provisório, até que terminasse o prazo de 15 dias, concedido ao executado para a prestar.

Com as alterações introduzidas nestes nºs 6 e 7 pela Lei nº 64-B/2011, de 30 de dezembro, veio estabelecer-se que a execução apenas se suspende com a efetiva prestação da garantia, mas mantém-se a suspensão em relação à efetivação da penhora, que só se efetiva, caso no prazo de 15 dias, a contar da apresentação de qualquer dos meios de reação previstos neste artigo, não tenha sido apresentada garantia idónea ou requerida a sua dispensa.

No entanto, se não for prestada garantia nesse prazo de 15 dias, poderá, ulteriormente, ser obtido efeito suspensivo, quando a garantia for prestada ou dispensada ou for efetuada penhora que garanta a totalidade da quantia exequenda e acrescido.

11.3.2. Pedido de dispensa de prestação de garantia

Embora o nº 7 do artigo 169º do CPPT, na redação da Lei nº 3-B/2010, de 18 de abril estabelecesse que, se a garantia não fosse prestada no prazo respetivo, se procederia de imediato à penhora, esta estatuição tinha de ser afastada nos casos em que tivesse sido formulado pedido de isenção de prestação de garantia, enquanto não fosse proferida decisão de indeferimento.

Na verdade, a dispensa de prestação de garantia é um substitutivo desta prestação, pelo que lhe devem ser atribuídos os mesmos efeitos, pois, se assim não fosse, inutilizar-se-ia o efeito primacial desta isenção, que corresponde a um direito dos contribuintes, reconhecido pelo artigo 52º, nº 4, da LGT.

A redação dada ao nº 7 deste artigo 169º pela Lei nº 64-B/2011, de 30 de dezembro, veio esclarecer este ponto, ao estabelecer que se procede à penhora caso no prazo de 15 dias «*não tenha sido apresentada garantia idónea ou requerida a sua dispensa*».

A possibilidade de isenção de prestação de garantia depende de a prestação causar prejuízo irreparável ao contribuinte ou ser manifesta a sua

GUIA DA ARBITRAGEM TRIBUTÁRIA

falta de meios económicos revelada pela insuficiência de bens penhoráveis para o pagamento da dívida exequenda e acrescido, desde que, em qualquer dos casos, a insuficiência ou inexistência de bens não seja da responsabilidade do executado (artigo 52º, nº 4, da LGT).

11.3.3. Apresentação do requerimento para prestação de garantia
A garantia parece que só pode ser prestada no processo de execução fiscal, não sendo aplicável o artigo 103º, nº 4, do CPPT que estabelece que «*a impugnação tem efeito suspensivo quando, a requerimento do contribuinte, for prestada garantia adequada, no prazo de 10 dias após a notificação para o efeito pelo tribunal, com respeito pelos critérios e termos referidos nos nºs 1 a 6 e 10 do artigo 199º*».

Na verdade, não se enquadra na competência dos tribunais arbitrais, definida no artigo 2º do RJAT, fixar garantias com efeitos no processo de execução fiscal.

11.4. Suspensão e interrupção dos prazos de caducidade e prescrição da prestação tributária
No nº 5 do artigo 13º do RJAT estabelece-se ainda que a apresentação do pedido de constituição de tribunal arbitral tem os efeitos da apresentação de impugnação judicial a nível da suspensão e interrupção dos prazos de caducidade e de prescrição da prestação tributária.

11.4.1. Suspensão e interrupção da caducidade
As referências à suspensão e interrupção dos prazos de caducidade da prestação tributária reportam-se à *caducidade do direito de liquidação* e não propriamente da prestação tributária, pois é apenas em relação ao direito de liquidação que se prevê a extinção por caducidade, no artigo 45º da LGT.

À face do regime vigente, não há nenhuma situação em que ocorra a interrupção do prazo de caducidade, entendida como seu reinício (com inutilização do período de tempo anteriormente decorrido, em sintonia com o conceito fornecido pelo artigo 326º, nº 1, do Código Civil), prevendo-se apenas, no artigo 46º da LGT, várias situações de suspensão.

Situações de interrupção da caducidade do direito de liquidação estiveram previstas no nº 3 do artigo 46º da LGT, na redação introduzida pela Lei nº 15/2001, de 5 de junho, que passou a ser o nº 4 do mesmo artigo na redação do Decreto-Lei nº 229/2002, de 31 de outubro[83], mas esta norma deve considerar-se revogada pela Lei nº 32-B/2002, de 30 de dezembro.[84]

Por outro lado, à face do regime vigente, a apresentação de impugnação judicial terá efeito suspensivo do prazo de caducidade do direito de liquidação nos casos previstos na alínea *d*) do nº 2 do artigo 46º da LGT, em que se estabelece que o prazo de caducidade suspende-se, em caso de o direito à liquidação resultar de reclamação ou impugnação, a partir da sua apresentação até à decisão.

Abrangem-se aqui os casos de anulação por vício de forma ou procedimental (como, por exemplo, falta de fundamentação ou preterição do direito de audição) e todos aqueles em que, mesmo ocorrendo anulação por vício de violação de lei substantiva, é possível renovar o ato total ou parcialmente depois de uma anulação administrativa ou judicial. É o que sucede, por exemplo, os casos em que houve uma liquidação de IRS em que a Administração Tributária entendeu aplicar regime simplificado, contra a vontade do contribuinte, que pretendia ser tributado com base na contabilidade (ou o contrário): anulada a liquidação baseada na matéria tributável determinada através do regime simplificado, haverá a possibilidade de liquidação com base na contabilidade, dentro do prazo de caducidade; como, em regra, se o prazo de caducidade do direito de liquidação corresse a nova liquidação já não poderia ser efetuada, a alínea *d*) evita essa caducidade, eliminado o período em que o processo de impugnação judicial esteve pendente. Nestas situações de anulação administrativa ou

---

[83] Atribuía-se aí efeito interruptivo da caducidade do direito de liquidação à notificação das correções aos elementos declarados pelo contribuinte que fossem suscetíveis de recurso hierárquico com efeito suspensivo da liquidação e à notificação da decisão de fixação da matéria coletável com recurso a métodos indiretos, nos casos em que fosse instaurado o procedimento de inspeção tributária, relativamente aos tributos incluídos no âmbito da inspeção.

[84] Embora a Lei nº 32-B/2002, ao introduzir as alterações a este artigo 46º não tenha feito qualquer referência ao seu nº 4, que resultou da redação do Decreto-Lei nº 229/2002, referindo apenas como «Eliminado» o seu nº 3, o nº 4 também deve considerar-se eliminado, não só por não ser reproduzido na redação dada por esta Lei, mas também por esta também ter eliminado o nº 5 do artigo 45º, a que se reportava o nº 4 do artigo 46º. Essa eliminação do nº 4 confirma-se também com o facto de esta Lei nº 32-B/2002 ter alterado a epígrafe do artigo 46º, suprimindo nela a referência à interrupção da caducidade.

judicial do ato de liquidação, o direito à nova liquidação (é necessariamente uma nova liquidação, pois houve uma primeira que é objeto da reclamação ou impugnação judicial) resulta de reclamação ou impugnação, pois a eliminação jurídica gera para a Administração Tributária um dever de reconstituir a situação que existira se não tivesse sido o praticado ato anulado, nos termos dos artigos 100º da LGT e 173º, nº 1, do CPTA.

11.4.2. Suspensão e interrupção dos prazos de prescrição

O pedido de pronúncia arbitral quanto à legalidade de atos de liquidação tem os efeitos da impugnação judicial quanto ao prazo de prescrição da obrigação tributária:

- interrupção da prescrição (artigo 49º, nº 1, LGT);
- suspensão da prescrição, se a pendência do processo é fundamento de suspensão do processo de execução fiscal (artigo 49º, nº 4, LGT) por garantia ou sua dispensa, ou penhora (artigo 169º, nº 1, do CPPT).

12. Princípios do processo arbitral

O artigo 16º do RJAT arrola os seguintes princípios do processo arbitral:

- do contraditório;
- da igualdade das partes;
- autonomia do tribunal arbitral na condução do processo e na determinação das regras a observar;
- da oralidade e da imediação;
- da livre apreciação dos factos e a livre determinação das diligências de produção de prova necessárias;
- da cooperação e boa fé processual;
- da publicidade.

Porém, não são apenas estes os princípios que devem ser observado no processo arbitral, pois no artigo 29º, nº 2, referem-se também os princípios da celeridade, da simplificação processual e da informalidade processual.

12.1. Princípio do contraditório

O princípio do contraditório é assegurado, designadamente, através da faculdade conferida às partes de se pronunciarem sobre quaisquer questões de facto ou de direito suscitadas no processo, como se estabelece na alínea *a*) do artigo 16º do RJAT.

Um afloramento deste princípio encontra-se na alínea *b)* do nº 1 do artigo 18º do RJAT, em, que se impõe a audição das partes quanto a eventuais exceções que seja necessário apreciar e decidir antes de conhecer do pedido.

É um princípio básico do nosso direito processual, definido genericamente no artigo 3º, nº 3, do CPC, em que se estabelece que *«o juiz deve observar e fazer cumprir, ao longo de todo o processo, o princípio do contraditório, não lhe sendo lícito, salvo caso de manifesta desnecessidade, decidir questões de direito ou de facto, mesmo que de conhecimento oficioso, sem que as partes tenham tido a possibilidade de sobre elas se pronunciarem».*

Deverá entender-se que, apesar da falta de uma referência explícita naquela alínea *a)* do artigo 16º do RJAT, também no processo arbitral a observância deste princípio pode ser dispensada em caso de **manifesta desnecessidade**.

Com efeito, a dispensa, em caso de manifesta desnecessidade, do dever de dar às partes oportunidade de se pronunciarem sobre todas as questões de facto e de direito suscitadas no processo, que se prevê naquele artigo 3º, nº 3, do CPC, é um mero corolário do princípio processual geral da proibição da prática de atos inúteis, enunciado, em termos gerais, no artigo 137º do mesmo Código.

Esta proibição da prática de atos inúteis vale também no processo arbitral, até por maioria de razão, atenta a especial preocupação de celeridade, expressamente indicada no nº 2 do artigo 29º do RJAT, como um dos princípios do processo arbitral.

Está-se perante uma situação de manifesta desnecessidade em assegurar o contraditório quando a solução da questão seja evidente, não sendo aceitável que haja séria controvérsia sobre ela por parte de quem possui os conhecimentos jurídicos exigíveis para intervenção em processos judiciais.

12.2. Princípio da igualdade das partes

O princípio da igualdade concretiza-se, nos termos do artigo 16º, alínea *b)*, do RJAT, no *«reconhecimento do mesmo estatuto substancial às partes, designadamente para efeitos do exercício de faculdades e do uso de meios de defesa».*

Trata-se de um princípio genericamente enunciado no artigo 98º da LGT para o processo judicial tributário, que estabelece que *«as partes dispõem no processo tributário de iguais faculdades e meios de defesa»* e que também se enuncia no artigo 3º-A do CPC.

12.3. Princípio da autonomia do tribunal arbitral na condução do processo e na determinação das regras a observar

A alínea *c*) do artigo 16º do RJAT enuncia o princípio da autonomia do tribunal arbitral na condução do processo e na determinação das regras a observar com vista à obtenção, em prazo razoável, de uma pronúncia de mérito sobre as pretensões formuladas.

Permite-se nesta norma que o tribunal arbitral fixe regras diferentes das que estão previstas no RJAT para a tramitação do processo, o que está em sintonia com o princípio da adequação formal, enunciado no artigo 265º-A do CPC, em que se estabelece que, «*quando a tramitação processual prevista na lei não se adequar às especificidades da causa, deve o juiz oficiosamente, ouvidas as partes, determinar a prática dos atos que melhor se ajustem ao fim do processo, bem como as necessárias adaptações*».

No processo arbitral, como no processo civil nos casos abrangidos por este princípio da adequação formal, devem ser ouvidas as partes sobre a tramitação a adotar, mas a sua definição cabe ao tribunal arbitral, tendo em atenção as circunstâncias do caso e da complexidade do processo, como se estabelece no artigo 18º, nº 1, alínea *a*), do RJAT.

Em aplicação deste princípio, o tribunal arbitral deve observar os princípios do contraditório e da igualdade das partes e obstar a que sejam praticados actos inúteis.

Uma concretização deste princípio encontra-se no artigo 19º do RJAT, que define no *princípio da livre condução do processo*, em matéria de realização de diligências probatórias.

Esta autonomia do tribunal arbitral na condução do processo e na determinação das regras a observar reconduz-se a que, apesar de o artigo 29º do RJAT indicar legislação subsidiariamente aplicável, a sua aplicação no processo arbitral dependerá sempre de decisão do tribunal arbitral, não sendo automaticamente aplicáveis no processo arbitral as normas que seriam aplicáveis a processos idênticos nos tribunais tributários, devendo ter-se especial atenção à compatibilidade de regimes previstos na legislação subsidiária com a celeridade que se pretende obter nos processos arbitrais.

12.4. Princípios da oralidade e da imediação

O artigo 16º, alínea *d*), do RJAT refere os princípios da oralidade e a imediação, como princípios operativos da discussão das matérias de facto e de direito.

A enunciação destes princípios tem subjacente a perspetiva legislativa de que com a sua observância se consegue uma mais rápida e eficiente decisão.

No entanto, no contencioso tributário, relativamente a atos de liquidação, de determinação da matéria tributável e coletável e de fixação de valores patrimoniais, a que se limitam as competências dos tribunais arbitrais no artigo 2º do RJAT, o princípio da oralidade tem muito menos importância do que assume no processo civil, pois, em regra, a mais relevante matéria de facto baseia-se em prova documental, o que é corolário de o procedimento tributário em que são praticados esses atos ser um processo escrito.

A prática dos tribunais arbitrais que funcionam no CAAD, designadamente no caso de tribunais coletivos, tem demonstrado que, frequentemente, há grande dificuldade em agendar reuniões em que têm de se reunir as disponibilidades das agendas dos três árbitros e dos representantes das partes e conjugá-las com as dos serviços do CAAD, pelo que a necessidade de assegurar o princípio da oralidade pode reconduzir-se a atrasos na tramitação do processo.

Por outro lado, sendo a discussão por escrito das matérias de facto e de direito perfeitamente adequada ao contencioso tributário, como está implicitamente reconhecido nos artigos 120º e 121º do CPPT, ao preverem a discussão de todas as matérias por escrito no processo de impugnação judicial, os tribunais arbitrais deverão optar pela discussão por escrito, ao abrigo dos poderes de definição da tramitação processual e da determinação das regras a observar, que lhe conferem os artigos 16º, alínea c), e 18º, nº 1, alínea a), do RJAT, sempre se isso se mostre recomendável para a celeridade da prolação da decisão de mérito.

Na verdade, o princípio da oralidade não é um fim em si mesmo, justificando-se por razões de simplificação e celeridade, devendo ceder quando o tribunal arbitral entender, ao abrigo da sua autonomia na condução do processo que lhe garante o artigo 16º, alínea c), do RJAT, que, nomeadamente nos casos em que tenham de ser apreciadas questões complexas, que é mais conveniente a prática de atos por escrito.

Por outro lado, a prática de atos por escrito poderá beneficiar a celeridade, designadamente nos casos em que haja dificuldade em encontrar disponibilidade das agendas de todos os árbitros e dos representantes das partes para a realização das reuniões imprescindíveis para prática de atos orais.

12.5. Princípio da livre apreciação dos factos e a livre determinação das diligências de produção de prova necessárias, de acordo com as regras da experiência e a livre convicção dos árbitros

O tribunal arbitral não está obrigado à realização de todas as diligências que sejam requeridas pelos intervenientes processuais, devendo realizar e ordenar apenas diligências que considere úteis ao apuramento da verdade, como é corolário do princípio processual geral de proibição de atos inúteis (artigo 137º do CPC).

Esta regra que resulta da alínea *e*) do artigo 16º do RJAT, está em sintonia com o princípio do inquisitório, definido no artigo 99º, nº 1, da LGT, em que se estabelece que «*o tribunal deve realizar ou ordenar oficiosamente todas as diligências que se lhe afigurem úteis para conhecer a verdade* relativamente aos factos alegados ou de que oficiosamente pode conhecer».

É o critério do tribunal arbitral que prevalece no que concerne a determinar quais as diligências que são úteis para o apuramento da verdade, sendo inevitável em tal determinação uma componente subjetiva, ligada à convicção dos árbitros.

No entanto, a necessidade da realização das diligências pode ser controlada objetivamente, em face da sua real utilidade para o apuramento da verdade, podendo, por isso, ser apreciada em recurso a correção da decisão de recusa de realização de qualquer diligência. Assim, se for requerida pelas partes a realização de uma diligência, o tribunal arbitral só não a deve levar a cabo se a considerar inútil ou dilatória, em decisão fundamentada[85].

O princípio da livre apreciação das provas, adotado também no nº 1 do artigo 655º do CPC, significa apenas a libertação do juiz das regras severas e inexoráveis da prova legal, sem que, entretanto, se queira atribuir-lhe o poder arbitrário de julgar os factos sem prova ou contra as provas.[86]

«*A liberdade de que aqui se fala não é, nem deve implicar nunca o arbítrio, ou sequer a decisão irracional, puramente impressionisto-emocional que se furte, num*

---

[85] Neste sentido, para o contencioso tributário, pode ver-se o acórdão do STA de 05-04-2000, processo nº 24713.

[86] Alberto dos Reis, *Código de Processo Civil Anotado*, volume III, página 245 e, em sentido semelhante, volume IV, página 570.

incondicional subjetivismo, à fundamentação e à comunicação. Trata-se antes de uma liberdade para a objetividade – não aquela que permita uma "intime conviction", meramente intuitiva, mas aquela que se determina por uma intenção de objetividade, aquela que se concede e que se assume em ordem a fazer triunfar a verdade objetiva, isto é, uma verdade que transcenda a pura subjetividade e que se comunique e imponha aos outros – que tal só pode ser a verdade do direito e para o direito. Isto significa, por um lado, que a exigência de objetividade é ela própria um princípio de direito (cfr. R. V. Hipekl, Der deutsche Strafprozess, 386, s.), ainda no domínio da convicção probatória, e implica, por outro lado, que essa convicção só será válida se for fundamentada já que de outro modo não poderá ser objetiva. O que envolve, por sua vez, duas importantes consequências:

- *havendo a convicção probatória de ser fundamentada, deverá ser motivada ou (quando as leis processuais o não exijam formalmente) motivável;*
- *sujeita à exigência de objetividade, enquanto princípio jurídico, não deixará de ser controlável mesmo pelos tribunais de recurso com competência apenas "de direito" (STJ, como tribunal de "revista"), sempre que a violação do princípio da objetividade for evidente sem outras averiguações probatórias (cfr. artigo 712º, nº 1, b), do Cód. Proc. Civil);*
- *assim, p. ex., quando for contraditória (ilógica), quando estiver em flagrante e insanável contradição com os elementos adquiridos nos autos, quando for impossível ou evidentemente errada a sua conclusão, de acordo com as regras válidas da experiência, etc.».*[87]

Este princípio foi já, por diversas vezes, objeto de apreciação em sede arbitral. No âmbito do Processo Arbitral nº 8/2012-T, de 23-02-2012, foi defendido que *"O Tribunal julga a matéria de facto de acordo com o princípio da livre apreciação da prova em relação àquelas que não tenham valor legalmente tabelado, consagrado no artigo 655º do Código de Processo Civil, aplicável ao processo arbitral por força do disposto no artigo 29º, nº 1, alínea e), do DL nº 10/2011, e tendo em conta regras estabelecidas, em processo tributário, nos artigos 110º, nº 7, e 115º do Código de Procedimento e de Processo Tributário (CPPT). Em relação às provas de valor legal tabelado, categoria em que se inserem os documentos autênticos, seguir-se-á a regra estabelecida na lei para esse tipo de provas, sendo a daqueles fixada no artigo 371º, nº 1, do Código Civil. O Tribunal entende o prin-*

---

[87] Castanheira Neves, *Sumários de Processo Criminal*, Coimbra, 1968, páginas 50-51.

cípio da livre apreciação das provas de valor não tabelado no sentido de vinculação legal institucional às regras objetivas da técnica, da ciência, da razão ou da experiência comum"[88].

12.6. Princípios da cooperação e boa fé processual, aplicável aos árbitros, às partes e aos mandatários

Estes princípios, referidos no artigo 16º, alínea *f*), do RJAT, estão enunciados nos artigos 266º e 266º-A do CPC, subsidiariamente aplicável, por força do disposto no artigo 29º, nº 1, alínea *e*), do RJAT.

Em sintonia com estes princípios, na condução e intervenção no processo, devem os árbitros, as partes e seus mandatários atuar com boa fé, cooperando entre si, concorrendo para se obter, com brevidade e eficácia, a justa composição do litígio (artigos 266º, nº 1, e 266º-A do CPC).

O tribunal arbitral pode, em qualquer altura do processo, ouvir as partes, seus representantes ou mandatários judiciais, convidando-os a fornecer os esclarecimentos sobre a matéria de facto ou de direito que se afigurem pertinentes e dando-se conhecimento à outra parte dos resultados da diligência (artigo 266º, nº 2, do CPC). As pessoas aqui referidas são obrigadas a comparecer sempre que para isso forem notificadas e a prestar os esclarecimentos que lhes forem pedidos, sem prejuízo do direito de recusa legítima, nos termos do nº 3 do artigo 519º do mesmo Código (artigo 266º, nº 3, do CPC).

Sempre que alguma das partes alegue justificadamente dificuldade séria em obter documento ou informação que condicione o eficaz exercício de faculdade ou o cumprimento de ónus ou dever processual, deve o tribunal arbitral, sempre que possível, providenciar pela remoção do obstáculo (artigo 266º, nº 4, do CPC).

Nos processos arbitrais, em que a preocupação com a celeridade está mais presente do que nos processos dos tribunais judiciais, o cumprimento dos deveres de colaboração e boa fé assume especial relevância, designadamente num ponto que se tem vindo a mostrar o maior obstáculo à celeridade, que é a disponibilidade de todos os intervenientes processuais para agendamento de reuniões com tribunais coletivos.

---

[88] Disponível no site oficial do CAAD *in http://www.caad.org.pt.*

12.7. Princípio da publicidade

O princípio da publicidade reporta-se à divulgação das decisões arbitrais, que é obrigatória, devendo as decisões ser expurgadas de quaisquer elementos suscetíveis de identificar a pessoa ou pessoas a que dizem respeito.

A publicidade das decisões dos tribunais da jurisdição administrativa e fiscal é regra para os tribunais superiores, nos termos do artigo 30º do CPTA, só não o sendo para os tribunais tributários de 1ª instância por razões de ordem prática, ligadas à onerosidade do tratamento necessário para expurgar as decisões dos elementos identificativos dos interessados particulares.

Mas, relativamente às decisões de tribunais arbitrais em matéria fiscal, a publicidade justifica-se mais intensamente, por ser primordial assegurar a transparência em julgamentos efetuados sob a égide de uma entidade privada em matéria em que está em causa um interesse público essencial, que é o da igualdade na repartição dos encargos públicos.

A explicação para a exigência de publicação foi notavelmente dada pelo Senhor Presidente do Conselho Deontológico do CAAD na sessão de apresentação do novo regime de arbitragem fiscal, que ocorreu em Lisboa, no dia 14-12-2010[89], nos seguintes termos:

> «*Seria perigoso porém assinalar, como hoje aqui fazemos, o momento histórico da introdução da arbitragem no âmbito do direito fiscal, sem que se tome a oportunidade para refletir sobre a complexidade dessa expansão, tendo em conta a função jurisdicional a desempenhar pelos tribunais arbitrais e os interesses objeto dos litígios que neles, a partir de agora, darão entrada.*
>
> *(...)*
>
> *Assim, e logo à partida, é preciso que o regime de arbitragem tributária ora constituído consiga afastar receios de que, por via da arbitragem, as partes consigam contornar as imposições legais que sobre si recaem, e que façam letra morta dos princípios da legalidade e da igualdade entre contribuintes em matéria tributária, com a capacidade negocial diferenciada das partes a sobrepor-se ao princípio da tributação de acordo com a sua real capacidade contributiva.*

---

[89] Publicada em *http://www.caad.org.pt/index.php/content/content/id/47.*

Princípio que, sublinhe-se, é de importância vital para a legitimidade do nosso sistema fiscal, e, como tal, também para a aceitação, pelo contribuinte, do seu dever solidário de pagar impostos.

O afastamento de um tal receio depende, em última instância, da qualidade das sentenças arbitrais que venham a ser emitidas pelos tribunais arbitrais fiscais em funcionamento sob os auspícios do CAAD, e que têm de ser, pelo menos, tão rigorosas quanto as normalmente prolatadas pelos tribunais judiciais.

O que neste contexto significa, muito em concreto, que as decisões arbitrais devem ser expressa e claramente fundamentadas, bem como dar provas inequívocas de uma aplicação correta, objetiva e igualitária das leis tributárias, sem concessões a influências indevidas ou a arranjos oportunistas.

Uma fiabilidade que deverá ser, de resto, submetida ao controlo da comunidade fiscal alargada, nela incluídos os contribuintes, sendo este controlo possibilitado pela publicidade – isto é, pela publicação célere e de fácil acesso online das decisões arbitrais.

Noutras palavras, a sentença arbitral tem de ser pública, clara e persuasiva, mostrando-se inequivocamente apta a salvaguardar os direitos e interesses das partes, sejam eles os direitos ou interesses privados injustamente lesados pela máquina fiscal, seja ele o interesse público, que à Administração Tributária compete primeiramente prosseguir, dentro e fora do processo arbitral, mas que o próprio tribunal arbitral não pode deixar de ter em linha de conta, quando nele todos os contribuintes são afinal contrainteressados».

A publicidade da totalidade das decisões do CAAD em matéria tributária tem sido assegurada através da respetiva página na Internet.

13. Tramitação do processo arbitral
13.1. Receção do requerimento de pronúncia arbitral. Indeferimento liminar

O artigo 17º, nº 1, do RJAT, na redação inicial, estabelece que, «*recebido o requerimento a que refere o artigo 10º, o tribunal arbitral notifica o dirigente máximo do serviço da Administração Tributária para, no prazo de 15 dias, apresentar resposta e, caso queira, solicitar a produção de prova adicional*». O prazo passou para 30 dias com a redação da Lei nº 66-B/2013, de 31 de dezembro.

Como se vê pela referência ao «*tribunal arbitral*» que aqui se faz, a aplicação desta norma tem lugar apenas depois da constituição do tribunal arbitral, que não ocorria automaticamente com a apresentação do pedido de constituição do tribunal arbitral, mas, inicialmente, apenas com a reunião de constituição do tribunal, nos termos do artigo 15º do RJAT, com remissão para o artigo 11º, nºs 1, alínea *c*), 7 e 8. Com a redação da Lei nº 66-B/2013, de 31 de dezembro, o tribunal arbitral considera-se constituído no termo do prazo referido na notificação da designação de árbitros.

Isto é, com a entrada do pedido de constituição do tribunal arbitral, antes de este ser constituído, é observado o preceituado no artigo 13º do RJAT, sendo a tramitação assegurada pelos serviços do CAAD e não pelo tribunal arbitral.

Só depois de o tribunal arbitral estar constituído é que, por iniciativa deste, se dá cumprimento à notificação do dirigente máximo do serviço da Administração Tributária para apresentar resposta.

A esta luz, a fórmula utilizada no artigo 17º, nº 1 («*recebido o requerimento*», na redação inicial), não se reporta à receção física do requerimento nos serviços do CAAD, ocorrida antes da constituição do tribunal arbitral, mas sim com a sua ***receção jurídica*** pelo tribunal arbitral, à semelhança do que se prevê para o processo de impugnação judicial, no artigo 110º, nº 1, do CPPT.

O que significa que, antes de receber o requerimento, o tribunal arbitral deverá apreciar se ele enferma de deficiências ou irregularidades sanáveis, designadamente se satisfaz todos os requisitos indicados no nº 2 do artigo 10º do RJAT, devendo providenciar para que sejam sanadas as deficiências ou irregularidades que o possam ser (nº 2 do artigo 110º do CPPT, subsidiariamente aplicável). É certo que, no artigo 18º, nº 1, alínea *c*), do RJAT, prevê-se que, na denominada «*primeira reunião do tribunal arbitral*», seja formulado convite às partes para correção das suas peças processuais, quando necessário, mas, não parece ser conveniente, antes pelo contrário, que tal correção se faça quanto mais cedo melhor, pois, em regra, a correção tardia implica a repetição de atos processuais.

Por outro lado, esta possibilidade de intervenção inicial do tribunal arbitral na receção do requerimento, parece implicar também a possibilidade de indeferimento liminar.

Com efeito, a prolação de despachos de indeferimento liminar insere-se no princípio básico de economia processual, que contém a sua expressão máxima na proibição da prática de atos inúteis (artigo 137º do CPC). Por isso, em matéria de indeferimento liminar, a regra é a de que ele só não é possível quando o chamamento ao processo da parte contrária é

GUIA DA ARBITRAGEM TRIBUTÁRIA

efetuado oficiosamente pela secretaria e não havendo intervenção inicial do tribunal arbitral (como se infere dos artigos 234º e 234º-A do CPC).

Assim, a coerência valorativa do sistema jurídico, que é o primacial elemento interpretativo (artigo 9º, nº 1, do CC), impõe a conclusão de que será admissível o indeferimento liminar da petição de impugnação judicial[90].

De harmonia com o preceituado no artigo 89º do CPTA, subsidiariamente aplicável, atenta a natureza do caso omisso, a processos de impugnação de atos, o pedido de pronúncia arbitral deve ser liminarmente indeferido quando for *manifesto*:

- que é inepto [artigos 98º, nº 1, alínea *a*), do CPPT e 89º, nº 1, alínea *a*), do CPTA];
- que falta personalidade ou capacidade judiciária ao requerente [artigos 89º, nº 1, alínea *b*), do CPTA];
- que o ato impugnado é inimpugnável [artigo 89º, nº 1, alínea *c*), do CPTA];
- que falta legitimidade ao requerente ou à entidade demandada [artigo 89º, nº 1, alínea *d*), do CPTA];
- que o requerimento foi apresentado depois do termo do prazo legal aplicável [artigo 89º, nº 1, alínea *h*), do CPTA];
- que ocorre litispendência ou existe caso julgado [artigo 89º, nº 1, alínea *i*), do CPTA];[91]
- que há contrainteressados e não forem identificados [artigo 89º, nº 1, alínea *f*), do CPTA].[92]

---

[90] Relativamente à situação paralela prevista no artigo 110º, nº 1, do CPPT para o processo de impugnação judicial, o STA tem aceitado pacificamente a possibilidade de indeferimento liminar de petições de impugnação judicial, como pode ver-se pelos seguintes acórdãos: de 10-03-2005, processo nº 1022/04; de 25-05-2005, processo nº 400/05; de 22-02-2006, processo nº 1253/05; de 05-04-2006, processo nº 1286/05; e de 27-05-2009, processo nº 76/09.

[91] Os conceitos e requisitos das exceções de litispendência e o caso julgado constam dos artigos 497º e 498º do CPC.

[92] Embora não sejam frequentes as situações em que, em processos em que é pedida a declaração de atos tributários, há contrainteressados, por a relação jurídica tributária, normalmente, se estabelecer apenas entre um determinado contribuinte e a Administração Tributária, há situações em que elas ocorrem, designadamente nos casos em que sejam indicados no ato

Na prática do CAAD, tem vindo a ser na própria reunião referida no nº 7 do artigo 7º do RJAT que é feita notificação do dirigente máximo do serviço, através do seu representante na reunião, para responder.

13.2. Remessa do processo administrativo ao tribunal arbitral

No prazo da resposta, a Administração Tributária deve remeter ao tribunal arbitral o processo administrativo em que foi praticado o ato cuja declaração é pedida.

Não se prevê um regime especial para o não cumprimento deste dever, deverá aplicar-se subsidiariamente o regime previsto no artigo 84º, nºs 5 e 6, do CPTA, ao abrigo do disposto no artigo 29º, nº 1, alínea c), do RJAT[93].

A falta do envio do processo administrativo não obsta ao prosseguimento do processo e determina que os factos alegados pelo requerente se considerem provados, se aquela falta tiver tornado a prova impossível ou de considerável dificuldade (artigo 84º, nº 5, do CPTA).

Da junção aos autos do processo administrativo é dado conhecimento a todos os intervenientes no processo (nº 6 do mesmo artigo 84º). Não se prevê, nem no CPPT nem no CPTA, a notificação de todo o conteúdo do processo administrativo, mas apenas a notificação da sua junção.

Como resulta da parte final do nº 2 do artigo 17º do RJAT, conjugado com o nº 5 do artigo 110º do CPPT, adaptado ao processo arbitral, o tribunal arbitral pode, a todo o tempo, ordenar ao serviço periférico local a remessa do processo administrativo, mesmo na falta de resposta do dirigente máximo do serviço.

---

várias pessoas como sujeitos passivos, como sucede, designadamente, em IRS liquidado com base no agregado familiar, nos termos do artigo 13º, nº 2, do CIRS, em que não é indiferente para os seus membros a forma como ele se considera constituído nem ser tributado no âmbito dele ou fora dele.

[93] No artigo 84º, nº 4, do CPTA estabelece-se que «*na falta de cumprimento do previsto no nº 1, sem justificação aceitável, pode o juiz ou relator determinar a aplicação de sanções pecuniárias compulsórias, nos termos do artigo 169º, sem prejuízo do apuramento da responsabilidade civil, disciplinar e criminal a que haja lugar*».

Nem o RJAT nem a LAV2011 referem a possibilidade de os tribunais arbitrais aplicarem sanções compulsórias e no artigo 38º desta Lei, prevê-se a possibilidade de solicitar a intervenção dos tribunais estaduais, nos casos de recusa de colaboração, o que revela que os tribunais arbitrais não dispõem dos poderes processuais que são atribuídos aos tribunais estaduais, em matéria compulsiva.

14. Primeira reunião do tribunal arbitral

Após a apresentação da resposta tem de se realizar a denominada «*primeira reunião do tribunal arbitral*», prevista no artigo 18º do RJAT.

Frequentemente, é também a última reunião anterior à decisão final, designadamente quando não há lugar à realização de diligências probatórias e as partes preterem do direito de marcação de uma nova reunião para o efeito de realização de alegações orais.

14.1. Exceções

Nesta reunião devem ser ouvidas as partes sobre eventuais obstáculos ao conhecimento do mérito da causa, se a questão for suscitada pelo tribunal arbitral, ou ser ouvido o sujeito passivo, se a exceção foi suscitada pela Administração Tributária.

Não haverá obstáculo, porém, a que, nos casos em que a exceção for suscitada pela Administração Tributária na sua resposta, o sujeito passivo se pronuncie por escrito, na sequência da respetiva notificação, embora nesse caso, exercido dessa forma o direito de contraditório, não deva ser ouvido novamente sobre essa matéria na reunião prevista no artigo 18º, o que é corolário do princípio da igualdade das partes, enunciado no artigo 16º, alínea *b*), do RJAT.

Na verdade, essa pronúncia por escrito não terá qualquer inconveniente, em termos de celeridade, antes pelo contrário, permitirá até ao tribunal arbitral apreciar as exceções e, eventualmente, mesmo pronunciar-se sobre as exceções logo na reunião referida. Por outro lado, a discussão de questões jurídicas por escrito proporciona, em regra, uma análise mais profunda do que a discussão oral e evita possíveis delongas provocadas por dificuldade em agendar reuniões.

Por isso, não há obstáculo a que o tribunal arbitral aceite essa pronúncia, ao abrigo dos poderes de determinação das regras a observar que lhe confere a alínea *c*) do artigo 16º do RJAT, interpretados em sintonia com os princípios da celeridade, simplificação e informalidade processuais, referidos no nº 2 do seu artigo 29º.

14.2. Alegações orais

No nº 2 do artigo 18º do RJAT prevê-se que, se forem necessárias alegações orais, seja indicada uma data para elas serem proferidas.

Também aqui, pelas razões que se referem no ponto anterior, não haverá inconveniente em que as alegações sejam apresentadas por escrito.

Como resulta do próprio texto do nº 2 do artigo 18º do RJAT, as alegações não são obrigatórias na tramitação dos processos arbitrais, devendo haver lugar a elas apenas quando sejam necessárias, o que caberá ao tribunal arbitral decidir.

Em regra, as alegações não serão necessárias quando se mostre que o sujeito passivo tem conhecimento dos atos relevantes do processo administrativo, junto nos termos do artigo 17º, nº 2, do RJAT, e os argumentos invocados pela Administração Tributária na sua resposta tiverem sido apreciados antecipadamente pelo sujeito passivo no pedido de pronúncia arbitral.

14.3. Marcação de data para ser preferida decisão arbitral

Estabelece-se no nº 2 do artigo 18º do RJAT que, na reunião que nele se refere, deverá ser comunicada às partes a data para a decisão arbitral.

No caso de não haver lugar a diligências probatórias tal indicação poderá, em regra, ser efetuada, mas, no caso contrário, não poderá fazer--se tal comunicação, pois pode haver necessidade de adiar diligências marcadas (como se prevê expressamente no nº 2 do artigo 19º do RJAT) ou serem realizadas novas diligências na sequência do resultado de outras.

De qualquer modo, a não prolação da decisão na data comunicada às partes não tem qualquer consequência processual, visando apenas impor ao tribunal arbitral que atue de forma diligente, designadamente respeitando o prazo de seis meses a contar do início do processo arbitral, previsto no nº 1 do artigo 21º do RJAT.

14.4. Princípio da livre condução do processo

O artigo 19º do RJAT estabelece que a falta de comparência de qualquer das partes a ato processual, a inexistência de defesa ou a falta de produção de qualquer prova solicitada não obstam ao prosseguimento do processo e à consequente emissão de decisão arbitral com base na prova produzida, de acordo com o princípio da livre apreciação de prova e da autonomia do tribunal arbitral na condução do processo.

Trata-se de uma concretização do princípio enunciado na alínea *c*) do artigo 16º do RJAT, que visa assegurar a celeridade na prolação da decisão.

GUIA DA ARBITRAGEM TRIBUTÁRIA

Porém, não sendo a celeridade um fim em si mesmo, sendo necessário primacialmente assegurar a qualidade da decisão de mérito, o nº 2 do mesmo artigo 19º prevê a possibilidade de o tribunal arbitral permitir a prática de ato omitido ou a repetição de ato ao qual a parte não tenha comparecido, bem como o respetivo adiamento. Este poder deverá ser exercido tendo em vista a presumível influência que as diligências a realizar possam ter na decisão da causa. Mas, será um poder/dever, impondo ao tribunal arbitral a realização das diligências omitidas, sempre que reconheça a sua presumível utilidade.

No artigo 40º, nº 3, da LAV2011, estabelece-se que «*as questões respeitantes à ordenação, à tramitação ou ao impulso processual poderão ser decididas apenas pelo árbitro presidente, se as partes ou os outros membros do tribunal arbitral lhe tiverem dado autorização para o efeito*».

Trata-se de uma solução que poderá também ser adotada na arbitragem tributária, pois a LAV deve considerar-se subsidiariamente aplicável, *ex vi* dos artigos 29º, nº 1, alínea *c*), do RJAT e 181º, nº 1, do CPTA e, de qualquer forma, poderá ser adotada, ao abrigo dos poderes conferidos ao tribunal arbitral pela alínea *c*) do artigo 16º do RJAT, para condução do processo e determinação das regras a observar com vista à obtenção, em prazo razoável, de uma pronúncia de mérito sobre as pretensões formuladas.

14.5. Decisão arbitral
14.5.1. Prazo para proferir decisão

Nos termos do artigo 21º do RJAT a decisão arbitral deve ser emitida e notificada às partes no prazo de seis meses a contar da data do início do processo arbitral.

Este início do processo arbitral não ocorre com a apresentação do pedido de constituição do tribunal arbitral, mas apenas com a concretização desta constituição, nos termos dos artigos 11º, nº 8, e 15º do RJAT.

O prazo conta-se seguidamente, de harmonia com o preceituado no artigo 144º, nº 1, do CPC, sem qualquer suspensão, mesmo em período de férias judiciais, uma vez que é de duração de seis meses[94].

---

[94] Não era clara, antes da introdução do artigo 17º-A do RJAT, a solução da questão de saber se o regime de férias judiciais é aplicável aos processos arbitrais tributários. No entanto, em rela-

Poderá, porém, o tribunal arbitral determinar a prorrogação do prazo por sucessivos períodos de dois meses, com o limite de seis meses, comunicando às partes essa prorrogação e os motivos que a fundamentam (artigo 21º, nº 2, do RJAT).

Em qualquer caso, não bastará proferir a decisão dentro do prazo aplicável, sendo necessário que respetiva notificação também se efetue dentro dele, como resulta do texto no nº 1 do artigo 21º do RJAT.

Findo o prazo máximo, extinguem-se os poderes jurisdicionais do tribunal arbitral, terminando o processo.

Nesta situação, se a não prolação de decisão não for imputável ao sujeito passivo, deverá entender-se, com base em analogia com a situação regulada no nº 3 do artigo 24º do RJAT, que se reiniciam os prazos para o sujeito passivo apresentar reclamação, impugnação, revisão, promoção da revisão oficiosa, revisão da matéria tributável ou para suscitar nova pronúncia arbitral dos atos objeto da pretensão arbitral.

Será de admitir, porém, que os poderes jurisdicionais renasçam quando houver uma norma que o determine, como será o caso dos nºs 2 e 3 do artigo 80º, nº 2, da Lei nº 28/82, de 15 de Novembro.

14.5.2. Decisão arbitral
14.5.2.1. Pluralidade de decisões

No processo arbitral pode ser proferida mais que uma decisão, designadamente quando for necessário apreciar exceções ou outras questões prévias de que dependa a própria marcha do processo (por exemplo, a necessidade ou não de realização de diligências de prova pode depender de a questão ou questões que a elas se reportam poderem ser objeto de pronúncia arbitral).

Essa possibilidade está pressuposta, quanto às exceções, na alínea *b*) do nº 1 do artigo 18º do RJAT. Mas, deverá ser utilizada generalizadamente quanto a quaisquer questões que possam influenciar a marcha do processo, o que tem cobertura nos poderes de que são atribuídos ao tribunal arbitral de conduzir o processo autonomamente e determinar as regras a observar [artigo 16º, alínea *c*), do RJAT].

ção ao prazo de seis meses não se coloca a questão, por os prazos dessa duração não se suspenderem em férias judiciais, como decorre do nº 1 do artigo 144º do CPC.

GUIA DA ARBITRAGEM TRIBUTÁRIA

Relativamente à decisão sobre o mérito do pedido de declaração de ilegalidade e demais pretensões formuladas pelo sujeito passivo, o nº 1 do artigo 22º do RJAT permite que, quando o tribunal que profere a decisão é coletivo, ela seja decomposta em pronúncias parciais.

A utilidade destas pronúncias parciais, apenas permitida no caso de tribunal coletivo, ocorre nas situações em que há mais que uma questão a apreciar e há maiorias formadas por árbitros diferentes sobre essas questões. Nestes casos, os árbitros podem proferir votos de vencido quanto à decisão arbitral e quanto às pronúncias parciais (artigo 22º, nº 5, do RJAT).

14.5.2.2. Como é proferida a decisão

As decisões, quando são proferidas por tribunal coletivo, são tomadas por maioria (que engloba a unanimidade, naturalmente) dos seus membros, como estabelece o artigo 22º, nº 1, do RJAT.

Poderão, porém, surgir situações em que não seja possível formar maioria sobre uma mesma questão, por os três árbitros defenderem soluções diferentes, e, nesse caso, deverá a decisão ser proferida pelo presidente do tribunal, em sintonia com o disposto na 2ª parte do artigo 40º da LAV2011. Embora a LAV não venha expressamente indicada no artigo 29º do RJAT como legislação subsidiária, a sua aplicação é viabilizada pela remissão que na alínea *c*) no seu nº 1 é feita para «*as normas sobre organização e processo nos tribunais administrativos e tributários*», pois entre elas inclui-se o artigo 181º, nº 1, do CPTA, em que se estabelece que o tribunal arbitral «*funciona nos termos da lei sobre arbitragem voluntária, com as devidas adaptações*».

14.5.2.3. Conteúdo da decisão

O artigo 22º, nº 2, do RJAT estabelece que «*é aplicável à decisão arbitral o disposto no artigo 123º, primeira parte, do Código de Procedimento e de Processo Tributário, relativamente à sentença judicial*».

Esta fórmula é imprecisa pois o referido artigo 123º não tem propriamente duas ou mais partes, mas dois números, em que se refere o seguinte:

> *1 – A sentença identificará os interessados e os factos objeto de litígio, sintetizará a pretensão do impugnante e respetivos fundamentos, bem como a posição do representante da Fazenda Pública e do Ministério Público, e fixará as questões que ao tribunal cumpre solucionar.*

2 – O juiz discriminará também a matéria provada da não provada, fundamentando as suas decisões.

Devendo presumir-se que o legislador «*soube exprimir o seu pensamento em termos adequados*» (artigo 9º, nº 1, do Código Civil), aquela referência à «*primeira parte*» do artigo 123º do CPPT não se reportará ao seu nº 1, pois, se fosse isso o que se pretendia dizer, ter-se-ia feito referência explícita a esse nº 1.

Por outro lado, estabelecendo-se no nº 2 daquele artigo 123º o dever de discriminar a matéria de facto provada da não provada, que se engloba na fundamentação de facto da decisão, é seguro que aquela referência à «*primeira parte*» do artigo 123º não terá em vista afastar esta fundamentação, pois no nº 3 do mesmo artigo 22º do RJAT estabelece-se expressamente o dever de, além do mais, indicar as «*razões de facto*» que motivaram a decisão.

Para além disso, a fundamentação, de facto e de direito, das decisões dos tribunais é um imperativo constitucional, pois, nos termos do artigo 205º, nº 1, da CRP, «*as decisões dos tribunais que não sejam de mero expediente são fundamentadas na forma prevista na lei*». Por isso, a interpretação compatível com a Constituição que se deve fazer daquele nº 2 do artigo 22º do RJAT será no sentido de não se pretender com ele afastar o dever de fundamentação de facto da decisão do tribunal arbitral.

Por isso, é de concluir que aquela referência à «*primeira parte*» do artigo 123º reportar-se-á ao seu nº 1, em que se podem divisar várias partes:

- o dever de identificar os interessados e os factos objeto de litígio;
- o dever de sintetizar a pretensão do impugnante e respetivos fundamentos;
- o dever de sintetizar a posição do representante da Fazenda Pública e do Ministério Público; e
- o dever de fixar as questões que ao tribunal cumpre resolver.

Relativamente à identificação dos factos objeto do litígio, é inequívoco que deve ser efetuada na decisão arbitral, pois ela é explicitamente imposta pelo nº 3 do artigo 22º do RJAT.

Por outro lado, destas «*partes*» do nº 1 do artigo 123º, a única que é insuscetível de aplicação nos seus precisos termos é a que se refere à síntese das posições do representante da Fazenda Pública e do Ministério

Público, pois estas entidades não têm intervenção nos processos arbitrais tributários, uma vez que a legitimidade passiva é atribuída ao dirigente máximo do serviço (artigo 17º, nº 1, do RJAT).

No entanto, dizendo-se que apenas é aplicável a *«primeira parte»* do artigo 123º, parece que também se dispensarão os deveres de sintetizar a pretensão do impugnante e respetivos fundamentos e fixar as questões que ao tribunal cumpre resolver.

Esta simplificação, que poderia ser de alguma utilidade em tribunais que tivessem de decidir grandes quantidades de processos, por, no conjunto, poder proporcionar considerável economia de tempo, não parece de utilidade apreciável nos tribunais arbitrais que funcionam no CAAD, em que os números de processos que são decididos não é muito elevado.

De qualquer forma, o que é seguro é que não haverá que inconveniente, antes pelo contrário, em que as decisões arbitrais observem o que consta do artigo 123º do CPPT, com exceção da referência à posição do Ministério Público e com a adaptação de a posição do representante da Fazenda Pública ser substituída pela posição do dirigente máximo do serviço.

Na decisão arbitral devem ser apreciadas todas as questões jurídicas suscitadas pelas partes e também as que sejam de conhecimento oficioso[95], cuja resolução não deva considerar-se prejudicada pela solução dada a outras (artigos 660º, nº 2, do CPC), começando pelas questões processuais que possam determinar a absolvição da instância (artigo 660º, nº 1, do CPC), indicadas no artigo 288º do CPC, se não foram apreciadas em anterior decisão autónoma.

No que concerne à apreciação dos vícios do ato impugnado, deverá ser observada a ordem indicada no artigo 124º do CPPT, subsidiariamente aplicável por força do disposto no artigo 29º, nº 1, alínea *a*), do RJAT. Está ínsito no estabelecimento de uma ordem de conhecimento de vícios que, uma vez reconhecida a existência de um vício suscetível de levar à eliminação do ato da ordem jurídica com efetiva tutela da posição jurídica do impugnante (designadamente, que obste à renovação do ato com o mesmo sentido), ficará prejudicado o conhecimento de outros

---

[95] O juiz não pode conhecer de questões que não tenham sido suscitadas pelas partes, salvo tratando-se questões de conhecimento oficioso (artigo 660º, nº 2, do CPC).

vícios imputados ao ato impugnado, pois, se fosse necessário conhecer sempre de todos os vícios imputados ao ato impugnado, seria indiferente a ordem da sua apreciação.

Por força do disposto no nº 2 do artigo 2º do RJAT, o julgamento é feito com base no direito constituído, sendo vedado o recurso à equidade.

A decisão arbitral é assinada por todos os árbitros e é nela indicada a data em que foi proferida, sendo remetido um exemplar assinado da decisão a cada uma das partes (nº 3 do artigo 22º do RJAT).

Deverá ainda ser indicado o lugar e que foi proferida a decisão arbitral, que releva para determinação do Tribunal Central Administrativo competente para a apreciação das impugnações previstas no artigo 27º do RJAT, de harmonia com o preceituado nos artigos 59º, nº 1, da LAV2011, aplicável, com adaptação, por força do disposto nos artigos 181º do CPTA e 29º, alínea *c*), do RJAT.

14.5.2.4. Custas

De harmonia com o disposto no artigo 12º do RJAT, pela constituição de tribunal arbitral é devida taxa de arbitragem, cuja regulamentação veio a ser efetuada pelo Regulamento de Custas nos Processos de Arbitragem Tributária.

Nos casos em que o sujeito passivo não designa árbitro, paga, na data do envio do pedido de constituição do tribunal arbitral, a taxa de arbitragem inicial, que corresponde a 50% da taxa de arbitragem resultante da Tabela I anexa ao RCPAT. O valor correspondente aos 50% remanescentes da taxa de arbitragem é pago pelo sujeito passivo antes da data fixada pelo tribunal arbitral, na reunião referida no artigo 18º do RJAT, para a prolação da decisão arbitral (artigo 4º, nºs 2 e 3, do RCPAT).

A fixação do montante e a eventual repartição pelas partes das custas diretamente resultantes do processo arbitral deve ser efetuada na decisão arbitral que vier a ser proferida pelo tribunal arbitral (artigo 12º, nº 2, do RJAT e artigo 4º, nº 4, do RCPAT).

Nos casos em que o sujeito passivo manifesta a intenção de designar árbitro, paga, na data do envio do pedido de constituição do tribunal arbitral, a taxa de arbitragem pela totalidade (artigo 12º, nº 3, do RJAT). Nestes casos a taxa de arbitragem é integralmente suportada pelo sujeito passivo, independentemente de vir a ter ou não êxito no processo (artigo 5º, nº 2, do RCPAT).

GUIA DA ARBITRAGEM TRIBUTÁRIA

Concretizando estes regimes de custas, o artigo 22º, nº 4, do RJAT estabelece que «*da decisão arbitral proferida pelo tribunal arbitral consta a fixação do montante e a repartição pelas partes das custas diretamente resultantes do processo arbitral, quando o tribunal tenha sido constituído nos termos previstos no nº 1 e na alínea a) do nº 2 do artigo 6º*».

Nos casos, previstos na alínea *b*) do nº 2 do artigo 6º do RJAT, em que o tribunal arbitral funciona com árbitros designados pelas partes, não é necessária a fixação do montante das custas e sua repartição, pois o sujeito passivo que optar por essa modalidade de tribunal arbitral assume o encargo de pagar a totalidade das custas, cujo montante é previamente fixado e pago antes do pedido de constituição do tribunal arbitral, de harmonia com o disposto no referido nº 3 do artigo 12º do RJAT e do artigo 5º, nºs 1 e 2, do RCPAT.

14.6. Dissolução do tribunal
14.6.1. Notificação da decisão arbitral
No artigo 23º do RJAT estabelece-se que «*após a notificação da decisão arbitral, o Centro de Arbitragem Administrativa notifica as partes do arquivamento do processo, considerando-se o tribunal arbitral dissolvido nessa data*».

À face do texto do artigo 23º do RJAT, a notificação da decisão arbitral nele prevista é efetuada pelo CAAD, tanto no caso de ser proferida por tribunais arbitrais com árbitros designados pelo CAAD, como naqueles em que os árbitros são designados pelas partes.

Uma distinção entre as duas situações, para este efeito, estava prevista em trabalhos preparatórios do RJAT, em que se pressupunha que, nos casos de árbitros designados pelas partes, o tribunal arbitral funcionava à margem do CAAD, a quem era remetido o processo arbitral depois de findo.

Esta solução não foi mantida na redação final, em que se prevê que os tribunais arbitrais funcionem sempre no CAAD (artigo 4º, nº 2, do RJAT).

No entanto, no artigo 27º, nº 1, do RJAT encontra-se um vestígio dessa anterior solução, ao falar-se em «*notificação da decisão arbitral ou da notificação prevista no artigo 23º, no caso de decisão arbitral emitida por tribunal coletivo cuja intervenção tenha sido requerida nos termos da alínea b) do nº 2 do artigo 6º*».

14.6.2. Retificação e esclarecimento da sentença
São de aplicar na arbitragem tributária das possibilidades de retificação e esclarecimento da sentença, que se preveem no artigo 45º da LAV2011

e que, na arbitragem voluntária, não podem sequer ser afastadas por convenção das partes, como se infere da parte inicial do nº 1 daquele artigo.

Na verdade, as possibilidades de aperfeiçoamento das decisões arbitrais que aqui se preveem, que não implicam uma alteração do sentido da decisão, são também aplicáveis a generalidade das decisões judiciais [artigos 667º a 669º, nº 1, alínea *a*) do CPC] e, na arbitragem tributária, são reclamadas pelos princípios da celeridade e simplificação processual, que são diretriz primordial na determinação do regime processual a aplicar (artigo 29º, nº 2, do RJAT), pois a alternativa ao uso de tais faculdades pelo tribunal arbitral seria a intervenção de outro tribunal em impugnação ou recurso da decisão. Para além disso, não há qualquer especificidade das decisões arbitrais em matéria tributária que possa justificar que não existam em relação a elas as mesmas possibilidades que vigoram em relação à generalidade das decisões arbitrais, pelo que aquele regime da LAV2011 será subsidiariamente aplicável, ao abrigo do artigo 29º, alínea *c*), do RJAT e do artigo 181º, nº 1, do CPTA.

Assim, a notificação do arquivamento do processo, com a consequente dissolução do tribunal arbitral, prevista no artigo 23º do RJAT, deverá aguardar o decurso do prazo de 30 dias subsequentes à receção da notificação da decisão arbitral em que *«qualquer das partes pode, notificando disso a outra, requerer ao tribunal arbitral, que retifique, no texto daquela, qualquer erro de cálculo, erro material ou tipográfico ou qualquer erro de natureza idêntica»* ou *«esclareça alguma obscuridade ou ambiguidade da sentença ou dos seus fundamentos»* (artigo 45º, nºs 1 e 2, da LAV 2012).

O tribunal arbitral poderá também, nos 30 dias seguintes à data da notificação da sentença, retificar qualquer erro daqueles tipos (nº 4 do artigo 45º da LAV2011).

O esclarecimento faz parte integrante da sentença (artigo 45º, nº 3, da LAV2011).

De harmonia com o disposto no nº 6 do artigo 45º da LAV2011, adaptado à arbitragem tributária, o tribunal arbitral pode prolongar, se necessário, o prazo de que dispõe para retificar e esclarecer a sentença, sem prejuízo da observância do prazo máximo fixado para a ser proferida a decisão arbitral, fixado nos termos do artigo 21º do RJAT.

A entender-se aplicável este regime, no caso de ter sido interposto recurso ou ter sido impugnada a decisão arbitral nos termos dos artigos 25º e 27º do RJAT, deverá fazer-se aplicação do regime previsto nos nºs 3 e 4 do artigo 670º do CPC, adaptados à situação:

- o recurso ou impugnação que tenha sido interposto fica a ter por objeto a nova decisão, podendo o recorrente ou impugnante, no prazo de 10 dias, dele desistir, alargar ou restringir o respetivo âmbito, em conformidade com a alteração sofrida, e o recorrido responder a tal alteração, no mesmo prazo;
- o recorrido pode interpor recurso da sentença aclarada, corrigida ou reformada, no prazo de 15 dias a contar da notificação da decisão respetiva.

Em face destas possibilidades processuais, a notificação do arquivamento do processo, que implica a dissolução do tribunal arbitral, nos termos do artigo 23º do RJAT, apenas deverá ser efetuada depois de proferida decisão sobre o pedido de retificação ou esclarecimento ou decorrido o prazo de 30 dias em que ele pode ser formulado.

14.6.3. Decisão adicional

No artigo 45º, nº 5, da LAV2011 estabelece-se ainda que «*salvo convenção das partes em contrário, qualquer das partes pode, notificando disso a outra, requerer ao tribunal arbitral, nos 30 dias seguintes à data em que recebeu a notificação da sentença, que profira uma sentença adicional sobre partes do pedido ou dos pedidos apresentados no decurso do processo arbitral, que não hajam sido decididas na sentença. Se julgar justificado tal requerimento, o tribunal profere a sentença adicional nos 60 dias seguintes à sua apresentação*».

Esta possibilidade de ser proferida sentença adicional não parece ser de aplicar no âmbito da arbitragem tributária, pois, por um lado, não se está perante uma lacuna de regulamentação, uma vez que a omissão de pronúncia está prevista como fundamento de impugnação da decisão arbitral [artigo 28º, nº 1, alínea *c*), do RJAT] e, por outro lado, naquela norma pressupõe-se a faculdade de as partes estabelecerem convenção em contrário e a arbitragem tributária não tem base convencional, o que obsta a essa faculdade.

Por isso, é inviável aplicar na arbitragem tributária o regime da LAV2011, tal como aí se prevê.

Assim, não se justificando que, por via de aplicação subsidiária se imponha na arbitragem o que na arbitragem voluntária é meramente facultativo, deverá entender-se que não será de aplicar o referido regime.

14.7. Efeitos da decisão arbitral

Na autorização legislativa concedida ao Governo pelo artigo 124º da Lei nº 32-B/2010, de 28 de abril, estabelece-se, na alínea *b*) do seu nº 4, que deveriam definir-se como «*como efeitos da sentença proferida a final pelo tribunal arbitral, da anulação, da declaração de nulidade ou de inexistência do ato recorrido ou do reconhecimento do direito ou do interesse legalmente protegido dos contribuintes*».

O artigo 24º do DL nº 10/2011, de 20 de janeiro, concretiza esta diretriz.

14.7.1. Vinculação da Administração Tributária

O artigo 24º, nº 1, do RJAT estabelece que «*a decisão arbitral sobre o mérito da pretensão de que não caiba recurso ou impugnação vincula a Administração Tributária a partir do termo do prazo previsto para o recurso ou impugnação*».

Esta fórmula é deficiente, pois, sendo de 30 dias a contar da notificação da decisão arbitral o prazo do recurso com fundamento em oposição de julgados (artigos 25º, nº 3, e 152º, nº 1, do CPTA), a vinculação não poderá ocorrer antes dele se esgotar, designadamente no prazo de 15 dias, previsto no artigo 27º, nº 1, do RJAT para a impugnação da decisão arbitral.

Por outro lado, também não é precisa a referência à «*decisão arbitral sobre o mérito da pretensão de que não caiba recurso ou impugnação*», pois, não havendo alçada nos tribunais arbitrais, de todas as decisões arbitrais sobre o mérito da pretensão é possível apresentar recurso ou impugnação.

Por isso, esta expressão deverá interpretar-se com o sentido de referenciar a decisão arbitral de que já não possa ser interposto recurso.

14.7.2. Início dos efeitos das decisões arbitrais
14.7.2.1. Início de efeitos da decisão que não conhece do mérito

Se a decisão arbitral não conhece do mérito da pretensão que é objeto do processo, dela não cabe recurso, pois apenas é admissível de decisões sobre o mérito (artigo 25º, nºs 1 e 2, do RJAT).

Mas, dessa decisão há possibilidade de impugnação, que tem efeito suspensivo (artigo 28º, nº 2, com remissão para o artigo 26º do RJAT).

Se não é apresentada impugnação, os efeitos da decisão produzem-se a partir do termo do prazo para a impugnação, que é de 15 dias a contar da notificação da decisão arbitral ou, nos casos em que o tribunal

GUIA DA ARBITRAGEM TRIBUTÁRIA

arbitral funciona com árbitros designados pelas partes, da notificação de arquivamento do processo, prevista no artigo 23º (artigo 27º, nº 1, do RJAT)[96].

Se for apresentada impugnação, os efeitos da decisão arbitral, se ela for mantida, produzir-se-ão a partir do trânsito em julgado da decisão que a apreciar.

14.7.2.2. Início de efeitos da decisão que conhece do mérito

Como resulta do nº 1 do artigo 24º do RJAT, a vinculação da Administração Tributária pela decisão que conhece do mérito ocorre «*a partir do termo do prazo previsto para o recurso ou impugnação*».

O prazo de recurso para o Tribunal Constitucional é de 10 dias (artigo 75º, nº 1, da Lei nº 28/82, de 15 de novembro).

A impugnação das decisões arbitrais pode ter lugar em 15 dias (artigo 27º, nº 1, do RJAT).

O recurso para uniformização tem o prazo de 30 dias (artigo 152º, nº 1 do CPTA), que nos processos arbitrais tributários é contado da data da notificação da decisão (e não do trânsito em julgado da decisão recorrida) por força do disposto no artigo 25º, nº 3, do RJAT.

Antes de estar esgotado este último prazo, o recurso pode sempre ser interposto, pelo que não fica vinculada a Administração Tributária pela decisão arbitral.

Como resulta deste regime, não se aplica o do artigo 146º, nº 2, do CPPT em que se refere que o prazo de execução espontânea das sentenças e acórdãos dos tribunais tributários se conta a partir da data em que o processo tiver sido remetido ao órgão da Administração Tributária competente para a execução, podendo o interessado requerer a remessa no prazo de 8 dias após o trânsito em julgado da decisão.

No processo arbitral tributário, o prazo de execução espontânea da decisão conta-se do termo do prazo de impugnação ou recurso, ou do trânsito em julgado da decisão que vier a ser proferida sobre eles, o que

---

[96] Embora o artigo 23º refira duas notificações, uma da decisão arbitral e outra do arquivamento, a «*notificação prevista no artigo 23º, no caso de decisão arbitral emitida por tribunal coletivo cuja intervenção tenha sido requerida nos termos da alínea b) do nº 2 do artigo 6º*» terá de ser a notificação do arquivamento, pois a notificação da decisão arbitral já está prevista anteriormente.

está em consonância com o artigo 100º da LGT que estabelece vinculação *imediata* da Administração Tributária à plena reconstituição da situação que existiria se não tivesse sido cometida a ilegalidade, em caso de procedência da pretensão do sujeito passivo.

14.7.3. Efeitos de decisão que não conhece do mérito

A decisão arbitral que não conhece do mérito tem como consequência, a partir do momento em que não pode ser apresentada impugnação nem recurso ou transita em julgado a decisão judicial que julgar improcedente impugnação ou recurso que tenha sido apresentado, a cessação dos efeitos atribuídos à apresentação do pedido de constituição do tribunal arbitral, indicados no artigo 13º, nº 5, do RJAT.

14.7.3.1. Efeitos da decisão que não conhece do mérito relativamente à suspensão da execução fiscal e prescrição

Cessam, partir do momento em que a decisão arbitral se tornar definitiva, os efeitos de suspensão da execução fiscal e os efeitos suspensivo e interruptivo da prescrição da obrigação tributária, que tiverem sido atribuídos ao pedido de constituição do tribunal arbitral.

Relativamente à prescrição, começa a contar-se um novo prazo de prescrição desde o início, se se tratar de primeira interrupção, ou, no caso contrário, retoma-se a contagem o prazo que decorreu antes da apresentação do pedido de constituição do tribunal arbitral (artigo 49º, nºs 1, 2 e 4, da LGT).

14.7.3.2. Efeitos da decisão que não conhece do mérito quanto a direitos impugnatórios

Se o não conhecimento do mérito tiver por fundamento *facto não imputável ao sujeito passivo*, reiniciam-se com a decisão arbitral os prazos de reclamação, impugnação, revisão oficiosa ou nova pronúncia arbitral, a contar da notificação da decisão arbitral (artigo 24º, nº 3 do RJAT).

É de salientar que, por força do teor expresso da parte final do nº 3 do artigo 24º do RJAT, o reinício dos prazos tem lugar com a *notificação da decisão arbitral*, não sendo relevante, para este efeito, o momento em que ela se torna definitiva.

Se o não conhecimento do mérito tiver por fundamento *facto imputável ao sujeito passivo*, a decisão arbitral não tem qualquer efeito sobre o reinício dos prazos referidos, podendo o interessado utilizar ainda esses meios referidos se estiver em tempo (como se conclui *a contrario* do nº 3 do artigo 24º, conjugado como o nº 4 do artigo 13º do RJAT).

Apesar de não se reiniciar o prazo, o sujeito passivo poderá estar em tempo, designadamente para a arguição de nulidades ou suscitar a revisão do ato tributário (que pode ser em 4 anos ou mesmo a todo o tempo, se o tributo não estiver pago, nos termos do artigo 78º, nº 1, da LGT).

14.7.4. Efeitos de decisão que julga improcedente a pretensão formulada pelo sujeito passivo

A decisão arbitral de improcedência faz cessar os efeitos que a apresentação do pedido de constituição do tribunal arbitral teve a nível de suspensão da execução fiscal e sobre o decurso do prazo de prescrição, em termos semelhantes aos que tem a decisão que não conhece do mérito. Trata-se de efeitos provisórios, ligados à pendência do processo arbitral, pelo que o termo do processo implica a sua cessação.

14.7.4.1. Preclusão definitiva dos direitos de impugnação com os mesmos fundamentos

A decisão arbitral preclude o direito de o sujeito passivo, com os mesmos fundamentos, reclamar, impugnar, requerer a revisão ou a promoção da revisão oficiosa, ou suscitar pronúncia arbitral sobre os atos objeto desses pedidos ou sobre os consequentes atos de liquidação (artigo 24º, nº 2, do RJAT).

A preclusão de direitos de impugnatórios com os mesmos fundamentos já resulta da mera apresentação de pedido de constituição do tribunal arbitral, nos termos do nº 4 do artigo 13º do RJAT. Mas, esta preclusão está condicionada à prolação de uma decisão de mérito no processo arbitral, como se prevê na parte final do mesmo número.

O que se estabelece no nº 2 do artigo 24º é corolário da verificação da condição referida, com que se torna definitiva a preclusão daqueles direitos.

Trata-se de um efeito semelhante ao que têm as decisões judiciais transitadas em julgado, previsto no artigo 671º, nº 1, do CPC, conjugado com os artigos 497º e 498º do mesmo Código.

Como no caso julgado, a preclusão reporta-se apenas à invocação dos *mesmos fundamentos* de ilegalidade que foram invocados no processo arbitral, o que está em sintonia com a regra da 2ª parte do nº 4 do artigo 497º do CPC em que se esclarece que a causa de pedir nas ações de anulação é o facto concreto ou a nulidade específica que se invoca para obter o efeito pretendido[97].

14.7.5. Efeitos de decisão que julga procedente a pretensão formulada pelo sujeito passivo

14.7.5.1. Preclusão do direito de a Administração Tributária praticar novo ato tributário

Findo o prazo previsto no nº 1 do artigo 13º do RJAT, em que o dirigente máximo do serviço da Administração Tributária pode revogar o ato cuja declaração de ilegalidade é pedida no processo arbitral, a Administração Tributária fica impossibilitada de praticar novo ato tributário relativamente ao mesmo sujeito passivo ou obrigado tributário, imposto e período de tributação, a não ser com fundamento em factos novos (nº 3 do mesmo artigo).

O nº 3 do artigo 24º reafirma esta preclusão, mas é duvidoso o seu alcance.

Na verdade, ao contrário da proibição que se estabelece no nº 3 do artigo 13º, que é absoluta durante a pendência do processo arbitral, a preclusão prevista no nº 3 do artigo 24º não pode contrariar os poderes/deveres que a Administração Tributária tem dar execução à decisão arbitral favorável ao sujeito passivo, que se especificam no nº 1 do mesmo artigo.

Com efeito, resulta explicitamente das alíneas *b)* e *d)* do nº 1 do artigo 24º que, em caso de procedência da pretensão apresentada pelo sujeito passivo, são impostos à Administração Tributária os deveres de «*restabelecer a situação que existiria se o ato tributário objeto da decisão arbitral não tivesse sido praticado, adotando os atos e operações necessários para o efeito*» e de «*liquidar as prestações tributárias em conformidade com a decisão arbitral*».

Por isso, esta preclusão referida no nº 4 do artigo 24º do RJAT não se pode aplicar às situações de procedência da pretensão arbitral quando a prática pela Administração Tributária de um novo ato de liquidação não

---

[97] Sobre este ponto, pode ver-se o ponto 5.7.1..

é incompatível com a decisão, pois esta prática inclui-se no âmbito dos deveres de execução da decisão arbitral favorável ao sujeito passivo. Por exemplo, se é declarada a ilegalidade de um ato de liquidação apenas com fundamento em vício de forma (como falta de fundamentação) ou em vício procedimental (como preterição do direito de audição) ou vício de violação de lei que não impede a renovação, não há obstáculo, havendo mesmo o dever de, em execução da decisão arbitral, a Administração Tributária praticar um novo ato com base nos mesmos factos e com o mesmo sentido, desde que ele não enferme do vício que justificou a declaração de ilegalidade.

Assim, deve-se interpretar o nº 4 do artigo 24º, em sintonia com as als. *b*) e *d*) do seu nº 1, como limitando a proibição de novo ato relativamente ao mesmo sujeito passivo e período de tributação aos casos em que esse novo ato não resulte de dever de execução de julgado.

Consequentemente, parece que a preclusão referida no nº 4 do artigo 24º apenas poderá ter aplicação em situações em que a prática de um novo ato de liquidação com base nos mesmos factos é incompatível com a decisão arbitral, mas uma estatuição deste tipo não terá alcance prático apreciável, pois a proibição de atos que ofendam caso julgado já está prevista, em termos gerais, na alínea *h*) do nº 1 do artigo 133º do CPA.

Poderia aventar-se a possibilidade de a preclusão prevista no nº 4 se reportar às situações previstas no nº 3, em que o processo arbitral termina sem uma decisão de mérito, prolongando, assim, após a decisão arbitral, a proibição que consta do nº 3 do artigo 13º. Mas, se é certo que se compreende essa proibição durante o processo, por a permanente instabilidade do ato poder afetar a tramitação do processo, não se compreenderia que uma decisão que não conhece do mérito da pretensão, que recaiu unicamente sobre a relação processual (por exemplo, que tenha considerado intempestivo o pedido de constituição do tribunal arbitral ou que o requerente carece de legitimidade processual), tenha efeitos extraprocessuais definitivos relativamente à situação jurídica criada com o ato cuja declaração de ilegalidade é pedida, afastando a aplicação das regras que preveem a possibilidade de liquidação adicional com fundamento em erros de direito (por isso, com base nos mesmos factos), que se encontram em várias leis tributárias (por exemplo, os artigos 99º do CIRC e 89º do CIRS).

14.7.5.2. Dever de Administração Tributária executar as decisões dos tribunais arbitrais

Por força do disposto no artigo 205º, nº 2, da CRP, «*as decisões dos tribunais são obrigatórias para todas as entidades públicas e privadas e prevalecem sobre as de quaisquer outras autoridades*».

Esta norma, englobada entre os «*princípios gerais*» da Constituição relativos aos «*Tribunais*» é aplicável também aos tribunais arbitrais, que são um dos tipos de tribunais nela previstos (artigo 209º, nº 2).

A regra geral sobre execução de decisões em matéria tributária favoráveis ao sujeito passivo é enunciada no artigo 100º da LGT, que estabelece que «*a Administração Tributária está obrigada, em caso de procedência total ou parcial de reclamações ou recursos administrativos, ou de processo judicial a favor do sujeito passivo, à imediata e plena reconstituição da situação que existiria se não tivesse sido cometida a ilegalidade, compreendendo o pagamento de juros indemnizatórios, nos termos e condições previstos na lei*».

Nas quatro alíneas do nº 1 do artigo 24º do RJAT explicita-se o conteúdo do dever de executar as decisões dos tribunais arbitrais.

No entanto, o cumprimento do dever de executar e as consequências do seu incumprimento situam-se a jusante do processo arbitral, pois os tribunais arbitrais que funcionam no CAAD não têm competências executivas, como resulta do artigo 2º, nº 1, do RJAT.

Por isso, caso a Administração Tributária não dê cumprimento ao dever de executar ou cumpra esse dever em termos diferentes daqueles que o sujeito passivo entende serem adequados, este terá de utilizar o processo de execução de julgados previsto nos artigos 173º e seguintes do CPTA, aplicáveis por força do disposto no 29º, nº 1, alíneas *a*) e *c*) do RJAT, e nos artigos 102º da LGT, e 146º, nº 1, do CPPT.

No entanto, poderá não ser necessário praticar qualquer ato em execução de julgado, designadamente nos casos em que não tenha sido efetuado o pagamento nem prestada garantia e não seja possível a renovação do ato anulado.

Em situações deste tipo, a mera anulação, eliminando o ato de liquidação da ordem jurídica, poderá ser suficiente para assegurar a reconstituição da situação que existiria se ele não tivesse sido praticado. Poderá, porém, haver necessidade de realizar tarefas de execução relativas à eliminação de eventuais atos consequentes que tenham sido praticados, nomeadamente a extinção de processo de execução fiscal que tenha sido instaurado para cobrança coerciva da quantia liquidada.

Se os atos e operações necessários para executar a decisão arbitral não forem especificados na decisão, designadamente através de pronúncias condenatórias, caberá à Administração decidir quais os que deve praticar em execução espontânea.

14.7.5.3. Prazo para execução espontânea

De harmonia com o disposto no artigo 175º, nºs 1 e 3, do CPTA, o prazo para cumprimento do dever de executar é de três meses ou 30 dias, conforme a execução envolva ou não atos para além do pagamento de uma quantia pecuniária.

Uma vez que, nos termos do nº 1 do artigo 24º do RJAT, a decisão arbitral «*vincula a Administração Tributária a partir do termo do prazo previsto para o recurso ou impugnação*», o prazo que for aplicável contar-se-á a partir do termo do prazo do recurso para uniformização de jurisprudência, que é de 30 dias a contar da notificação da decisão arbitral, nos termos dos artigos 25º, nº 3, do RJAT e 152º, nº 1, do CPTA, prazo este que é mais longo do que o aplicável à impugnação e ao recurso para o Tribunal Constitucional.

O prazo de execução de decisões arbitrais deverá contar-se nos termos do artigo 72º do CPA, com suspensão aos sábados, domingos e feriados. Na verdade, para executar julgados anulatórios, a Administração pode ter de praticar um ato administrativo ou tributário em substituição do anulado, cuja emissão tem de se efetuar com base num procedimento de natureza administrativa, a que são aplicadas as regras do CPA. Por outro lado, o próprio CPA, ao regular o procedimento administrativo, faz referência às execuções de julgados e atos administrativos praticados no seu âmbito na alínea *b*) do nº 1 do seu artigo 128º, o que tem implícita a aplicação do CPA aos atos relativos à execução de julgados. Embora aos prazos do procedimento tributário, por força do disposto no nº 1 do artigo 20º do CPPT, não se aplique esta regra do CPA, mas sim as do artigo 279º do Código Civil (em que os prazos não se suspendem), no caso em apreço há, no nº 1 do artigo 102º da LGT e no nº 1 do artigo 146º do CPPT, remissões globais para as normas que regulam as execuções de julgados proferidos por tribunais administrativos e, por isso, deverão aplicar-se as normas sobre prazos com o sentido e alcance que têm relativamente a esses julgados. A única especialidade, explicitada no nº 2 deste artigo 146º do CPPT, que afasta o regime das execuções de julgados no contencioso administrativo, refere-se ao termo inicial da contagem do prazo de execução e não à forma como ele é contado. Por isso, estando pressuposto no artigo 175º do CPTA que os prazos previstos nos seus nºs 1 e 3 se suspendem, nos termos do artigo 72º do CPA, é com essa suspensão que os prazos devem ser entendidos na execução de julgados proferidos por tribunais tributários.

A execução dos julgados anulatórios de atos de liquidação, nos casos em que a quantia liquidada foi cobrada e o ato não pode ser renovado, reconduzir-se-á ao pagamento ao contribuinte da quantia paga, acrescida ou não de juros indemnizatórios.

Se apenas houver lugar, em execução de julgado, à restituição do imposto cuja liquidação foi declarada ilegal na decisão arbitral, a execução espontânea da decisão anulatória deverá efetuar-se no prazo de 30 dias.

No entanto, se houver lugar ao pagamento de *juros indemnizatórios*, será aplicável o prazo especial de 90 dias, para liquidação e pagamento, previsto no artigo 61º, nº 3, do CPPT.

14.7.5.4. Prática de ato legalmente devido em substituição do objeto da decisão

A alínea *a*) do nº 1 do artigo 24º do RJAT indica, como primeiro exemplo de dever de execução, praticar o ato tributário legalmente devido em substituição do ato objeto da decisão arbitral.

Não é claro o alcance próprio desta alínea, em matéria de execução de decisões arbitrais.

As situações em que, à face do CPTA, há o *dever de prática de ato devido*, que são aquelas em que o interessado dirigiu uma pretensão à Administração Tributária que pode ser satisfeita por um ato com determinado conteúdo, mas essa pretensão não obteve satisfação, por ter sido indeferida expressamente ou por ter decorrido o prazo legal para decisão sem ela ter sido proferida; a decisão do tribunal, no caso de ser considerada ilegal a recusa ou omissão da prática do ato administrativo requerido, condena a Administração à prática desse ato e, em certas situações, até o substitui.

Esse regime consta dos artigos 66º a 71º do CPTA.

No contencioso tributário, este regime tem aplicação evidente nos casos em que o contribuinte requerer à Administração Tributária o reconhecimento de um benefício fiscal não automático. Se esse benefício fiscal não for reconhecido, a Administração Tributária, no caso de procedência de pedido de declaração de ilegalidade da recusa de reconhecimento do benefício fiscal, teria de praticar o ato de deferimento do pedido apresentado. Mas, estas matérias estão fora do âmbito das competências dos tribunais arbitrais que funcionam no CAAD, à face do preceituado no artigo 2º, nº 1, do RJAT.

Poderia aventar-se que a prática de ato legalmente devido a que alude a alínea *a*) do n 1 do artigo 24º do RJAT é a obrigação de liquidar em conformidade com o decidido, mas esse dever está explicitamente referido na alínea *d*) do nº 1 do artigo 24º do RJAT, pelo que, a ser este o alcance daquela alínea *a*), ela seria inútil.

Assim, parece que a referida alínea *a*) do nº 1 do artigo 24º só terá aplicação nos casos em o sujeito passivo requereu a fixação de uma determinada matéria tributável, em substituição da que foi fixada pela Administração Tributária, e vem a ser declarada a ilegalidade da matéria de facto fixada.

14.7.5.5. Restabelecimento da situação que existiria se o ato tributário objeto da decisão arbitral não tivesse sido praticado

Na alínea *b*) do nº 1 do artigo 24º do RJAT impõe-se à Administração Tributária o dever de «*restabelecer a situação que existiria se o ato tributário objeto da decisão arbitral não tivesse sido praticado, adotando os atos e operações necessários para o efeito*».

O artigo 173º, nº 1, do CPTA, que estabelece o princípio geral sobre execução de julgados anulatórios de atos administrativos, preceitua que «*sem prejuízo do eventual poder de praticar novo ato administrativo, no respeito pelos limites ditados pela autoridade do caso julgado, a anulação de um ato administrativo constitui a Administração no dever de reconstituir a situação que existiria se o ato anulado não tivesse sido praticado, bem como de dar cumprimento aos deveres que não tenha cumprido com fundamento no ato entretanto anulado, por referência à situação jurídica e de facto existente no momento em que deveria ter atuado*».

Comparando as duas fórmulas, constata-se que no RJAT não se inclui a parte inicial do artigo 173º, nº 1, do CPTA, em que se faz referência ao «*eventual poder de praticar novo ato administrativo, no respeito pelos limites ditados pela autoridade do caso julgado*».

No entanto, a omissão de referência à possibilidade de praticar um novo ato não significa que a Administração Tributária não possa renovar o ato, desde que tal seja compatível com o decidido pelo tribunal arbitral, o que resulta com clareza da alínea *d*) do nº 1 do artigo 24º do RJAT, que refere o dever de «*liquidar as prestações tributárias em conformidade com a decisão arbitral*».

Porém, resultando dos atos de liquidação a imposição de deveres aos destinatários, eles **não poderão ter efeito retroativo**, pois tal é proibido pelo nº 2 do artigo 173º do CPTA. Por isso, os efeitos dos atos que imponham deveres ao sujeito passivo, apenas produzem efeitos em relação a ele a partir do momento em que a sua renovação ocorre.

Nos casos em que o motivo de declaração de nulidade ou da anulação do ato impugnado foi um vício procedimental ou de forma (como falta de audição do contribuinte ou falta de fundamentação) ou incompetência, não haverá, em princípio, obstáculo a que a Administração Tributária pratique um novo ato expurgado do vício que motivou a anulação.

Poderá, porém, colocar-se a questão de haver impedimento à prática de novo ato derivado dos prazos de caducidade da liquidação aplicáveis (artigo 45º da LGT).

No entanto, o mais adequado entendimento do regime de execução de julgados será o de que, durante o período de execução espontânea, a Administração na sequência de anulação do ato, tem o referido «*poder de praticar novo ato administrativo, no respeito pelos limites ditados pela autoridade do caso julgado*» (artigo 173º, nº 1, do CPTA), não tendo outras limitações que não sejam as derivadas da autoridade da decisão anulatória e as previstas no procedimento de execução de julgados.[98]

Durante este período de execução espontânea de julgados, a Administração Tributária não está a exercer o seu poder autónomo de praticar atos tributários, no âmbito do procedimento tributário próprio para essa prá-

---

[98] Como se entendeu no acórdão do Pleno da SCA do STA de 07-02-2006, processo nº 48140, o procedimento administrativo relativo à execução de julgado é «*um procedimento com vista à execução da decisão judicial, com prazos próprios e regras específicas de preclusão. Este procedimento administrativo prévio à execução (judicial) é um procedimento administrativo especial (...) dentro do qual é admissível a prática pela Administração de um ato válido de conteúdo idêntico*». Na mesma linha, escreveu-se no acórdão da SCA do STA de 02-07-1996, processo nº 30778, AP-DR de 15-03-1999, página 4864, que «*decorre do regime da execução traçado pelo DL 256-A/77 que existe um novo processo decisório perante a Administração ativa, agora virado para a execução da sentença, com prazos próprios*».

tica, estando, antes, por força do disposto no artigo 100º da LGT e 24º, nº 1, alínea *b*), do RJAT, a exercer um poder/dever de executar o julgado criado pela decisão anulatória, poder esse a exercer no âmbito do procedimento especial de execução espontânea de julgados, regido, em primeira linha, pelas suas regras próprias, visando a «*reconstituição da legalidade do ato ou situação objeto do litígio» imposta por aquele artigo 100º, em que se inclui o restabelecimento da «situação que existiria se o ato tributário objeto da decisão arbitral não tivesse sido praticado*».

Pela mesma razão de o poder/dever de executar decisões anulatórias ser autónomo em relação ao poder/dever geral de liquidar tributos, a Administração Tributária não está condicionada pelas limitações temporais que a lei estabelece para exercício deste último poder/dever, mas sim pelos limites temporais próprios da execução de julgados.

Isto significa que, na sequência de anulação contenciosa de um ato de liquidação, por vício que não obsta à renovação do ato, a Administração Tributária poderá e deverá praticar, dentro do prazo de execução espontânea, um novo ato de liquidação expurgado do vício que foi fundamento da anulação, independentemente do decurso ou não do prazo de caducidade que valia para o exercício do primitivo poder autónomo de praticar o ato de liquidação. Mas, apenas durante esse período legal de execução espontânea a Administração Tributária fica investida pela decisão anulatória no poder de praticar esse ato de liquidação, que não poderá ter eficácia retroativa, por ser desfavorável ao contribuinte (nº 2 do referido artigo 173º). Não há, aqui, expetativas do sujeito passivo que mereçam proteção, pois a execução é corolário legal da decisão do processo judicial em que foi parte.

Por isso, a proibição de praticar atos dotados de eficácia retroativa, que consta do nº 2 do artigo 173º do CPTA, não é obstáculo à prática de um novo ato de liquidação em execução de julgado, com efeitos para o futuro.

Se a Administração Tributária não executar espontaneamente a decisão anulatória, praticando um novo ato de liquidação no prazo de execução espontânea, extinguir-se-á o poder de aquela praticar um novo ato que emana da decisão anulatória, pelo que a prática de novos atos só será possível se puder basear-se ainda no poder originário que é concedido à Administração Tributária para praticar atos de liquidação. Neste caso, o exercício deste poder estará sujeito às regras gerais do procedimento tributário e aos limites temporais impostos pelas regras sobre caducidade do direito de liquidação, isto é, poderá ser praticado um ato de liquidação compatível com o que tiver sido decidido na sentença anulatória [se violar o caso julgado o ato será nulo, nos termos do artigo 133º, nº 2, alínea *h*), do CPA] se não tiver transcorrido já a totalidade do prazo de caducidade do direito de liquidação[99].

É esta a solução que, para além ser a que resulta linearmente dos textos legais, é a mais equilibrada, pois, encontrando a caducidade do direito de liquidação o seu fundamento específico na necessidade de certeza e segurança jurídica, não há obstáculo a que uma nova liquidação ocorra no período de execução de julgado, uma vez que, durante esse período, isso é algo com que o contribuinte deve contar.

Por outro lado, a aplicação do prazo de caducidade do direito de liquidação a situação em que o dever de liquidação resulta de uma decisão anulatória, reconduzir-se-ia a que, em muitos casos, quando a liquidação é efetuada muito próximo do termo do prazo legal de caducidade (o que, na prática, ocorre em grande parte dos casos de liquidações adicionais), fosse inviável concretizar a adequada execução do julgado, com a efetivação e notificação da devida liquidação, pois, mesmo considerando a suspensão do prazo de caducidade prevista no artigo 46º, nº 1, alínea *d*), da LGT[100], muitas vezes não será possível efetuar a liquidação e a respetiva

---

[99] Neste contexto, é de ter presente que o prazo de caducidade do direito de liquidação suspende-se nas situações previstas no artigo 46º, nº 2, da LGT, entre as quais se inclui, na alínea *d*), a pendência de processo de reclamação ou impugnação judicial, quando o direito a efetuar a nova liquidação resulta da decisão desse processo. Este regime é aplicável aos processos arbitrais tributários, por força da remissão para o regime do processo de impugnação judicial que se faz no artigo 13º, nº 5, do RJAT.

[100] A alínea *d*) do nº 2 do art. 46º da LGT parece reportar-se aos casos em que há um direito de liquidação renovado na sequência de uma reclamação graciosa ou impugnação judicial. Como referem Diogo Leite de Campos, Benjamim Silva Rodrigues e Jorge Lopes de Sousa, *Lei Geral Tributária Anotada*, 4ª edição, Editora Encontro da Escrita, página 387, *«o direito de liquidação nunca resulta de uma anulação de uma reclamação graciosa ou de uma impugnação judicial, pois são meios de anulação de actos e não declarativos de direitos, designadamente para a administração tributária, que neles ocupa o lado passivo. Por outro lado, a reclamação graciosa e a impugnação judicial são meios de impugnação de actos de liquidação, pelo que aquela alínea d) se reporta a situações em que o direito de liquidação já foi exercido e houve impugnação administrativa ou judicial».*

Mas, mesmo assim, o alcance desta alínea *d*) não é claro, pois só se pode justificar a suspensão da caducidade enquanto a administração tributária esteja impedida de praticar o novo acto de notificação antes de ter decorrido o prazo de caducidade. Ora, esta inviabilidade de renovar o ato, na sequência de uma decisão anulatória, nos casos em que é possível renová-lo sem o vício que motivou a anulação, está em manifesta dissonância com a intenção legislativa de que seja reconstituída «*a legalidade do ato ou situação objeto do litígio*» e de que seja reconstituída «*a situação que existiria se o ato anulado não tivesse sido praticado*», afirmada nos artigos 100º da LGT e 173º, nº 1, do CPTA.

Por isso, é esta a solução mais acertada, que se tem de presumir ter sido legislativamente consagrada (artigo 9º, nº 3, do CC).

14.7.5.6. Revisão dos atos tributários que se encontrem numa relação de prejudicialidade ou de dependência com os atos tributários objeto da decisão arbitral

Na alínea *c*) do nº 1 do artigo 24º do RJAT, impõe-se à Administração Tributária, em execução de julgado, «*rever os atos tributários que se encontrem numa relação de prejudicialidade ou de dependência com os atos tributários objeto da decisão arbitral, designadamente por se inscreverem no âmbito da mesma relação jurídica de imposto, ainda que correspondentes a obrigações periódicas distintas, alterando-os ou substituindo-os, total ou parcialmente*».

Esta disposição tem como campo de aplicação específico as situações em que a ilegalidade do ato objeto da decisão tem reflexos em outros atos, estendendo o dever de reposição da legalidade a todos os atos que estejam numa relação de prejudicialidade ou dependência em relação a ele.

---

liquidação o que não sucede durante a reclamação graciosa, pois não há obstáculo legal a que, na sua pendência, mesmo antes de declarar anulado o acto de liquidação que é objecto da reclamação graciosa, a administração tributária elabore uma nova liquidação, revogando e substituindo total ou parcialmente a anterior. Só na impugnação judicial, depois do prazo de 30 dias, a administração tributária fica impedida de revogar o acto impugnado, como resulta dos arts 111º, nº 1, e 112º, nº 2, do CPPT.

Situações de pendência de reclamação graciosa em que a administração tributária esteja impedida de praticar um novo acto de liquidação, revogando o anterior, só parece, poder ocorrer nos casos em que a norma aplicada no primeiro acto de liquidação enferme de inconstitucionalidade, caso em que se entende que, por forçado princípio da separação de poderes, a administração tributária, em regra, não pode, sem um prévia decisão judicial, deixar de aplicar a norma cuja inconstitucionalidade é suscitada (sobre esta questão pode ver-se o acórdão do STA de 12-1-2005, processo nº 808/04).

Incluem-se neste dever de revisão tanto os atos relativos ao imposto liquidado pelo ato cuja declaração de ilegalidade foi declarada, como atos relativos a impostos diferentes: por exemplo, a declaração de ilegalidade de um ato de fixação da matéria tributável por métodos indiretos pode ter sido fundamento para liquidações adicionais de IVA e IRC (ou IVA e IRS); estando ambas liquidações dependentes do ato de fixação da matéria tributável, a declaração de ilegalidade deste ato implicará dever de revisão das duas liquidações.

14.7.5.7. Liquidação das prestações tributárias em conformidade com a decisão arbitral ou abster-se de as liquidar

Impõe-se à Administração Tributária, na alínea *d*) do nº 1 do artigo 24º do RJAT, o dever de liquidar prestações tributárias ou abster-se de as liquidar.

O dever de efetuar novas liquidações existe nos casos em que é possível efetuá-las sem incorrer no vício que justificou a declaração de ilegalidade, o que sucede nos casos de vícios formais ou procedimentais (como falta de fundamentação e preterição do direito de audição) e poderá suceder em caso de vícios de violação de lei (por exemplo, a anulação de uma liquidação por erro na aplicação da taxa, não impedirá que seja praticada uma nova liquidação com aplicação da taxa correta).

O dever de a Administração Tributária se abster de liquidar existe nos casos em que não é possível elaborar uma nova liquidação sem incorrer na ilegalidade declarada na decisão arbitral. Por exemplo, se se efetuou uma liquidação com base num determinado facto tributário e foi declarada a sua ilegalidade por esse facto não se ter verificado, não será possível efetuar qualquer nova liquidação com base nesse facto.

14.7.5.8. Pagamento de juros indemnizatórios e juros de mora

O nº 5 do artigo 24º do RJAT estabelece que *«é devido o pagamento de juros, independentemente da sua natureza, nos termos previsto na lei geral tributária e no Código de Procedimento e de Processo Tributário»*.

14.7.5.8.1. Juros indemnizatórios
14.7.5.8.1.1. Requisitos do direito a juros indemnizatórios

Nos processos arbitrais tributários há lugar ao pagamento de *juros indemnizatórios*, em caso de procedência da pretensão do sujeito passivo, nos termos dos artigos 43º, nºs 1 e 2, e 100º da LGT, quando se determine que houve erro imputável aos serviços de que resulte pagamento da dívida tributária em montante superior ao legalmente devido, considerando-se também haver erro imputável aos serviços no casos em que, apesar da liquidação ser efetuada com base na declaração do contribuinte, este ter seguido, no seu preenchimento, as orientações genéricas da Administração Tributária, devidamente publicadas.

Assim, os requisitos do direito a juros indemnizatórios previsto no nº 1 do artigo 43º da LGT são os seguintes:

- que haja um erro num ato de liquidação de um tributo;
- que ele seja imputável aos serviços (diretamente ou por via de orientações genéricas);
- que a existência desse erro seja determinada em processo de reclamação graciosa ou de impugnação judicial;
- que desse erro tenha resultado o pagamento de uma dívida tributária em montante superior ao legalmente devido.

Embora não se refira expressamente, no nº 1 deste artigo 43º da LGT, que o ato viciado por erro deve ser um ato de liquidação, são os atos deste tipo os que provocam diretamente o pagamento de uma dívida tributária e, por isso, terá de ser a atos desse tipo que se reporta esta disposição. No entanto, para afetar o ato de liquidação, o erro pode ocorrer em qualquer ato anterior, inserido no processo global de liquidação, desde que o ato final venha a nele assentar. Será o caso do erro no ato de fixação da matéria coletável que é a base do ato de liquidação.

Fora dos casos em que é o contribuinte a determinar o montante do imposto a pagar, a liquidação é feita pelos serviços e, por isso, os erros de direito, consubstanciados na aplicação da lei a determinados factos, serão imputáveis à Administração Tributária. Porém, mesmo nestes casos, poderá suceder que a errada aplicação da lei tenha por base uma errada informação do sujeito passivo e, nesses casos, não poderá imputar-se à Administração Tributária a responsabilidade pelo erro que afete a liquidação.

A utilização da expressão «*erro*» e não «*vício*» ou «*ilegalidade*» para aludir aos factos que podem servir de base à atribuição de juros, revela que se teve em mente apenas os vícios do ato anulado a que é adequada essa designação, que são o ***erro sobre os pressupostos de facto*** e ***o erro sobre*** *os pressupostos de direito*. Com efeito, há vícios dos atos administrativos e tributários a que não é adequada tal designação, nomeadamente os vícios de forma e a incompetência, pelo que a utilização daquela expressão *«erro»* tem um âmbito mais restrito do que a expressão *«vício»*. Por outro lado, é usual utilizar-se a expressão *«vícios»* quando se pretende aludir genericamente a todas as ilegalidades suscetíveis de conduzirem à anulação dos atos, como é o caso dos artigos 101º (arguição subsidiária de *vícios*) e 124º (ordem de conhecimento dos *vícios* na sentença) ambos do CPPT. Por isso, é de concluir que o uso daquela expressão *«erro»*, tem um alcance restritivo do tipo de vícios que podem servir de base ao direito a juros indemnizatórios.

A imputabilidade dos erros à Administração Tributária é independente da prova da existência de culpa concreta de qualquer dos seus órgãos, funcionários ou agentes, ou mesmo da prova da culpa global dos serviços. Trata-se de uma responsabilidade objetiva, não dependente de culpa. O texto dos nºs 1 e 3 do artigo 43º não é decisivo, mas refere que são devidos juros quando se verificarem os factos aí indicados, sem qualquer alusão ao carácter culposo da atuação da administração, mesmo a nível de culpa do serviço globalmente considerado. De qualquer modo, mesmo que se entenda que se trata de responsabilidade assente na culpa, a letra da lei, ao referir a imputabilidade do erro aos serviços, aponta manifestamente no sentido de poder servir de base à responsabilidade por juros indemnizatórios a falta do próprio serviço, globalmente considerado, não sendo necessário demonstrar a culpa de qualquer dos órgãos, funcionários ou agentes da Administração Tributária. A Administração Tributária tem deveres genéricos de atuação em conformidade com a lei (artigos 266º, nº 1, da CRP e 55º da LGT), pelo que, independentemente da prova da culpa de qualquer das pessoas ou entidades que a integram, qualquer ilegalidade não resultante de uma atuação do sujeito passivo ou de terceiro será imputável aos próprios serviços. Esta culpa está, em regra, conexionada com a própria prática de uma liquidação ilegal e, por isso ilícita[101],

---

[101] No domínio da responsabilidade extracontratual por atos de gestão pública a ilegalidade implica ilicitude (artigo 6º, nº 1, do DL nº 48051, de 21-11-1967 e artigo 9º da Lei nº 67/2007, de 31 de dezembro).

GUIA DA ARBITRAGEM TRIBUTÁRIA

havendo mesmo uma presunção legal de culpa da Administração, relativamente à prática de atos jurídicos ilícitos (artigo 10º, nº 2, do RRCEE). No entanto, já antes deste novo regime da responsabilidade civil extra-contratual dos entes públicos era de adotar o entendimento de que, quando uma determinada conduta constitui um facto que à face da lei é qualificável como ilegal, deve fazer-se decorrer da constatação da ilegalidade a existência de culpa, por ser algo que em regra se liga ao próprio carácter ilícito do facto, só sendo de afastar se se demonstrar que ela, no caso, não ocorre[102].

14.7.5.8.1.2. Regulamentação do regime de pagamento de juros indemnizatórios

A regulamentação do regime de pagamento de juros indemnizatórios consta do artigo 61º do CPPT.

Cabe à entidade que execute a decisão judicial da qual resulte esse direito determinar o pagamento dos juros indemnizatórios a que houver lugar (artigo 61º, nº 2, do CPPT).

Os juros indemnizatórios serão liquidados e pagos no prazo de 90 dias contados a partir do início do prazo da sua execução espontânea (nºs 3 e 4 do artigo 61º do CPPT).

Os juros são contados desde a data do pagamento indevido do imposto até à data do processamento da respetiva nota de crédito, em que são incluídos (nº 5 do mesmo artigo).

O interessado pode ainda, no prazo de 30 dias contados do termo do prazo de execução espontânea da decisão, reclamar, junto do competente órgão periférico regional da Administração Tributária, do não pagamento de juros indemnizatórios no caso da execução de uma decisão judicial de que resulte esse direito (nº 7 do artigo 61º do CPPT).

14.7.5.8.2. Juros de mora

Relativamente a juros de mora, só serão devidos se for excedido o prazo de execução espontânea e não houver lugar a pagamento de juros indemnizatórios relativamente ao mesmo período: os juros de mora são conse-

---

[102] Neste sentido, pode ver-se o acórdão do STA de 24-04-2002, processo nº 117/02.

quência deste excesso de prazo de execução e não da ilegalidade declarada na decisão arbitral.

14.7.5.8.3. Juros indemnizatórios e juros de mora relativamente ao mesmo período de tempo

Os juros indemnizatórios e os juros de mora são presumivelmente, na perspetiva legislativa, uma compensação adequada dos prejuízos que a privação da quantia paga ilegalmente provoca ao sujeito passivo, pelo que será de afastar, em princípio, a possibilidade de cumulação de juros moratórios e indemnizatórios relativamente ao mesmo período de tempo, pois não se pode justificar uma dupla compensação pela mesma privação da disponibilidade da quantia indevidamente paga.[103]

Por isso, resultando dos artigos 100º da LGT e 61º, nº 5, do CPPT, que, quando há lugar a juros indemnizatórios derivados da procedência de processos impugnatórios, eles cobrem todo o período que vai desde o pagamento indevido até à emissão da nota de crédito, tem de se concluir que, nessas situações, não haverá lugar a pagamento de juros de mora, pois, se este fosse efetuado, ocorreria uma cumulação de juros relativamente ao mesmo período de privação da quantia paga.

A esta regra não é obstáculo o facto de a Lei nº 64-B/2011, de 30 de dezembro, ter aditado um nº 5 ao artigo 43º, em que se atribui ao sujeito passivo o direito a juros de mora a uma taxa equivalente ao dobro dos juros de mora previstos para as dívidas ao Estado e outras entidades públicas. Estabelecendo-se que estes juros de mora agravados são devidos relativamente ao período entre o termo do prazo de execução e a emissão da nota de crédito, é de concluir que, nos casos em que esteja em causa executar uma decisão e se trate de uma situação enquadrável no nº 1, em que são devidos juros indemnizatórios, estes juros de mora serão cumuláveis com os indemnizatórios, pois estes são «*contados desde a data do pagamento indevido do imposto até à data do processamento da respetiva nota de crédito, em que são incluídos*» (artigo 61º, nº 5, do CPPT). No entanto,

---

[103] É neste sentido que o STA tem vindo a pronunciar-se, uniformemente, como pode ver-se pelos seguintes acórdãos: de 19-12-2001, processo nº 26608; de 20-10-2004, processo nº 338/04; de 02-05-2007, processo nº 9/07; do Pleno de 24-10-2007, processo nº 1095/05; de 11-02-2009, processo nº 1003/08; de 02-03-2011, processo nº 880/10.

trata-se de um regime excecional, com evidente natureza sancionatória e compulsória, que ressalta da taxa agravada, em que a atribuição de juros de mora não tem em vista compensar os prejuízos presumivelmente sofridos pelo contribuinte com a privação da quantia paga, antes visa compelir a Administração Tributária a executar tempestivamente as decisões transitadas em julgado, o que é reclamado pelo direito à tutela judicial efetiva reconhecido aos contribuintes (artigo 20º, nºs 1 e 4, da CRP), que inclui o direito à execução das decisões que lhe sejam favoráveis (artigo 2º, nº 1, do CPC). Isto é, a excecional atribuição de juros de mora prevista no referido nº 5 do artigo 43º, em vez de ter afinidade funcional indemnizatória com os juros indemnizatórios, tem, antes, identidade teleológica com as sanções pecuniárias compulsórias que o CPTA, no nº 3 do seu artigo 179º, prevê como meio para compelir a administração a executar as decisões judiciais anulatórias de atos administrativos.

Por se tratar de um regime excecional, previsto apenas para os casos de inexecução tempestiva de *decisões judiciais* transitadas em julgado, como explicitamente se refere no nº 5 do artigo 43º da LGT, com evidente alcance restritivo, ele não será aplicável em situações em que o direito a juros indemnizatórios decorre de decisões administrativas, quer as previstas no nº 1, quer as indicadas no nº 3 do mesmo artigo 43º da LGT. A diferença de tratamento das duas situações será justificada pelo facto de que, quando está em causa a execução de uma decisão judicial, o incumprimento assume a gravidade de uma violação direta de um dever constitucional, imposto à Administração Tributária pelo nº 2 do artigo 204º da CRP, que estabelece que «*as decisões dos tribunais são obrigatórias para todas as entidades pública*».

Como estabelecem os nºs 3 e 4 do artigo 142º da Lei nº 64-B/2011, de 30 de dezembro, o novo regime de juros de mora previsto no nº 5 do artigo 43º é aplicável imediatamente às decisões transitadas em julgado cuja execução esteja pendente, mas os novos juros só se contam com referência ao período que decorrer a partir da entrada em vigor daquela Lei, que ocorreu em 01-01-2012, o que confirma que não se tem em vista compensar os prejuízos sofridos pelo sujeito passivo.

Assim, é de interpretar restritivamente o artigo 102º da LGT, como aplicando-se apenas aos casos em que não há lugar a juros indemnizatórios, isto é, os casos em que a anulação não é motivada por erro imputável aos serviços, pois quando não é esta a razão da anulação há sempre lugar a juros indemnizatórios (artigo 43º, nº 1, da LGT).[104] Haverá, assim, lugar a juros de mora apenas a partir do termo do prazo de execução espontânea, se o tributo não for devolvido até esse momento e a anulação que fundamenta a restituição do tributo pago se basear em vício de forma, incluindo o vício procedimental, incompetência ou erro imputável ao contribuinte.

14.8. Inexecução do julgado
No caso de não ser dada pela Administração Tributária espontânea execução à decisão arbitral, o sujeito passivo pode utilizar o processo de execução de julgado junto do tribunal tributário competente.

O tribunal tributário territorialmente competente será o do lugar da arbitragem, como decorre do artigo 90º, nº 2, do CPC e do 59º, nº 9, da LAV2011, subsidiariamente aplicável, por força do disposto na alínea *c*) do nº 1 do artigo 29º do RJAT e no artigo 181º, nº 1, do CPTA.

A decisão arbitral de que não caiba recurso e que já não seja suscetível de alteração tem o mesmo carácter obrigatório entre as partes que a sentença de um tribunal estadual transitada em julgado e a mesma força executiva que a sentença de um tribunal estadual (artigo 42º, nº 7, da LAV2011).

15. Recurso e impugnação da decisão arbitral
15.1. Decisões recorríveis e impugnáveis
O artigo 124º, nº 4, alínea *h*), da lei nº 3-B/2010, de 28 de abril, que integra a autorização legislativa em que o Governo se baseou para aprovar o RJAT, estabelece que este regime deveria consagrar a regra da irrecorribilidade da sentença proferida pelo tribunal arbitral, prevendo a possibilidade de recurso, para o Tribunal Constitucional, apenas nos casos e na parte em que a sentença arbitral recuse a aplicação de qualquer norma com fundamento na sua inconstitucionalidade ou aplique norma cuja inconstitucionalidade tenha sido suscitada.

O RJAT, no artigo 25º, só prevê possibilidade de recurso de decisões finais sobre o mérito:

---

[104] Neste sentido, pode ver-se o acórdão do STA de 11-02-2009, processo nº 1003/08.

GUIA DA ARBITRAGEM TRIBUTÁRIA

- para o Tribunal Constitucional na parte em que recuse a aplicação de qualquer norma com fundamento na sua inconstitucionalidade ou que aplique norma cuja inconstitucionalidade tenha sido suscitada;
- para o Supremo Tribunal Administrativo quando esteja em oposição, quanto à mesma questão fundamental de direito, com acórdão proferido pelo Tribunal Central Administrativo ou pelo Supremo Tribunal Administrativo.

Para além disso, o RJAT, no nº 1 do seu artigo 27º, prevê a possibilidade de impugnação de todas as decisões, mesmo as que não sejam de mérito, com fundamentos limitados.

A restrição dos recursos justifica-se por razões de celeridade, mas o regime previsto não a garante, pois, com razão ou sem ela, a decisão arbitral pode sempre ser impugnada a decisão e podem ser interpostos recursos.

15.2. Legitimidade para recurso

De harmonia com o disposto nos nºs 1 e 3 do artigo 280º do CPPT, tem legitimidade para recorrer ou impugnar a decisão arbitral quem fique vencido, considerando-se como tal, a parte que não obteve plena satisfação dos seus interesses na causa.

Em conformidade com o preceituado no artigo 141º, nº 2, do CPTA, adaptado ao processo arbitral, considera-se também vencido o sujeito passivo que, tendo invocado várias causas de invalidade contra o mesmo ato tributário, tenha decaído relativamente à verificação de alguma delas, na medida em que o reconhecimento, pelo tribunal de recurso, da existência dessa causa de invalidade impeça ou limite a possibilidade de renovação do ato anulado.

15.3. Recurso para o Tribunal Constitucional

No artigo 25º, nº 1, do RJAT só se prevê a possibilidade de recurso para o Tribunal Constitucional relativamente a decisões de mérito.

No entanto, por força do artigo 280º, nº 1, al. *a*) da CRP, relativamente a decisões que recusem a aplicação de qualquer norma com fundamento na sua inconstitucionalidade ou ilegalidade por violação de lei com valor reforçado terá sempre de se admitir recurso para o Tribunal Constitucional, pelo que será materialmente inconstitucional aquele artigo 25º, nº 1, se for interpretado como afastando os recursos para o Tribunal Constitucional que a CRP admite.

O recurso é interposto através de requerimento apresentado no Tribunal Constitucional, acompanhado de cópia do processo arbitral, no prazo de 10 dias a contar da notificação da decisão arbitral (artigos 25º, nº 4, do RJAT e 75º da Lei nº 28/82, de 15 de novembro).[105]

O requerimento não tem de ser acompanhado de alegações, que são apresentadas depois da interposição de recurso (artigo 79º da Lei nº 28/82).

O recurso tem efeito suspensivo, no todo ou em parte, da decisão recorrida (artigo 26º, nº 1, do RJAT).

O recurso para o Tribunal Constitucional interrompe o prazo para a interposição de recurso para o STA, que só pode ser interposto depois de cessada a interrupção (artigo 75º da Lei nº 28/82).

Se o Tribunal Constitucional der provimento ao recurso, ainda que só parcialmente, os autos baixam ao tribunal de onde provieram, a fim de que este, consoante for o caso, reforme a decisão ou a mande reformar em conformidade com o julgamento sobre a questão da inconstitucionalidade ou da ilegalidade (artigo 80º, nº 2, da Lei nº 28/82, de 15 de novembro).

No caso de o juízo de constitucionalidade ou de legalidade sobre a norma que a decisão recorrida tiver aplicado, ou a que tiver recusado aplicação, se fundar em determinada interpretação da mesma norma, esta deve ser aplicada com tal interpretação, no processo em causa (artigo 80º, nº 3, da mesma Lei).

A aplicação destas normas, específicas para os recursos para o Tribunal Constitucional, exigirá que o tribunal arbitral, que se considera dissolvido

---

[105] Este regime parece ser formal e organicamente inconstitucional, ao não prever a intervenção do tribunal recorrido na admissão do recurso, que se estabelece no art. 685º-C, nº 1, do CPC, pois não resulta das normas próprias do recurso para o TC, previsto na Lei 28/82, de 15 de Outubro, nem no regime de apelação que nela se prevê que é de aplicação subsidiária.

A legislação sobre processo do Tribunal Constitucional insere-se na reserva absoluta de competência legislativa da Assembleia da República, nos termos do art. 164º, nº 1, alínea c), da CRP e só pode ser objecto de lei orgânica (artigo 166º, nº 2, da CRP), pelo que não podiam ser introduzidas alterações ao regime dos recursos para o Tribunal Constitucional através de Decreto-Lei e o Governo não podia validamente legislar sobre esta matéria, em dissonância com o regime da apelação, mesmo com base em autorização legislativa, como resulta do art. 198º da CRP.

GUIA DA ARBITRAGEM TRIBUTÁRIA

com a notificação do arquivamento do processo, prevista no artigo 23º do RJAT, tenha de se reconstituir.

A imperatividade deste regime poderá implicar que os poderes jurisdicionais do tribunal arbitral se estendam para além do prazo fixado nos termos do artigo 21º do RJAT.

15.4. Recurso para o Supremo Tribunal Administrativo

O recurso é interposto no prazo de 30 dias, a contar da notificação da decisão arbitral (nº 3 do artigo 25º do RJAT), regime este que é diferente do previsto no artigo 152º, nº 1, alínea *a*) do CPTA para os recursos para uniformização de jurisprudência, em que aquele prazo se conta apenas a partir do trânsito em julgado da decisão recorrida.

A petição de recurso tem de ser acompanhada de alegação na qual se identifiquem, de forma precisa e circunstanciada, os aspetos de identidade que determinam a contradição alegada e a infração imputada à decisão recorrida (artigo 152º, nº 2, do CPTA).

O recurso apenas é admissível quando esteja em oposição, quanto à mesma questão fundamental de direito, com acórdão proferido por um Tribunal Central Administrativo ou pelo Supremo Tribunal Administrativo.

O recurso tem efeito suspensivo, no todo ou em parte, da decisão recorrida (artigo 26º, nº 1, do RJAT) mas, se for interposto pela Administração Tributária caduca a garantia que tenha sido prestada para suspender a execução fiscal, mantendo-se a sua suspensão.

A decisão que verifique a existência da contradição alegada anula a sentença impugnada e substitui-a, decidindo a questão controvertida (artigo 152º, nº 6, do CPTA).

No entanto, se o Supremo Tribunal Administrativo não dispuser de todos os elementos necessários para substituir a decisão recorrida, decide a questão sobre a qual há oposição de julgados e manda decidir de novo o processo pelo tribunal recorrido.

15.4.1. Acórdãos invocáveis como fundamento do recurso para uniformização de jurisprudência

Não se faz referência, no artigo 152º do CPTA, ao requisito de que os acórdãos a invocar como estando em oposição com o recorrido tenham sido proferidos por secções dos tribunais centrais administrativos e do STA e respetivo Pleno da mesma área da que proferiu o acórdão recorrido, isto é, que para recorrer de acórdãos proferidos pela secção do contencioso tributário de um tribunal central administrativo ou do STA só sejam invocáveis acórdãos proferidos pelas mesmas secções ou do respetivo Pleno.

No entanto, é de entender que tal exigência está ínsita na atribuição aos Plenos de competência para o conhecimento destes recursos jurisdicionais, pois não é razoável que a apreciação de um conflito de jurisprudência seja efetuada por uma formação que não tenha competência especializada nas matérias que são apreciadas em ambas as decisões conflituantes.

O ETAF de 1984 confirma a razoabilidade deste entendimento, pois atribuía ao Plenário do STA, composto por juízes de ambas as secções do STA, a competência para os recursos em que estava em causa oposição entre acórdãos de diferentes secções e atribuía aos Plenos de cada Secção, formados por juízes apenas de uma Secção, a competência para os recursos em que estivesse em causa oposição entre acórdãos proferidos por Secções do TCA ou do STA da mesma área (artigos 22º, 23º, 24º, 25º, 30º e 31º daquele ETAF)[106].

15.4.2. Requisitos do recurso para uniformização de jurisprudência

O recurso é interposto para o Pleno do STA [artigos 27º, nº 1, alínea *b*), do ETAF de 2002 e 152º, nº 4, do CPTA].

O único requisito explicitamente referido para a admissibilidade de recurso para uniformização de jurisprudência é a existência de contradição entre o acórdão recorrido e o acórdão fundamento sobre a mesma questão fundamental de direito.

Não se exige explicitamente, naquele artigo 152º do CPTA, que o acórdão anterior tenha transitado em julgado, embora a jurisprudência do Supremo Tribunal Administrativo venha fazendo tal exigência, que se justifica, pois um acórdão não transitado pode vir a ser revogado e ser decidido em sentido diferente.

Não se exige expressamente que ambos os acórdãos sejam proferidos sem que sobreviesse qualquer alteração substancial da regulamentação jurídica, como sucede com os artigos 22º, alínea *a*), 24º, alínea *b*), e 30º,

---

[106] Sobre esta questão, pode ver-se o acórdão do STA de 14-07-2008, processo nº 764/07.

alínea *b*), do Estatuto dos Tribunais Administrativos e Fiscais de 1984. No entanto, deve entender-se que é de fazer tal exigência, pois só há verdadeira contradição de julgados se os pressupostos fácticos e jurídicos das duas decisões forem essencialmente idênticos. Só assim se tratará da *«mesma* questão fundamental de direito».

Não se exige que as decisões sejam *expressas,* o que anteriormente se inferia da referência a *«solução oposta»* inserta nos artigos 22º, alíneas *a*), *a'*) e *a''*), 24º, nº 1, alíneas *b*) e *b'*), e 30º, alíneas *b*) e *b'*), do ETAF de 1984. No CPTA não se faz uma referência idêntica, pelo que parece que bastará que exista contradição de julgados mesmo que no acórdão fundamento a solução contrária seja apenas implícita. No entanto, já tem sido defendida a manutenção dessa exigência de que as decisões sejam expressas em ambas as decisões em conflito.[107]

Na petição tem de ser demonstrada a contradição e «a *infração imputada à sentença»* (artigo 152º, nº 3).

O recurso não é admitido se não se verificam esses requisitos ou se a orientação perfilhada no acórdão recorrido está em sintonia com a jurisprudência mais recentemente consolidada do STA (artigo 152º, nº 3).

O Supremo Tribunal Administrativo entendeu, sobre o conceito de *«jurisprudência consolidada»* o seguinte:

> *«a diferença entre haver uma jurisprudência «tout court» e uma «jurisprudência consolidada» há-de necessariamente advir de um «plus» desta última, que cause ou revele uma estabilidade de julgamento; e esse acréscimo detetar-se-á por um critério quantitativo, significador de uma constância decisória – seja esse critério o do número dos Juízes subscritores da solução, seja o do número das decisões do STA que a acolheram. Assim, a consolidação jurisprudencial transparecerá, ou do facto de a pronúncia respetiva constar de um acórdão do Pleno assumido pela generalidade dos Conselheiros em exercício na Secção (consoante prevê o artigo 17º, nº 2, do atual ETAF), ou do facto de existir uma sequência ininterrupta de várias decisões no mesmo sentido e obtidas por unanimidade ou por maiorias inquebráveis, exigindo-se um maior número*

---

[107] Neste sentido, pode ver-se Aroso de Almeida e Carlos Cadilha, *Comentário ao Código de Processo nos Tribunais Administrativos*, páginas 765-766, embora a única fundamentação seja o facto de tal exigência ser feita em relação aos recursos previstos na LPTA.

delas se os acórdãos provierem das Subsecções e um seu menor número se forem do Pleno (na formação de nove Juízes, referida no artigo 25º, nº 1, do anterior ETAF)».[108]

Por outro lado, aquela referência a jurisprudência «*mais recentemente consolidada*» indica que a consolidação da jurisprudência só é obstáculo à admissão do recurso se tiver sido recente essa uniformização. Este é um conceito a preencher em termos de razoabilidade. No entanto, poderá ter-se como seguro que será razoável não admitir novos recursos jurisdicionais por contradição de julgados contra jurisprudência uniformizada enquanto não se alterar a composição do Supremo ou não houver sinais de que algum dos seus juízes alterou a sua posição.

15.5. Impugnação da decisão arbitral

A decisão arbitral pode ser anulada pelo Tribunal Central Administrativo, nos termos do artigo 27º do RJAT.

É territorialmente competente para o conhecimento da impugnação o Tribunal Central Administrativo em cuja circunscrição se situe o local da arbitragem, como decorre do preceituado no artigo 59º, nºs 1, alínea *g*), e 2, da LAV2011, subsidiariamente aplicável nos termos do artigo 29º, nº 1, alínea *c*), do RJAT e do artigo 181º, nº 1, do CPTA.

A arbitragem tributária tem sempre lugar nas instalações do CAAD em Lisboa, pelo que será competente para conhecer das impugnações das decisões arbitrais o Tribunal Central Administrativo Sul.

O pedido de impugnação é apresentado no Tribunal Central Administrativo acompanhado de cópia do processo arbitral.

O prazo para apresentação do pedido de impugnação é de 15 dias, contado da notificação da decisão arbitral ou da notificação de arquivamento, prevista no artigo 23º do RJAT, no caso de decisão arbitral emitida por tribunal coletivo cuja intervenção tenha sido requerida com designação de árbitros pelo sujeito passivo (artigo 27º, nº 2, do RJAT). Esta diferença de termo inicial do prazo de impugnação parece ter por base uma versão inicial do projeto de diploma que veio a ser o RJAT, em que a arbitragem com árbitros designados pelo sujeito passivo não tinha

---

[108] Acórdão do Pleno do STA de 18-09-2008, processo nº 212/08.

GUIA DA ARBITRAGEM TRIBUTÁRIA

lugar no CAAD, mas, à face da versão que veio a ser aprovada, não parece haver qualquer razão para distinguir entre os dois tipos de arbitragens, para este efeito.

A impugnação da decisão arbitral tem efeito suspensivo e, se for apresentada pela Administração Tributária, faz caducar a garantia que tenha sido prestada para suspensão do processo de execução fiscal, mantendo-se esta suspensão sem qualquer garantia (artigos 28º, nº 2, e 26º, nºs 1 e 2, do RJAT).

A procedência da impugnação implica a anulação da decisão arbitral e atos que dela dependam, os termos subsequentes do processo que dependam absolutamente dos atos anulados, na terminologia do artigo 98º, nº 3, do CPPT.

Inclusivamente ficará anulado o arquivamento do processo e a dissolução que se referem no artigo 23º do RJAT.

Poderão ser anulados anteriores à decisão arbitral, no caso de violação dos princípios do contraditório e da igualdade das partes.

Haverá possibilidade de ser proferida nova decisão, desde que seja respeitado o prazo máximo de decisão.

15.5.1. Fundamentos de impugnação

No artigo 28º, nº 1, do RJAT indicam-se os seguintes fundamentos de impugnação da decisão arbitral:

a) Não especificação dos fundamentos de facto e de direito que justificam a decisão;
b) Oposição dos fundamentos com a decisão;
c) Pronúncia indevida ou na omissão de pronúncia;
d) Violação dos princípios do contraditório e da igualdade das partes, nos termos em que estes são estabelecidos no artigo 16º.

A indicação explícita destes fundamentos e apenas destes, que não esgotam sequer a lista de nulidades de sentença arroladas no artigo 125º do CPPT e no artigo 668º, nº 1, do CPC, inculca que se pretendeu fazer uma enumeração taxativa, decerto influenciada pela ideia de celeridade que se anseia concretizar com os processos arbitrais tributários.

No entanto, o conceito de «*pronúncia indevida*», utilizado na alínea *c)* do nº 1 do artigo 28º do RJAT, é diferente e potencialmente mais abrangente do que o conceito de pronúncia sobre «*questões de que não podia tomar conhecimento»* ou *«questões que não deva conhecer»* que é utilizado no artigo 668º, nº 1, alínea *d*), do CPC e no artigo 125º do CPPT.

Na verdade, aquele conceito «conhecimento de questões de que o tribunal não podia conhecer» tem em vista a violação da regra do artigo 660º, nº 2, 2ª parte, do CPC, em que se estabelece que o tribunal *«não pode ocupar-se senão das questões suscitadas pelas partes, salvo se a lei lhe permitir ou impuser o conhecimento oficioso de outras»*.

Mas, *«pronúncia indevida»* ocorrerá não só quando se conhecer de questões de que não se podia conhecer, mas também quando se conheceu de questões de que se podia conhecer, mas ultrapassando quaisquer limites legais a nível decisório (por exemplo, condenando além do pedido) e mesmo a pronúncia em situações em que o tribunal nem sequer podia decidir, por enfermar de vício na sua constituição.

Será eventualmente com uma interpretação deste tipo que se poderá compreender que não se indiquem no âmbito de uma enumeração taxativa dos fundamentos de impugnação das decisões arbitrais os vícios manifestamente mais graves de estas decisões podem enfermar, que têm a ver com a regularidade da constituição do tribunal arbitral e a competência para decidir.

Aliás, estes são tipos de vícios da decisão arbitral expressamente indicados no artigo 46º, nº 2, da LAV2012:

- a sentença se pronunciou sobre um litígio não abrangido pela convenção de arbitragem ou contém decisões que ultrapassam o âmbito desta; ou
- a composição do tribunal arbitral ou o processo arbitral não foram conformes com a convenção das partes, a menos que esta convenção contrarie uma disposição da presente lei que as partes não possam derrogar ou, na falta de uma tal convenção, que não foram conformes com a presente lei e, em qualquer dos casos, que essa desconformidade teve influência decisiva na resolução do litígio; ou
- o objeto do litígio não é suscetível de ser decidido por arbitragem nos termos do direito português;

A LAV1986 também indicava vícios deste tipo com fundamentos de anulação das decisões arbitrais, sendo mesmo os dois que iniciam a lista que consta do nº 1 do seu artigo 27º:

- não ser o litígio suscetível de resolução por via arbitral;

– ter sido proferida por tribunal incompetente ou irregularmente constituído.

Assim, sendo de presumir que o legislador consagrou a solução mais acertada (artigo 9º, nº 3, do Código Civil), parece que se deverão considerar como situações de *«pronúncia indevida»* aquelas em que o tribunal arbitral excedeu a sua competência ou a sua composição é irregular, para além daquelas em que decisão for proferida para além do prazo máximo aplicável, cujo decurso extingue o poder jurisdicional.

15.5.2. Aplicação subsidiária à impugnação do regime da apelação definido no CPTA

No nº 2 do artigo 27º do RJAT estabelece-se que *«ao pedido de impugnação da decisão arbitral é aplicável, com as necessárias adaptações, o regime do recurso de apelação definido no Código do Processo dos Tribunais Administrativos».*

O regime especial do recurso de apelação regulado no CPTA consta do seu artigo 149º que estabelece o seguinte:

1 – Ainda que declare nula a sentença, o tribunal de recurso não deixa de decidir o objeto da causa, conhecendo do facto e do direito.

2 – No caso de haver lugar à produção de prova em sede de recurso, é aplicável às diligências ordenadas, com as necessárias adaptações, o preceituado quanto à instrução, discussão, alegações e julgamento em primeira instância.

3 – Se o tribunal recorrido tiver julgado do mérito da causa, mas deixado de conhecer de certas questões, designadamente por as considerar prejudicadas pela solução dada ao litígio, o tribunal superior, se entender que o recurso procede e que nada obsta à apreciação daquelas questões, conhece delas no mesmo acórdão em que revoga a decisão recorrida.

4 – Se, por qualquer motivo, o tribunal recorrido não tiver conhecido do pedido, o tribunal de recurso, se julgar que o motivo não procede e que nenhum outro obsta a que se conheça do mérito da causa, conhece deste no mesmo acórdão em que revoga a decisão recorrida.

5 – Nas situações previstas nos números anteriores, o relator, antes de ser proferida decisão, ouve cada uma das partes pelo prazo de 10 dias.

Como se vê, todas as normas contidas neste regime especial de apelação se reportam ao conhecimento do mérito da causa, em segundo grau nas situações em que declare nula a sentença, e em primeiro grau, em substituição do tribunal recorrido, nas situações em que tiver deixado de conhecer de algumas questões e em que tiver deixado de conhecer do pedido.

Neste contexto, a interpretação a que objetivamente conduz a remissão que no nº 2 do artigo 27º do RJAT se faz para o regime de apelação, é a de a impugnação viabilizar a reapreciação do mérito da causa, nas situações em que declare nula a decisão arbitral, e a sua primeira apreciação, em substituição do tribunal arbitral, relativamente a questões não apreciadas, quando o tribunal arbitral tenha conhecido do mérito da causa deixando de conhecer de certas questões, ou não tenha conhecido do mérito por motivo improcedente.

Nas situações previstas nos nºs 3 e 4 do artigo 149º, uma solução normativa deste tipo (se é que se pretendeu adotar com a remissão feita no nº 2 do artigo 27º do RJAT), não conflituará com a regra da «*irrecorribilidade da sentença proferida pelo tribunal arbitral*», que se pretendeu impor na lei de autorização legislativa em que o Governo se baseou para aprovar o RJAT [artigo 124º, nº 4, alínea *h*), da Lei nº 3-B/2010, de 28 de abril], uma vez que o conhecimento em substituição não abrange questões que tenham sido apreciadas pelo tribunal arbitral, mas apenas **questões não conhecidas**. Mas, uma vez que o processo só pode chegar ao tribunal de recurso com invocação de uma das nulidades arroladas no artigo 28º, nº 1, do RJAT, não parece que se possa concluir que se pretendeu com a remissão para o regime da apelação, possibilitar a aplicação dos regimes previstos nos nºs 3 e 4 do artigo 149º.

Por outro lado, nos casos em que seja invocada e declarada a nulidade da decisão arbitral, a reapreciação do decidido pelo tribunal arbitral estará ao arrepio dessa regra da irrecorribilidade.

Assim, tendo em conta que a congruência valorativa da ordem jurídica impõe que se considere a unidade do sistema jurídico como elemento primacial da interpretação jurídica, de harmonia com o disposto no artigo 9º, nº 1, do Código Civil[109], parece que a interpretação adequada será no sentido de não se pretender abrir, através da impugnação, a porta ao conhe-

---

[109] Neste sentido, ensina Baptista Machado, *Introdução ao Direito e ao Discurso Legitimador*, página 182, sobre a unidade do sistema jurídico que «*dos três fatores interpretativos a que se refere o nº 1 do artigo 9º do CC, este é sem dúvida o mais importante. A sua consideração como fator decisivo ser-nos-ia sempre imposta pelo princípio da coerência valorativa ou axiológica da ordem jurídica*».

GUIA DA ARBITRAGEM TRIBUTÁRIA

cimento do mérito das decisões dos tribunais arbitrais[110]. No entanto, trata-se de questão sobre a qual seria manifestamente conveniente numa clarificação por via legislativa.

16. Compatibilização dos recursos e impugnação apresentados pelo vencido

Poderão ocorrer situações em que da mesma decisão arbitral seja apresentado pedido de impugnação e recurso.

16.1. Cumulação de recurso para o Supremo Tribunal Administrativo e impugnação dirigida ao Tribunal Central Administrativo

Na LAV1986, vigente quando foi aprovado o RJAT, estabelecia-se, no nº 3 do artigo 27º que «*se da sentença arbitral couber recurso e ele for interposto, a anulabilidade só poderá ser apreciada no âmbito desse recurso*».

Uma solução deste tipo é inaplicável na arbitragem tributária, pois o recurso para uniformização de jurisprudência tem âmbito restrito, limitando-se à resolução da «*questão controvertida*» (artigo 152º, nº 6, CPTA), não abrangendo a apreciação de nulidades processuais ou de sentença.

Assim, nos casos em que tenha sido interposto recurso e apresentado pedido de impugnação da decisão arbitral, o recurso terá de ser apreciado pelo Pleno do Supremo Tribunal Administrativo e a impugnação pelo Tribunal Central Administrativo.

A terem de ser tramitados conjuntamente o recurso e a impugnação, haveria prioridade lógica da impugnação, como resulta da regra do conhecimento prioritário das questões processuais que obstem ao conhecimento de mérito, que se extrai do artigo 660º, nº 1, do CPC.

Porém, não há obstáculo legal à tramitação simultânea do recurso e da impugnação, pois no RJAT não se prevê a subida do processo arbitral ao Supremo Tribunal Administrativo ou ao Tribunal Central Administrativo,

---

[110] Aliás, é essa a solução adotada no paralelo regime da LAV2011, se admite o recurso sem qualquer limitação quando as partes o tenham convencionado mas, proíbe-se absolutamente, mesmo nos casos em que foi convencionada a recorribilidade da decisão arbitral, o conhecimento do mérito das questões decididas, estabelecendo-se que «*o tribunal estadual que anule a sentença arbitral não pode conhecer do mérito da questão ou questões por aquela decididas, devendo tais questões, se alguma das partes o pretender, ser submetidas a outro tribunal arbitral para serem por este decididas*» (artigo 46º, nº 9, da LAV2011).

sendo o recurso e a impugnação apresentados com cópia do processo arbitral, como se estabelece nos artigos 25º, nº 4, e 27º, nº 1, do RJAT.

Aliás, a possibilidade de tramitação simultânea de recursos em tribunais diferentes é mesmo expressamente admitida em situação paralela, no artigo 285º, nº 3, do CPPT, em que se estabelece que «*em caso de cumulação de impugnação do despacho interlocutório com fundamento em matéria de facto ou de facto e de direito e da impugnação judicial da decisão final com fundamento exclusivamente em matéria de direito, o recurso do despacho interlocutório é processado em separado*».

Por isso, não parece haver obstáculo a que o recurso e a impugnação sejam tramitados concomitantemente.

No entanto, em face da prioridade lógica da impugnação, poderá justificar-se que o Supremo Tribunal Administrativo suspenda a instância no recurso até decisão da impugnação.

16.2. Cumulação de recurso para o Tribunal Constitucional com recurso para o Supremo Tribunal Administrativo e impugnação dirigida ao Tribunal Central Administrativo

Nos casos em que seja interposto recurso da decisão arbitral para o Tribunal Constitucional consideram-se interrompidos os prazos para interposição de outros recursos que caibam da decisão, que só podem ser interpostos depois de cessada a interrupção (artigo 75º, nº 2, da Lei nº 28/82, de 15 de novembro).

Adaptando esta norma à arbitragem tributária, interromper-se-ão tanto o prazo do recurso para o Supremo Tribunal Administrativo como o prazo para impugnação no Tribunal Central Administrativo, pois aquela norma da Lei nº 28/82, tem como pressuposto o regime dos tribunais judiciais, em que a impugnação das decisões com fundamento em nulidades se faz através de recursos.

Por isso, por interpretação declarativa, se conclui que aquela norma, ao referir a interrupção dos outros recursos, determina também a interrupção do meio processual destinado à invocação de nulidades de sentença ou processuais, que neste caso é a impugnação.

De qualquer modo, a entender-se que aquela norma da Lei nº 28/82 não abrange directamente as situações em que o meio processual adequado para anular a decisão é o pedido de impugnação, ela sempre seria aplicável, por analogia.

17. Direito subsidiário

No artigo 29º, nº 1, do RJAT indica-se a legislação subsidiária, mas, no seu nº 2, dá-se liberdade ao tribunal arbitral para «*definir a tramitação mais adequada a cada processo especificamente considerado, nos termos do disposto nos artigos 18º e 19º e atendendo aos princípios da celeridade, simplificação e informalidade processuais*», como se estabelece no nº 2 do artigo 29º do RJAT.

Por isso, a aplicação da legislação subsidiária deverá ser efectuada tendo em conta a sua conveniência para a tramitação do processo arbitral, tendo em mente os princípios referidos.

A legislação subsidiária que deve ser aplicada ao processo arbitral tributário «*de acordo com a natureza dos casos omissos*».

Assim, a ordem por que tal legislação vem indicada não é relevante para determinação do regime aplicável, sendo as características do caso omisso que hão-de levar à determinação da lei a aplicar.

Porém, quando houver remissões especiais no RJAT para outras normas ou blocos normativos, será em consonância com elas que haverá que procurar, em primeira linha, a regulamentação que não se encontre neste diploma.

Nas referências à legislação subsidiária deve ver-se contida também remissão para a legislação que nela é indicada como subsidiariamente aplicável.

Assim, perante um caso omisso não previsto na legislação subsidiária indicada no artigo 29º do RJAT, deverá procurar-se a solução à legislação para que esta mesma legislação subsidiária, eventualmente, remeta. Por esta via, por exemplo, é viável a aplicação subsidiária da Lei de Arbitragem Voluntária, apesar de ela não vir indicada no artigo 29º do RJAT, pois a alínea *c*) do seu nº 1 viabiliza a aplicação subsidiária do CPTA, em que se incluiu o artigo 181º, nº 1, que determina a aplicação subsidiária do regime da arbitragem voluntária.

Só na hipótese de, por estas vias, não ser possível encontrar regulamentação adequada, por nem a legislação subsidiária nem aquela para que ela remeta conterem a solução pretendida, se poderá fazer apelo às regras gerais sobre integração de lacunas, previstas no artigo 10º do CC.

Conselheiro JORGE LOPES DE SOUSA

Capítulo VI
Jurisprudência Arbitral[1]

Nº do Processo	Data da Decisão	Árbitros	Tema	Valor do Pedido
IRC e derrama				
P91/ 2012 - T	2013-01-21	Conselheiro Jorge Lopes de Sousa, Juiz José Pedro Carvalho e Prof. Doutor António Martins	IRC - Indispensabilidade do gasto, subcapitalização, benefício fiscal pela criação líquida de postos de trabalho, prestação de serviços e fornecimentos externos, preços de transferência	658 206,55€
P75/ 2012 - T	2012-11-30	Conselheiro Jorge Manuel Lopes de Sousa, Dr. Amândio Silva e Dr. José Ramos Alexandre	IRC - Dedutibilidade das contribuições suplementares para fundos de pensões	345.027,28€
P53/ 2012 - T	2012-09-25	Dr. João Marques Pinto	Derrama – grupos de sociedade, Regime Geral de Tributação dos Grupos de Sociedades	33 220,55€
P11/ 2012 - T	2013-01-09	Conselheiro Benjamim Silva Rodrigues, Prof.ª Doutora Ana Maria Rodrigues e Dr. Vasco Valdez	IRC - dedutibilidade de gastos com royalties, ónus da prova, marcas	999.538,46€
P14/ 2011 - T	2013-01-04	Conselheiro Domingos Brandão de Pinho, Prof.ª Doutora e Ana Paula Dourado Dr. João Menezes Leitão	IRC – fusões inversas, neutralidade fiscal, dedutibilidade de encargos financeiros	1 583 235,66€

[1] Processos publicados até 30-01-2013.

Processo	Data	Árbitros	Tema	Valor
P85/ 2012 - T	2012-12-20	Conselheiro Jorge Lopes de Sousa, Dr. Lino França e Dr. Paulo Ferreira Alves	IRC - créditos de cobrança duvidosa, despesas com ajudas de custo e de compensação pela deslocação em viatura própria do trabalhador	89.956,09€
P94/ 2012 - T	2012-11-30	Juiz José Pedro Carvalho	IRC - Derrama nos grupos de sociedades	58 786,42€
P92/ 2012 - T	2012-12-31	Conselheiro Jorge Lino Ribeiro Alves de Sousa, Dr.ª Alexandra Coelho Martins e Dr. Filipe Romão	IRC - contagem do prazo de caducidade quando o período anual de tributação não coincide com o ano civil	376 864,00€
P95/ 2012 - T	2012-12-28	Dr. João Maricoto Monteiro	IRC - preterição de alguma formalidade essencial no âmbito do processo de inspeção tributária	6 999,40€
P49/ 2012 - T	2012-12-27	Dr. António Carlos dos Santos	IRC - homologação da desistência	19 600,00€
P55/ 2012 - T	2012-12-24	Conselheiro Jorge Lopes de Sousa; Prof. Doutora Paula Rosado Pereira; Prof. Doutor António Martins	IRC - Cash pooling	1 333 869,13€
P24/ 2012 - T	2012-12-21	Desembargador Manuel Luís Macaísta Malheiros, na qualidade de árbitro presidente; Dr. Luís Oliveira e Professor Doutor João Ricardo Catarino	IRC - Aplicação da lei no tempo e acréscimo dos resultados financeiros	182 620,00€
P88/ 2012 - T	2012-11-29	Prof. Doutor Luiz Menezes Leitão	Derrama – Apuramento da derrama municipal nos grupos de sociedades sujeitos ao RETGS	28 786,84€
P87/ 2012 - T	2012-11-28	Dr.ª Maria Manuela do Nascimento Roseiro	IRC e Derrama. Regime Especial de Tributação dos Grupos de Sociedade	13 525,90€
P51/ 2012 - T	2012-11-09	Juiz José Poças Falcão, Prof. Doutor Manuel Pires e Dr. Nuno da Cunha Barnabé	IRC – arbitrabilidade dos atos de indeferimento do pedido de revisão do ato tributário	61 805,80€
P8/ 2012 - T	2012-11-07	Desembargador Manuel Luís Macaísta Malheiros, Dr. José Coutinho Pires e Dr. José Manuel Pedroso de Melo	IRC – Aceitação de custo fiscal de encargos com royalties	815 712,06€
P73/ 2012 - T	2012-10-23	Conselheiro Benjamim Silva Rodrigues, Prof. Doutor João Sérgio Ribeiro e Prof. Doutor João Catarino	IRC – Revisão oficiosa de atos de retenção na fonte	406 427,20€
P98/ 2012 - T	2012-11-20	Conselheiro Jorge Lopes de Sousa, Dr.ª Filipa Barros e Prof. Doutor Carlos Ramos Pereira	Derrama – Apuramento da derrama municipal nos grupos de sociedades sujeitos ao RETGS	449 542,02€
P23/ 2012 - T	2012-11-20	Juiz José Poças Falcão, Prof. Doutor Tomás Castro Tavares e Dr. José Ramos Alexandre	IRC - Menos valias com alienação de partes de capital - SGPS	240 350,73€

Processo	Data	Árbitros	Matéria	Valor
P28/ 2012 - T	2012-10-30	Conselheiro Jorge Lopes de Sousa, Prof. Doutor Rui Duarte Morais e Dr. Victor Simões	IRC - Dedutibilidade de custos	334 010,11€
P69/ 2012 - T	2012-10-29	Dr. Olívio Mota Amador	IRC - Tributação de mais-valias nas SGPS	44 211,90€
P76/ 2012 - T	2012-10-29	Conselheiro Jorge Lopes de Sousa, Prof. Doutor Fernando Borges de Araújo e Dr. António Alberto Franco	IRC - Correções à matéria coletável: princípio de plena concorrência e conversão cambial	473 151,76€
P20/ 2012 - T	2012-10-18	Juiz José Poças Falcão, Prof. Doutor Manuel Pires e Dr. António Alberto Franco	IRC - Tributação de dividendos pagos a não-residentes	129 080,04€
P82/ 2012 - T	2012-10-18	Conselheiro Jorge Lopes de Sousa, Dr. Pedro Pais de Almeida e Dr. Rogério Fernandes Ferreira	IRC - Derrama	109 819,33€
P65/ 2012 - T	2012-10-01	Conselheiro Benjamim Silva Rodrigues, Dr.ª Rosário Anjos e Dr. Pedro Pais de Almeida	IRC - Prejuízos fiscais	73 971,25€
P44/ 2012 - T	2012-10-01	Desembargador Manuel Luís Macaísta Malheiros, Prof. Doutor João Sérgio Ribeiro e Prof. Doutor Rui Duarte Morais	IRC	207 305,37€
P47/ 2012 - T	2012-09-28	Dr. Júlio Tormenta	IRC	8 372,00€
P25/ 2012 - T	2012-09-28	Juiz José Poças Falcão, Dr. João Magalhães Ramalho e Dr. António Alberto Franco	IRC - Dedução de prjuízos fiscais	66 985,00€
P39/ 2012 - T	2012-09-24	Dr. António Lobo Xavier	IRC e Derrama	38 223,47€
P7/ 2011 - T	2012-09-20	Conselheiro Domingos Brandão de Pinho, Prof. Doutor Manuel Pires e Prof.ª Doutora Ana Paula Dourado	IRC - Despesas não documentadas	288 608,11€
P34/ 2012 - T	2012-09-18	Prof.ª Doutora Paula Rosado Pereira	IRC	44 639,74€
P9/ 2012 - T	2012-09-07	Juiz José Poças Falcão, Dr. Amândio Silva e Dr.ª Graça Martins	IRC	111 543,02€
P10/ 2012 - T	2012-09-05	Conselheiro Benjamim Silva Rodrigues, Prof. Doutor João Sérgio Ribeiro e Prof.ª Doutora Luísa Anacoreta	IRC	1 114 822,19€
P30/ 2012 - T	2012-08-01	Juiz José Pedro Carvalho, Dr. Amândio Silva e Dr. Marcolino Pisão Pedreiro	IRC	246 400,33€
P7/ 2012 - T	2012-07-31	Dr. Júlio Tormenta	IRC e Derrama	29 251,72€
P31/ 2012 - T	2012-07-25	Dr. José Coutinho Pires	IRC - Dedutibilidade de custos	11 551,08€
P54/ 2012 - T	2012-07-23	Desembargador Manuel Luís Macaísta Malheiros, Dr. Manuel Alberto Soares e Prof. Doutor João Catarino	IRC	73 676,51€

GUIA DA ARBITRAGEM TRIBUTÁRIA

P21/ 2012 - T	2012-07-19	Dr. Fernando Marques Simões	IRC - Regime Fiscal das SGPS	8 350,00€
P50/ 2012 - T	2012-07-12	Dr. Paulo Ferreira Alves	IRC - Meio processual adequado	13 381,08€
P33/ 2012 - T P33/ 2012 – T Decisão Interlocutória	2012-07-10	Conselheiro Jorge Lopes de Sousa, Dr. Pedro Pais de Almeida e Dr. Álvaro Caneira	IRC - Regularidade do procedimento de inspeção e caducidade do direito de liquidação	315 831,61€
P48/ 2012 - T	2012-07-06	Conselheiro Jorge Lopes de Sousa, Prof. Doutor Fernando Borges de Araújo, Prof. Doutor Rui Duarte Morais	IRC - Retenções na fonte	454 106,25€
P22/ 2012 - T	2012-07-05	Juiz José Poças Falcão, Dra. Graça Martins e Dr. Manuel Vaz	IRC	120 158,49€
P18/ 2011 - T	2012-07-05	Conselheiro Domingos Brandão de Pinho, Prof. Doutor Rui Duarte Morais e Dr. Luís M. S. Oliveira	Derrama	2 829 352,65€
P22/ 2011 - T	2012-07-04	Dr. Samuel Fernandes de Almeida	Derrama	25 536,06€
P37/ 2012 - T	2012-07-02	Dr. António Moura Portugal	IRC e Derrama	51 400,70€
P14/ 2012 - T	2012-06-29	Conselheiro Jorge Lopes de Sousa, Prof.ª Doutora Paula Rosado Pereira e Dr. António Lobo Xavier	IRC e Derrama - classificação dos atos inepetivos	314 339,62€
P38/ 2012 - T	2012-06-29	Dr. António Jacinto Valadas Simões	Derrama	26 264,02€
P36/ 2012 - T	2012-06-29	Desembargador Manuel Macaísta Malheiros, Dr. Paulo Lourenço, Dr. António Rocha Mendes	IRC e Tributação Autónoma	137 412,57€
P41/ 2012 - T	2012-06-28	Dr. Olívio Mota Amador	IRC e Derrama	31 956,15€
P40/ 2012 - T	2012-06-26	Dr. Fernando Marques Simões	IRC e Derrama	15 181,90€
P23/ 2011 - T	2012-06-18	Dr. Pedro Pais de Almeida	Derrama	20 376,72€
P29/ 2012 - T	2012-06-15	Conselheiro Jorge Lopes de Sousa, Prof. Doutor Fernando Borges de Araújo e Dr. João Marques Pinto	IRC	402 039,75€
P16/ 2012 - T	2012-06-11	Dr. Marcolino Pisão Pedreiro	IRC e Derrama	10 300,49€
P21/ 2011 - T	2012-06-05	Conselheiro Benjamim Silva Rodrigues, Prof. Doutor António Martins e Dr.ª Serena Cabrita Neto	IRC	327 332,92€
P3/ 2012 - T	2012-06-04	Dr. Lino França	IRC e benefícios fiscais	36 041,27€
P4/ 2012 - T	2012-05-25	Juiz José Poças Falcão, Dr. João Marques Pinto e Dr. Marcolino Pisão Pedreiro	IRC e Derrama	138 403,50€
P5/ 2012 - T	2012-05-24	Dr. José Pedro Carvalho, Dr. António Alberto Franco e Prof. Doutor Tomás Castro Tavares	Derrama	942 676,59€

P32/ 2012 - T	2012-05-18	Conselheiro Francisco Ferreira de Almeida, Dr.ª Rosário Anjos e Dr. Lino França	IRC - Retenções na fonte	152 533,01€
P6/ 2012 - T	2012-05-07	Conselheiro Francisco Ferreira de Almeida, Dr.ª Rosário Anjos e Dr.ª Rita Magalhães	IRC - Reconhecimento de isenção	523 174,48€
P10/ 2011 - T	2012-05-04	Conselheiro Domingos Brandão de Pinho, Prof. Doutor Diogo Leite de Campos e Prof. Doutor Fernando Borges de Araújo	IRC e Derrama	682 181,60€
P1/ 2012 - T	2012-04-26	Dr. Paulo Ferreira Alves	IRC e Derrama	51 687,70€
P2/ 2012 - T	2012-04-24	Dr. Fernando Marques Simões	IRC e Derrama	10 621,26€
P15/ 2011 - T	2012-04-12	Dr. Paulo Lourenço	Imposto sobre o Rendimento das Pessoas Colectivas - IRC	2 960,60€
P24/ 2011 - T	2012-04-04	Dr. Tiago Caiado Guerreiro	IRC e Derrama	18 134,23€
P19/ 2011 - T	2012-03-29	Conselheiro Francisco Ferreira de Almeida, Profª Doutora Paula Rosado Pereira e Dr. António Moura Portugal	IRC e Derrama	173 868,30€
P8/ 2011 - T	2012-02-23	Conselheiro Benjamim Silva Rodrigues, Prof. Doutor João Catarino e Dr. José Ramos Alexandre	IRC e Derrama	157 655,72€
P5/ 2011 - T	2012-01-26	Conselheiro Jorge Lino Ribeiro Alves de Sousa, Dr. Rui Barreira e Dr. João Menezes Leitão	Cláusula antiabuso	7 436 027,40€

GUIA DA ARBITRAGEM TRIBUTÁRIA

		IRS		
N° do Processo	Data da Decisão	Árbitros	Tema	Valor do Pedido
P84/ 2012 - T	2013-01-18	Dr.ª Maria do Rosário Anjos	IRS - Mais-valias	22.626,04€
P97/ 2012 - T	2012-01-08	Dr. José Rodrigo de Castro	IRS - enquadramento no regime simplificado, idoneidade do meio processual, ato destacável	2.673,37€
P81/ 2012 - T	2012-12-03	Dr.ª Alexandra Coelho Martins	IRS	22 000.00 €
P86/ 2012 - T	2012-11-16	Conselheiro Jorge Lopes de Sousa, Dr. António Lobo Xavier e Dr. Luís M. S. Oliveira	IRS - Conceito de aquisição de imóveis para efeitos de mais valias	209 660.75 €
P80/ 2012 - T	2012-11-19	Dr. Paulo Renato Ferreira Alves	IRS - Domicílio fiscal	2 933,27€
P59/ 2012 - T	2012-11-22	Dr. Luís M.S. Oliveira	IRS - Despesas de saúde	12 734,52€
P66/ 2012 - T	2012-11-05	Dr. Lino França	IRS - Determinação da residência fiscal	5 692,52€
P52/ 2012 - T	2012-10-22	Dr.ª Alexandra Coelho Martins	IRS, IVA e juros compensatórios - métodos indiretos	30 598,93€
P61/ 2012 - T	2012-09-03	Dr. António Jacinto Valadas Simões	IRS	12 979,91€
P42/ 2012 - T	2012-08-10	Dr. Jaime Carvalho Esteves	IRS	3 399,57€
P25/ 2011 - T	2012-08-10	Desembargador Manuel Luís Macaísta Malheiros, Dr. Rogério Fernandes Ferreira e Dr. Marcolino Pisão Pedreiro	IRS - Tributação de mais-valias mobiliárias	142 270,27€
P20/ 2011 - T	2012-08-07	Dr. Jaime Carvalho Esteves	IRS	45 999,14€
P60/ 2012 - T	2012-07-31	Dr. Jaime Carvalho Esteves	IRS	36 917,00€
P62/ 2012 - T	2012-07-13	Dr. Álvaro Caneira	IRS - Dupla tributação internacional	6 936,78€
P45/ 2012 - T	2012-07-05	Dr.ª Alexandra Coelho Martins, Dr. Rogério Fernandes Ferreira e Prof.ª Doutora Luísa Anacoreta	IRS - Tributação de não residentes	231 229,00€
P9/ 2011 - T	2012-03-22	Dr. Joaquim Silvério Dias Mateus	IRS - Conceito de erro evidenciado na declaração – art. 45.º n.º 2 da LGT	1 748,88€
P16/ 2011 - T	2012-05-05	Dr. Fernando Miguel Lourenço	IRS. Benefícios fiscais. Incapacidade	4 778,25€
P4/ 2011 - T	2012-01-19	Dr.ª Alexandra Martins	Imposto sobre o Rendimento das Pessoas Singulares - IRS	2 000,00€

IVA

N° do Processo	Data da Decisão	Árbitros	Tema	Valor do Pedido
P77/ 2012 - T	2012-12-27	Conselheiro Jorge Lopes de Sousa (Presidente) Dr. José Coutinho Pires Prof.ª Doutora Ana Maria Rodrigues	IVA – direito à dedução das SGP	176 379,18 €
P71/ 2012 - T	2012-11-30	Dr. José Pedroso de Melo	IVA - Caducidade do direito à liquidação	18 427,35€
P68/ 2012 - T	2012-11-27	Conselheiro Benjamim Silva Rodrigues, Dr. José Coutinho Pires e Dr. Júlio Tormenta	VA - Cessão de Posição Contratual do Contrato de Locação Financeira	114 634,37€
P70/ 2012 - T	2012-10-31	Dr. Marcolino Pisão Pedreiro	IVA	14 039,35€
P52/ 2012 - T	2012-10-22	Dr.ª Alexandra Coelho Martins	IRS, IVA e juros compensatórios - métodos indiretos	30 598,93€
P6/ 2011 - T	2012-07-02	Desembargador Manuel Macaísta Malheiros, Dra. Conceição Gamito, Prof. Doutor Carlos Lobo	IVA	115 970,73€
P17/ 2012 - T	2012-05-14	Dr.ª Alexandra Coelho Martins, Dr. Júlio Tormenta e Dr.ª Conceição Gamito	IVA	87 666,52€

Imposto do selo

N° do Processo	Data da Decisão	Árbitros	Tema	Valor do Pedido
P74/ 2012 - T	2012-12-17	Juiz José Poças Falcão, Prof. Doutor Tomás Castro Tavares e Dr. João Magalhães Ramalho	Imposto do Selo.	176.980,89€
P46/ 2012 - T	2012-07-31	Dr. José Manuel Pedroso de Melo	SISA e Imposto do Selo	11 166,00€
P12/ 2011 - T	2012-02-27	Dr. Amândio Silva	Imposto do Selo. Aumentos de capital	40 000,00€
P11/ 2011 - T	2012-01-20	Juiz José Poças Falcão, Prof. Doutor António Carlos dos Santos e Prof. Doutor Tomás Castro Tavares	Desistência da instância	160 000,00€
P2/ 2011 - T	2011-11-10	Dr. Álvaro Caneira	Imposto do Selo. Aumentos de capital	50 000,00€
P3/ 2011 - T	2011-11-09	Conselheiro Alfredo Madureira	Imposto do Selo. Aumentos de capital. Inutilidade superveniente da lide arbitral	27 000,00€

GUIA DA ARBITRAGEM TRIBUTÁRIA

IMT

Nº do Processo	Data da Decisão	Árbitros	Tema	Valor do Pedido
P78/ 2012 - T	2013-01-11	Dr. João Marques Pinto	IMT – taxa aplicável	6 906,51€
P67/ 2012 - T	2012-11-28	Dr. Joaquim Silvério Dias Mateus	IMT – revogação de isenção, ónus da prova	991,60€
P17/ 2011 - T	2012-10-09	Dr.ª Alexandra Coelho Martins, Dr. Vasco .Valdez e Dr. João Magalhães Ramalho	IMT	96 685,86€
P63/ 2012 - T	2012-08-01	Dr.ª Graça Martins	IMT	51 907,78€
P56/ 2012 - T	2012-07-18	Dr. Joaquim Silvério Dias Mateus	IMT – Incidência objetiva	27 965,82€
P18/ 2012 - T	2012-07-04	Juiz José Poças Falcão, Dr. António Jacinto Valadas Simões e Dr. Paulo Ferreira Alves	IMT e IS – bens permutados	212 113,36€
P12/ 2012 - T	2012-05-21	Dr. Olívio Mota Amador	IMT	46 553,61€
P13/ 2011 - T	2012-03-26	Dr. Olívio Mota Amador	Imposto municipal sobre a transmissão onerosa de imóveis - IMT	16 710,13€

IMI

Nº do Processo	Data da Decisão	Árbitros	Tema	Valor do Pedido
P79/ 2012 - T	2012-01-15	Dr.ª Alexandra Coelho Martins	IMI - Regime transitório para os prédios urbanos arrendados – art.º 17.º do Decreto-Lei n.º 287/2003, de 12 de Novembro	932,86€
P19/ 2012 - T	2012-10-24	Conselheiro Benjamim Silva Rodrigues, Dr. Joaquim Silvério Dias Mateus e Dr. José Manuel Pedroso de Melo	IMI	105 490,00€
P58/ 2012 - T	2012-09-30	Dr. Fernando Miguel Lourenço	Imposto Municipal de SISA - revenda	31 945,96€

BIBLIOGRAFIA

Alberto dos Reis, *Código de Processo Civil Anotado*, volume III

Alberto Xavier, Conceito e Natureza do Ato Tributário, 1972

André Gonçalves Pereira, *Erro e Ilegalidade no Acto Administrativo*

Anselmo de Castro, *Direito Processual Civil Declaratório*, volume I

Baptista Machado, *Introdução ao Direito e ao Discurso Legitimador*, Almedina

Castanheira Neves, *Sumários de Processo Criminal*, Coimbra, 1968

Diogo Leite de Campos, Benjamim Silva Rodrigues e Jorge Lopes de Sousa, *Lei Geral Tributária Comentada e Anotada*, 4ª edição, Encontro da Escrita Editora

Freitas do Amaral, *Curso de Direito Administrativo*, Volume II

J. J. Gomes Canotilho e Vital Moreira, *Constituição da República Portuguesa Anotada*, de 3ª edição

Joaquim Freitas da Rocha, "A desestadualização do direito tributário. Em particular, a privatização do procedimento e a arbitragem", *in A arbitragem Administrativa e Tributária*, Almedina

Jorge Miranda, *Manual de Direito Constitucional*, Tomo IV, 4ª edição

Lebre de Freitas, "Código de Processo Civil – Anotado", vol. I, 2ª Edição

Marcello Caetano, *Manual de Direito Administrativo*, volume I, 10ª edição

Mário Aroso de Almeida, *Sobre a Autoridade do Caso Julgado das Sentenças de Anulação de Atos Administrativos*, Almedina

– *O objeto do processo no novo contencioso administrativo*, publicado em *Cadernos de Justiça Administrativa*, nº 36

Mário Aroso de Almeida e Carlos Cadilha, *Comentário ao Código de Processo nos Tribunais Administrativos*

Mário Esteves de Oliveira, *Direito Administrativo*, volume I

Miguel Teixeira de Sousa, *Cumulação de pedidos e cumulação aparente no contencioso administrativo*, publicado em *Cadernos de Justiça Administrativa*, nº 34

Pires de Lima e Antunes Varela, *Noções Fundamentais de Direito Civil*, 1965

ÍNDICE-SUMÁRIO

PREFÁCIO	5
ABREVIATURAS	9
NOTA PRÉVIA	11
CAPÍTULO I – LEGISLAÇÃO	15
CAPÍTULO II – DEONTOLOGIA ARBITRAL TRIBUTÁRIA	57
CAPÍTULO III – ASPETOS PRÁTICOS	63
CAPÍTULO IV – DADOS ESTATÍSTICOS	89
CAPÍTULO V – COMENTÁRIO AO REGIME JURÍDICO DA ARBITRAGEM TRIBUTÁRIA	95
CAPÍTULO VI – QUADRO DA JURISPRUDÊNCIA ARBITRAL TRIBUTÁRIA	241
BIBLIOGRAFIA	249